New Work im Krankenhaus

Julia Mayer · Andrea Ellermeyer ·
Laura Gerken · Maria Kitzmantel
(Hrsg.)

# New Work im Krankenhaus

Shared Governance in der Pflegepraxis

*Hrsg.*
Julia Mayer
Pflegedirektion, Universitätsmedizin Mannheim
Mannheim, Deutschland

Andrea Ellermeyer
Pflegedirektion, TUM Klinikum Rechts der Isar
München, Deutschland

Laura Gerken
Klinik und Poliklinik für Neurochirurgie, TUM Klinikum Rechts der Isar
München, Deutschland

Maria Kitzmantel
Pflegedirektion, TUM Klinikum Rechts der Isar
München, Deutschland

ISBN 978-3-662-70409-7    ISBN 978-3-662-70410-3  (eBook)
https://doi.org/10.1007/978-3-662-70410-3

Die Deutsche Nationalbibliothek verzeichnet diese Publikation in der Deutschen Nationalbibliografie; detaillierte bibliografische Daten sind im Internet über https://portal.dnb.de abrufbar.

© Der/die Herausgeber bzw. der/die Autor(en), exklusiv lizenziert an Springer-Verlag GmbH, DE, ein Teil von Springer Nature 2025

Das Werk einschließlich aller seiner Teile ist urheberrechtlich geschützt. Jede Verwertung, die nicht ausdrücklich vom Urheberrechtsgesetz zugelassen ist, bedarf der vorherigen Zustimmung des Verlags. Das gilt insbesondere für Vervielfältigungen, Bearbeitungen, Übersetzungen, Mikroverfilmungen und die Einspeicherung und Verarbeitung in elektronischen Systemen.
Die Wiedergabe von allgemein beschreibenden Bezeichnungen, Marken, Unternehmensnamen etc. in diesem Werk bedeutet nicht, dass diese frei durch jede Person benutzt werden dürfen. Die Berechtigung zur Benutzung unterliegt, auch ohne gesonderten Hinweis hierzu, den Regeln des Markenrechts. Die Rechte des/der jeweiligen Zeicheninhaber*in sind zu beachten.
Der Verlag, die Autor*innen und die Herausgeber*innen gehen davon aus, dass die Angaben und Informationen in diesem Werk zum Zeitpunkt der Veröffentlichung vollständig und korrekt sind. Weder der Verlag noch die Autor*innen oder die Herausgeber*innen übernehmen, ausdrücklich oder implizit, Gewähr für den Inhalt des Werkes, etwaige Fehler oder Äußerungen. Der Verlag bleibt im Hinblick auf geografische Zuordnungen und Gebietsbezeichnungen in veröffentlichten Karten und Institutionsadressen neutral.

Springer ist ein Imprint der eingetragenen Gesellschaft Springer-Verlag GmbH, DE und ist ein Teil von Springer Nature.
Die Anschrift der Gesellschaft ist: Heidelberger Platz 3, 14197 Berlin, Germany

Wenn Sie dieses Produkt entsorgen, geben Sie das Papier bitte zum Recycling.

# Geleitwort 1 – Silke Grossmann, Pflegedirektorin TUM Klinikum Rechts der Isar

Liebe Leserinnen und Leser,

in Anbetracht der aktuellen strukturellen Bedingungen der Krankenhäuser in Deutschland, der Situation der Pflege und der diesbezüglichen Prognosen ist klar, dass mit den traditionellen Methoden allein die Probleme nicht lösbar sind. Es braucht eine gemeinsame Idee und innovative Strategie.

Nachhaltige Veränderung erfordert jedoch Zeit, Offenheit für neue Ansätze, Vertrauen in die Beteiligten und bestmögliche Unterstützung.

Als Pflegedirektorin bin ich stolz, dass in diesem Buch eine Pflege- und Praxisentwicklung vorgestellt wird, der eine Shared-Governance-Struktur und die Etablierung eines erfolgreichen Traineeprogramms für die eigenen Mitarbeitenden zugrunde liegen. Das Verständnis von gemeinsamer Führung in engagierten Teams konnte sich über die verschiedenen Hierarchieebenen hinweg entwickeln.

In der Versorgungspraxis ermöglicht der für unser Haus neue Ansatz den Trainees die Identifikation von Interessen und ein grundlegendes Verständnis für die verschiedenen Verantwortungsbereiche sowie den Führungspersonen die Erkennung der Potenziale ihrer Mitarbeitenden. Dies führt zur Entwicklung neuer und interessanter beruflicher Perspektiven für die Pflegenden. Die Pflegeteams machen die Erfahrung, dass Veränderung möglich und spannend ist – und dass Pflege ein toller Beruf ist.

Der Wandel geht weiter, sodass auch zukünftig neue Impulse zu erwarten sind.

Das Buch ist für die Praxis geschrieben und kann Ihnen Anregung und konkrete Hinweise geben, die bekannten Wege zu verlassen und zusammen mit Ihrem Team Neues zu probieren.

München  
August 2024

Silke Großmann

# Geleitwort 2 – Christine Vogler, Präsidentin des Deutschen Pflegerates

Sehr geehrte Leserinnen und Leser,
herzlich Willkommen. Ein weiteres Buch über New Work. Braucht es das? Ist nicht schon alles geschrieben? Dazu weitere spannende Fragen zur Moderne: Krankenhaus als ein interprofessionell agierender Ort, der sich an den Patient*innen orientiert und sich ohne Hierarchie, dafür aber mit Ausrichtung am Können der verschiedenen Berufsgruppen stets selbst evaluiert und verbessert? Und am Ende der Anspruch „Arbeit als Teil eines guten und erfüllten Lebens"! Ist so etwas denkbar?

Ja – so etwas ist denkbar und auch machbar. Aber es braucht u. a. dieses Buch und Sie als Leser*innen und Umsetzer*innen.

Die Arbeitswelt unterliegt in den letzten Jahren einem massiven Wandel. Klassische Karrierewege gibt es kaum noch, das Arbeiten rückt zugunsten der Sinnfrage und des Lebens in den Hintergrund. Einflüsse der Digitalisierung, der Globalisierung, des demografischen Wandels, der Komplexität unserer Systeme und des Klimawandels fordern einen neuen Blick auf Arbeit und Leben (Schermuly, 2021). Der Begriff des „New Work" prägt bereits seit einigen Jahren die Diskussionen zu künftigen Arbeits- und Lebenswelten. Am 10.08.2024 zeigt Google 3.550.000 Mio. Ergebnisse bei Eingabe von „New Work im Gesundheitswesen". Bei „New Work" werden gar 22,6 Mrd. Treffer angezeigt. Als Frithjof Bergmann und sein Team zu Beginn der 80er-Jahre im Rahmen der großen Umbrüche in der Autoindustrie begannen, neue Arbeitsmodelle zu entwickeln, ahnten Sie vielleicht nicht, wie sehr Ihre New-Work-Modelle, die dazu dienen sollten, der drohenden Massenarbeitslosigkeit zu begegnen, die Arbeitswelt verändern sollten.

Die Idee? Arbeit sollte anders verteilt werden, dem Menschen dienen, ihn fördern und unterstützen – ein Teil des Lebens werden (Bergmann, 2004). Fast 40 Jahre später hat sich der Begriff „New Work" weiterentwickelt. Wir finden verschiedenste Perspektiven, Definitionen und Interpretationen von New Work. New Work ist im Management angekommen. Dämon et al. beschreiben es in einem Satz: „New Work zwischen Selbstverwirklichung, Kundenzentrierung und Performance" (S. 28). So unterschiedlich wie die Arbeits- und Lebenswelten sind, so unterschiedlich ist auch die Interpretation und Umsetzung von „New Work".

Aber wir finden in allen Weiterentwicklungen gleichbleibende Kernaussagen: Abflachung der Hierarchien, moderne partizipative und transformationale Führungskulturen und eine umfangreiche und selbstverständliche Mitarbeiter*innenbeteiligung (Dämon et al., 2023). Denn am Ende soll das Prinzip des New Work dazu dienen, im Rahmen des globalen Fachkräftemangels Mitarbeitende zu finden und zu halten. Eben Arbeit als Teil eines guten und erfüllten Lebens.

Mit Blick auf unsere Lebenswelten im Krankenhaus trifft New Work auf ein traditionelles, hierarchisches und auf sich selbst beharrendes System. Das ist eine Herausforderung – und die vier Herausgeberinnen haben sich dieser Aufgabe aus unterschiedlichen Perspektiven gestellt: Alle vier arbeiten im Krankenhaus und tragen Verantwortung für das, was sie tun. Und sie wollen verändern. Das merkt man dem Buch an – es spricht aus dem Leben und zeigt, dass Veränderung eintreten kann, ohne New Work zu trivialisieren oder als Modebegriff aufzunehmen. Die Herausgeberinnen und Autorinnen richten den Blick auf die Pflege, ihre Bedeutung und den Zusammenhang von New Work und Veränderung. Dabei nehmen sie die Aspekte der Transformation auf und brechen diese auf die verschiedenen Arbeitsebenen eines Krankenhauses herunter – Anwendung und Impulse für Management, Lehre und Praxis. Und das nicht nur im Hier und Jetzt, sondern mit Blick nach vorn. Auch die berühmte Frage zur Nachhaltigkeit und der Bedeutung für die Zukunft wird gestellt und bearbeitet.

New Work macht Mut, Mitarbeitenden Vertrauen zu schenken, und befähigt Organisationen, aus der Vision der Zukunft heraus heute damit zu beginnen, neue Wege zu gehen. Aber es braucht uns zur Umsetzung.

Dieses Buch kann bewegen – lassen Sie sich inspirieren und, wenn Sie es wollen, liebe Leser*innen – machen Sie sich auf den Weg. Ein Stück Handwerkszeug halten Sie gerade in Ihren Händen.

Berlin  
August 2024

Christine Vogler

## Literatur

Bergmann, F. (2004), *Neue Arbeit, neue Kultur.* Arbor.
Dämon, K., Eversloh, S., Sauberschwarz, L. & Weiß, L. (2023), *NewWorkPlayBook,* Franz Vahlen Verlag.
Schermuly, C. (2021), *New Work – Gute Arbeit gestalten.* 3. Aufl. Haufe.

# Vorwort – Julia Mayer, Andrea Ellermeyer, Laura Gerken, Maria Kitzmantel

Liebe Leser*innen,
wir freuen uns, Ihnen dieses Buch zu „New Work im Krankenhaus – Shared Governance in der Pflegepraxis" vorzustellen. Die Ideen von New Work und Shared Governance fördern eine Arbeitskultur, die auf gemeinsamer Entscheidungsfindung und Verantwortungsübernahme auf allen Ebenen der Pflege basiert, was in diesem Buch ausführlich dargestellt wird. Das hier vorgestellte Modell erlaubt Pflegefachpersonen, ihre Expertise und Erfahrung aktiv in die Gestaltung von Versorgungsprozessen und -strukturen einzubringen. Dies führt nicht nur zu einer höheren Zufriedenheit unter den Pflegenden, sondern auch zu einer verbesserten Patient*innenversorgung.

Die Idee zum Projekt und zu diesem Buch hatte Julia Mayer, eine impulsgebende Pflegemanagerin. Dabei überzeugte uns das Konzept der Gemeinsamen Führung (Shared Governance) mit der partizipativen Einbindung des Teams, das in Magnet®-Krankenhäusern erfolgreich umgesetzt wird. Die dringende Notwendigkeit, in Zeiten des Pflegenotstands innovative Ansätze zu versuchen sowie die Ideen von New Work motivierten uns, dieses Projekt anzugehen.

Wir, vier engagierte Frauen aus verschiedenen Disziplinen – eine Managerin, zwei Pflegewissenschaftlerinnen und eine Psychologin –, machten uns gemeinsam auf, neue Wege zu gehen. Daher setzten wir in einer Zeit, in der die Pflege vor enormen Herausforderungen steht, das in Deutschland innovative Konzept der Shared Governance um und entwickelten ein Traineeprogramm für Pflegefachpersonen, das auf dem Konzept der Shared Governance basiert. Außerdem bieten wir ein spezielles „Learneeprogramm" für Auszubildende und Studierende der Pflege an. Die zukünftigen Kolleginnen und Kollegen werden dadurch auch mit innovativen Ansätzen sozialisiert.

Am TUM Klinikum Rechts der Isar, unserem gemeinsamen Arbeitsort, gab man uns das Vertrauen, diese Ideen in die Praxis umzusetzen. Unser Dank gilt allen Mitautor*innen, die durch ihre wertvollen Beiträge aus der Praxis dieses Buch bereichern. Besonderer Dank geht an die Pflegedirektorin Silke Großmann und den Direktor der Klinik und Poliklinik für Neurochirurgie, Univ.-Prof. Dr. med. Bernhard Meyer. Ihre Unterstützung und Offenheit ermöglichten maßgeblich den Erfolg dieses Projekts.

Unser Buch richtet sich an alle, die in den Bereichen Pflegemanagement, Pflegewissenschaft, Pflegepädagogik und Qualitätsmanagement tätig sind. Unser Ziel ist es, Sie zu inspirieren und zu motivieren, neue Führungs- und Entwicklungsmodelle umzusetzen, um die Patient*innenversorgung zu verbessern, Karrierewege zu fördern und dringend benötigtes Pflegepersonal zu gewinnen.

# Inhaltsverzeichnis

| | | |
|---|---|---|
| **1** | **Innovation und Entwicklung als Erfolgsfaktor in der Pflege** | 1 |
| | Andrea Ellermeyer | |
| 1.1 | Die Bedeutung von New Work in der Pflege | 1 |
| 1.2 | Kompetenzerfassung und Kompetenzentwicklung als Schlüssel zum Erfolg | 8 |
| 1.3 | Die Entwicklung von Karrierewegen in der Pflege | 14 |
| 1.4 | Praxisentwicklung erfordert Rollenentwicklung | 19 |
| | Literatur | 22 |
| **2** | **New Leadership in der Pflege** | 25 |
| | Andrea Ellermeyer, Maria Kitzmantel, Julia Mayer, Laura Gerken und Esther Pausch | |
| 2.1 | Transformationale Führung als Voraussetzung für erfolgreiche Leader*innen | 25 |
| 2.2 | Modelle der Führung: Shared Governance und Shared Leadership | 28 |
| 2.3 | Implementierung von Shared Governance | 41 |
| 2.4 | Die Bedeutung der psychologischen Beratung bei der Umsetzung von Shared Governance | 51 |
| 2.5 | Leadership als innovationstreibende Kraft | 54 |
| | Literatur | 57 |
| **3** | **Effektives Pflegemanagement für die Zukunft der Pflege** | 61 |
| | Julia Mayer, Franziska Berghoff, Hannah Duffner, Maria Kitzmantel, Andrea Ellermeyer, Jan Baron, Laura Gerken, Esther Pausch und Franziska Praxenthaler | |
| 3.1 | Personalausstattung – gesetzliche Grundlagen und pflegepolitische Bestrebungen | 62 |
| 3.2 | Wandel der Finanzierungsstrukturen in der akutstationären Versorgung | 65 |
| 3.3 | Pflegerische Personalbemessung im Krankenhaus | 69 |
| 3.4 | Dienstplan- und Ausfallmanagement im Rahmen der Shared Governance und eines Trainee- und Learneeprogramms | 79 |
| 3.5 | Modernes Leadership – Kommunikation neu denken | 84 |

| | | | |
|---|---|---|---|
| | 3.6 | Der Zukunft voraus mittels Shared-Governance-Dashboard und Pflegeforschungsregister ................................. | 89 |
| | Literatur. ................................................... | | 94 |
| **4** | **Kreatives Qualitäts-, Risiko- und Chancenmanagement**............ | | 99 |

Laura Gerken, Stefanie Reisinger, Andrea Ellermeyer,
Regina Weinzierl, Julia Mayer, Nora Kobertz, Elena Wuzel
und Ronny Czäczine

| | | | |
|---|---|---|---|
| | 4.1 | Fehlerkultur als Leadershipaufgabe......................... | 100 |
| | 4.2 | Benchmarking und Qualitätsindikatoren in Deutschland ........ | 104 |
| | 4.3 | Benchmarking und Qualität in der akutstationären Versorgung ... | 109 |
| | 4.4 | Erhebung von Qualitätsindikatoren in den Alltag der stationären Versorgung integrieren....................................... | 112 |
| | 4.5 | Qualität im Rahmen evidencebasierter Versorgung.............. | 114 |
| | 4.6 | Interaktiv Lernen im Room of Horrors ...................... | 116 |
| | Literatur. ................................................... | | 120 |
| **5** | **New Learning: Pädagogik als Führungsaufgabe etablieren**.......... | | 125 |

Maria Kitzmantel, Christine Gruber, Ivonne Mohr, Nicole David,
Theresa Siegler, Stefanie Reisinger und Julia Mayer

| | | | |
|---|---|---|---|
| | 5.1 | Pädagogik in der Praxis - Zwischen Tradition und digitalem Wandel .................................................. | 125 |
| | 5.2 | New Learning – Pädagogische Leitung in der Shared Governance. ............................................... | 129 |
| | 5.3 | One Minute Wonder..................................... | 131 |
| | 5.4 | Best of Impulse einer Ausbildungsstation .................... | 139 |
| | 5.5 | Shared Governance im Rahmen der Ausbildung – „Vom Learnee zum Trainee" ............................................ | 144 |
| | 5.6 | Warum sind Pflegewissenschaft und Evidencebasierung in der Pflegepädagogik so wichtig?............................... | 148 |
| | Literatur. ................................................... | | 151 |
| **6** | ***Hands on* – Pflegewissenschaft im klinischen Alltag etablieren** ...... | | 155 |

Laura Gerken, Andrea Ellermeyer, Ann-Kathrin Jörger und
Bernhard Meyer

| | | | |
|---|---|---|---|
| | 6.1 | Clinical Leadership im Rahmen der Shared Governance ........ | 156 |
| | 6.2 | Pflegevisite – Patient*innen in den Mittelpunkt stellen........... | 158 |
| | 6.3 | Herausforderungen bei der Einführung einer Advanced Practice Nurse in einer Fachdisziplin................................ | 160 |
| | 6.4 | Zusammenarbeit mit Pflegeexpert*innen auf Stations- und Bereichsebene .......................................... | 165 |
| | 6.5 | Journal Club Klinische Pflege ............................. | 167 |
| | Literatur. ................................................... | | 168 |

**7 Das Shared-Governance-Traineeprogramm**.................... 171
Julia Mayer, Andrea Ellermeyer, Laura Gerken, Maria Kitzmantel,
Hannah Duffner und Jan Baron
  7.1  Aufbruch in die Zukunft: Umsetzung eines
       Shared-Governance-Traineeprogramms .................... 172
  7.2  Beginn des eigentlichen Traineeprogramms und der Umgang
       mit Instrumenten ....................................... 184
  7.3  Ergebnisse nach drei Jahren Praxisentwicklungsstation am
       TUM Klinikum Rechts der Isar ........................... 193
  Literatur.................................................... 198

# Herausgeber- und Autorenverzeichnis

## Über die Herausgeber

**Julia Mayer,** Bachelor in „Management und Expertise im Pflege- und Gesundheitswesen"; seit 2024 im MHBA-Studium an der Friedrich-Alexander-Universität Erlangen-Nürnberg; seit 2024 stellvertretende Pflegedirektorin am Universitätsklinikum Mannheim; 2019 bis 2024 Pflegedienstleitung und Leitung übergeordneter Projekte in der Pflegedirektion am TUM Klinikum Rechts der Isar; davor Führungserfahrung als Stationsleitung in verschiedenen Fachdisziplinen; in 2022 3. Platz als Nachwuchs-Pflegemanagerin, verliehen durch den Bundesverband Pflegemanagement; 2011 bis 2018 Gesundheits- und Kinderkrankenpflegerin auf einer interdisziplinären Intensivstation am Marienhaus Klinikum Saarlouis-Dillingen.

**Andrea Ellermeyer,** MScN (Univ.), BScN (Univ.), Pflegewissenschaftlerin; seit 2019 Leiterin der Stabsstelle Pflegewissenschaft am TUM Klinikum Rechts der Isar; seit 2022 Lehrbeauftragte für Pflegewissenschaft an der TU München; 2015 bis 2019 Organisationsentwicklung Pflege am Städtischen Klinikum München; langjährig als Fachpflegende für Intensiv- und Anästhesiepflege auf der internistischen Intensivstation des Städtischen Klinikums München-Harlaching, am Kreiskrankenhaus Berchtesgaden und am Kantonsspital Luzern; 1988 examinierte Krankenschwester.

**Laura Gerken,** Bachelor Pflege, M.Sc. Pflegewissenschaften – Innovative Versorgungskonzepte, Promovendin an der Universität Augsburg und der Katholischen Stiftungshochschule München im Rahmen des Bayrischen Wissenschaftsforums im Verbundkolleg Gesundheit, seit 2021 Advanced Practice Nurse/pflegefachliche Leitung in der Neurochirurgie am TUM Klinikum Rechts der Isar, 2019 bis 2021 wissenschaftliche Mitarbeiterin in einem Innovationsfonds-Projekt an der Katholischen Stiftungshochschule München, 2011 bis 2019 Gesundheits- und Krankenpflegerin am Klinikum der Universität München und dem Universitätsklinikum Hamburg- Eppendorf, 2011 Krankenpflegeexamen.

**Maria Kitzmantel,** M.Sc. Neurokognitive Psychologie und M.A. in Pädagogik, Psychologie und Kinder- und Jugendpsychiatrie. Organisationspsychologin der Pflegedirektion am TUM Klinikum Rechts der Isar, seit 2009 dort Mitarbeiterin. 2012 bis 2013 Lehrauftrag an der Fakultät für Sport- und Gesundheitswissenschaft, Technische Universität München. Langjährige Erfahrung als Pflegefachperson in der Psychiatrie am TUM Klinikum Rechts der Isar. Mitglied des Elitenetzwerks Bayern des bayerischen Staatsministeriums für Wissenschaft und Kunst.

## Über die Autoren

**Jan Baron** Innovation & Entrepreneurship, Moffitt Cancer Center, Tampa, USA

**Franziska Berghoff** Deutscher Pflegerat e.V., Berlin, Deutschland

**Ronny Czäczine** Berufsgenossenschaftliche Kliniken Bergmannstrost Halle, Halle (Saale), Deutschland

**Nicole David** Pflegedirektion, TUM Klinikum Rechts der Isar, München, Deutschland

**Hannah Duffner** Pflegedirektion, TUM Klinikum Rechts der Isar, München, Deutschland

**Andrea Ellermeyer** Pflegedirektion, TUM Klinikum Rechts der Isar, München, Deutschland

**Laura Gerken** Klinik und Poliklinik für Neurochirurgie, TUM Klinikum Rechts der Isar, München, Deutschland

**Christine Gruber** Klinik und Poliklinik für Neurologie, TUM Klinikum Rechts der Isar, München, Deutschland

**Ann-Kathrin Jörger** Klinik und Poliklinik für Neurochirurgie, TUM Klinikum Rechts der Isar, München, Deutschland

**Maria Kitzmantel** Pflegedirektion, TUM Klinikum Rechts der Isar, München, Deutschland

**Nora Kobertz** Kobertz Healthcare Consulting, Köln, Deutschland

**Julia Mayer** Pflegedirektion, Universitätsmedizin Mannheim, Mannheim, Deutschland

**Bernhard Meyer** Klinik und Poliklinik für Neurochirurgie, TUM Klinikum Rechts der Isar, München, Deutschland

**Ivonne Mohr** Pflegedirektion, TUM Klinikum Rechts der Isar, München, Deutschland

**Esther Pausch** Klinik und Poliklinik für Psychiatrie und Psychotherapie, TUM Klinikum Rechts der Isar, München, Deutschland

**Franziska Praxenthaler** Pflegedirektion, TUM Klinikum Rechts der Isar, München, Deutschland

**Stefanie Reisinger** Klinik und Poliklinik für Neurochirurgie, TUM Klinikum Rechts der Isar, München, Deutschland

**Theresa Siegler** Pflegedirektion, TUM Klinikum Rechts der Isar, München, Deutschland

**Regina Weinzierl** Klinik und Poliklinik für Neurochirurgie, TUM Klinikum Rechts der Isar, München, Deutschland

**Elena Wuzel** Deutsches Herzzentrum der Charité – Campus Virchow Klinikum, Berlin, Deutschland

# Innovation und Entwicklung als Erfolgsfaktor in der Pflege

Andrea Ellermeyer

Pflegende werden gesucht, der Bedarf steigt und wird weiter steigen – und alles bleibt beim Alten? Das erscheint nicht sinnvoll, weshalb die Probleme proaktiv in Angriff genommen und als Chance genutzt werden müssen.

Eine Vision, wohin es gehen soll, Innovation sowie Entwicklung sind drei Aspekte, die für engagierte Pflegende attraktiv sind und den Beruf spannend machen. Die Zukunft aktiv zu gestalten ist dabei ein sinnvoller Weg und verhindert, in der Zukunft von Veränderungen zur Reaktion gezwungen zu werden. Nachfolgend werden Denkanstöße gegeben, welche Themen Fortschritt ermöglichen. „New Work" wird als relevant für die Entwicklungen und Perspektiven in der beruflichen Pflege eingeordnet. Das Themenfeld der Kompetenz und der Kompetenzentwicklung wird dargestellt und zur beruflichen Entwicklung und Karriere in Bezug gesetzt.

## 1.1 Die Bedeutung von New Work in der Pflege

Alles beginnt mit der Frage, was unter „New Work" verstanden wird. Grundsätzlich geht es um die zukunftsgerichtete Veränderung und Entwicklung der Arbeits- bzw. Berufswelt – in diesem Buch speziell um die Arbeitswelt der Pflegenden in der Krankenhausversorgung.

**Ergänzende Information** Die elektronische Version dieses Kapitels enthält Zusatzmaterial, auf das über folgenden Link zugegriffen werden kann https://doi.org/10.1007/978-3-662-70410-3_1.

A. Ellermeyer (✉)
Pflegedirektion, TUM Klinikum Rechts der Isar, München, Deutschland
E-Mail: newworkinnursing@gmail.com

© Der/die Autor(en), exklusiv lizenziert an Springer-Verlag GmbH, DE, ein Teil von Springer Nature 2025
J. Mayer et al. (Hrsg.), *New Work im Krankenhaus*,
https://doi.org/10.1007/978-3-662-70410-3_1

Die klassische Krankenhausbehandlung erfolgt wegen gesundheitlicher Probleme von Menschen, die durch therapeutische Intervention ärztlicherseits gelindert werden sollen. Während die Gesellschaft durchaus eine realitätsnahe Vorstellung vom ärztlichen Berufsbild (Pless, 2020) hat, bestimmen teilweise sehr tradierte Klischees die Einschätzung, was die Aufgaben und Tätigkeitsbereiche beruflich Pflegender sind (Maier et al., 2023). Die Berufsidentität der größten Berufsgruppe im Krankenhaus, der Pflegenden, erfuhr in den vergangenen Jahrzehnten einen grundlegenden Wandel: von einem überwiegend den ärztlichen Behandler*innen assistierenden und zuarbeitenden Tätigkeitsfeld – ergänzt um einige „typische" körpernahe Unterstützungsleistungen – hin zu einem eigenständigen Berufsbild und der Entwicklung zur Profession, mit umfassenden Aufgaben- und Themenfeldern inklusive eigenständiger wissenschaftlicher Arbeit und Forschung.

In der Krankenhausversorgung geht es um die gesundheitliche Versorgung der Patient*innen durch die beteiligten Berufsgruppen: ärztliche, pflegende, therapeutische und weitere Fachleute nehmen ihre Aufgaben im Sinne von Curing – Heilen (Ärzt*innen, Therapeut*innen) und Caring – Sorgen (Pflegende) wahr (Baumann et al., 1998; Kottow, 2001). Pflegende sichern und ergänzen dabei durch ihre Versorgung und mit ihrer Expertise die ärztlichen und therapeutischen Leistungen. Der berufliche Anspruch bezieht sich dabei sowohl auf die umfassende Fürsorge und Unterstützung der Patient*innen sowie deren An- und Zugehörigen als auch auf pflegerisch-medizinisch-therapeutische Aufgaben. Charakteristisch ist der weite Blick auf die Patient*innen, der eine umfassende Wahrnehmung der Gesamtsituation ermöglicht.

Im Gegensatz dazu ist die Aufmerksamkeit der anderen Berufsgruppen meist fokussierter. Erst durch die Zusammenschau beider Blickwinkel ist es möglich, besonders schwierige Krankheits- und Versorgungssituationen möglichst gut zu erfassen. Der Beruf der professionellen Pflege umfasst also heute ein breites Aufgabenspektrum, das sich in Anbetracht der im klinischen Kontext komplexen Versorgungsbedarfe auf eine wissenschaftsbasierte Grundlage bezieht und das gesamte Themenfeld pflegerischer Versorgung entsprechend beforscht.

Um den aktuellen Anforderungen gerecht werden zu können, fand in den letzten Jahren eine erstaunlich schnelle Entwicklung zuvor in Deutschland nicht vorgesehener Aus- und Weiterbildungsmöglichkeiten statt. Während Pflege im angelsächsischen Raum seit über 100 Jahren studiert werden kann, entwickelte sich die Akademisierung der Pflegeausbildung in Deutschland international gesehen sehr spät. Dies wurde erstmals im Pflegeberufegesetz (2017), das 2020 in Kraft trat, neben der traditionellen berufsfachschulischen Ausbildung gesetzlich festgelegt. Die vielfältigen Ausbildungswege sind dabei eine große Chance für den Berufsstand. Durch die Möglichkeit, grundständig Pflege studieren zu können und daran anschließend weitere Perspektiven (s. Abschn. 1.3) in der direkten Patient*innenversorgung zu haben, ist der Beruf für mehr Abiturient*innen als bisher interessant. Gleichzeitig ist es auch möglich, sich vielfältig nichtakademisch weiterzuentwickeln. Die unterschiedlichen Qualifikationen und Weiterbildungsangebote bieten für Pflegende über die gesamte Spanne der Berufstätigkeit im Pflegeberuf passende Entwicklungsperspektiven.

Die gesellschaftlichen Veränderungen spiegeln sich im Gesundheitswesen wider, z. B. die Anerkennung von Unterschieden zwischen den Generationen – von Babyboomern bis Generation Z. Es gilt, die Vorstellungen und Bedürfnisse der beruflich Pflegenden auch im Hinblick auf die besonderen Anforderungen des Berufes, wie etwa Arbeitszeiten und Schichtdienst, emotionale und physische Belastungen, mittels eines immer wieder neuen Blicks auf die Arbeit, die Arbeitenden und die damit zusammenhängenden Aspekte in New Work einzubeziehen. Gleichzeitig nehmen die technischen Entwicklungen, insbesondere die Digitalisierung, die künstliche Intelligenz und Robotik, umfassenden Einfluss auf die gesellschaftlichen und wirtschaftlichen Veränderungen (Richter et al., 2022).

Der New-Work-Ansatz, der auf den Sozialphilosophen Frithjof Bergmann zurückgeht, stellt nicht die Arbeit selbst oder neue Technik in das Zentrum der Überlegungen zur Arbeitswelt, sondern die beteiligten Menschen. Sie und die Arbeit, die sie „wirklich, wirklich wollen" (Bergmann, 2020, S. 121), ihre Talente, Stärken und Potenziale sind entscheidend für die Arbeitsergebnisse, für die Arbeits- und Teamkultur, für die inhaltliche Weiterentwicklung und die beruflichen Perspektiven. Daraus ergibt sich, dass New Work als eine Entwicklung aufgrund des technologischen und gesamtgesellschaftlichen Wandels zu verstehen ist. Zentrale Werte von New Work sind Selbstständigkeit und Autonomie, Perspektive, Sinn und Teilhabe sowie daraus folgend eine für alle Beteiligten positive Arbeits- und Teamkultur. Dies erfordert im Krankenhaus ein Neudenken sowohl des Führungsverständnisses als auch der Arbeits- und Versorgungsprozesse.

**Neudenken von Prozessen**
Bei allen Prozessen ist die Denkweise insofern weiterzuentwickeln, als z. B. bei der Erstellung von SOPs (Standard Operation Procedures) und/oder Versorgungsstandards die Prozesse von Beginn an interprofessionell zu denken und aufzustellen sind. Dabei ist im Sinne der Personzentrierung von dem*der Patient*in aus zu denken. Es ist zu erwarten, dass sich Vorgehensweisen und Abläufe sehr grundlegend für alle beteiligten Berufsgruppen ändern, was New Work und zeitgemäße interprofessionelle Zusammenarbeit charakterisiert. Je nachdem, zu welchen Themen solche Standards oder SOPs erstellt werden, ist seitens der Pflege die jeweils zuständige Führungsperson einzubeziehen: bei fachlichen Themen die pflegewissenschaftlich ausgebildete Führungsperson, bei pädagogischen Themen (z. B. zur interprofessionellen Ausbildung) die pädagogische Führungsperson und bei Themen, die auch organisatorische Relevanz haben (z. B. Klinischer Behandlungspfad – Clinical Pathway) zusätzlich zur fachlichen Führungsperson auch die Managementleitung. Hinzu kommen gegenseitiger Respekt und die Wertschätzung des jeweiligen berufsgruppenspezifischen Beitrags zur Versorgung der Patient*innen. Interprofessionalität unter diesen Prämissen ermöglicht eine Überwindung tradierter Hierarchien zwischen den Berufsgruppen und die Konzentration auf die bestmögliche Patient*innenversorgung.

New Work in der Krankenversorgung erfordert zunächst also nicht mehr Ressourcen, sondern eine allseitige Entwicklung und Veränderung der Denkweise. In der interprofessionellen Zusammenarbeit ist es dabei sinnvoll, von dem*der Patient*in aus zu denken.

**Beratung von Patient*innen und Angehörigen**
Schon lange werden Patient*innen von Pflegenden beraten und bekommen dabei ärztliche Informationen „übersetzt". Im Zusammenhang mit einer Stammzelltransplantation (SZT) hat die damit einhergehende chemotherapeutische Vorbereitung zahlreiche Nebenwirkungen – beispielsweise vorübergehende Kognitionsstörungen, die die Merkfähigkeit betroffener Personen erheblich beeinträchtigen können. Ärztlicherseits wird zu allen Aspekten und Vorgehensweisen der SZT aufgeklärt. Durch die vorübergehend eingeschränkte Merkfähigkeit ergeben sich nach der ärztlichen Aufklärung dennoch vielfältige Fragen von Patient*innen und ihren Angehörigen. Dies betrifft sowohl typisch ärztliche Themen wie das Medikamentenmanagement als auch Fragen, die mit vertrauten Personen leichter besprochen werden, wie z. B. Fragen zur Sexualität, aber auch zur Hygiene in der Klinik und zu Hause. Pflegende, die strukturiert und kompetent beraten, erklären und Fragen beantworten, tragen wesentlich zur umfassenden Versorgung der Patient*innen bei. Die Anerkennung und Unterstützung dieser Beiträge durch die ärztliche Berufsgruppe ist für eine zeitgemäße interprofessionelle Zusammenarbeit wichtig.

Wenn im Krankenhaus tradierte, eingefahrene und gewohnte Abläufe infrage gestellt und neu gedacht werden, bietet es sich an, die Patient*innenjourney aus Patient*innensicht zu betrachten und daraus die Veränderung anzustoßen. Jede der Berufsgruppen nimmt für sich in Anspruch, Patient*innen in den Mittelpunkt des Handelns zu stellen. Mit diesem Ansatz ist es möglich, dass sich keine Berufsgruppe als benachteiligt wahrnimmt, wenn das Ergebnis des Neudenkens als fremd, anders und zunächst als unpraktisch empfunden wird. Der Einbezug und das Mitdenken der neuen Entwicklungen von KI, Digitalisierung und Robotik bieten die Chance, den Versorgungsprozess innovativ und personzentriert zu gestalten.

Unter „personzentriert" wird in der Pflege in Anlehnung an den englischsprachigen Begriff „person-centered" ein Praxisansatz verstanden, der die Gestaltung und Förderung gesunder Beziehungen zwischen den zu Pflegenden, deren An- und Zugehörigen sowie den Pflegenden/Versorgenden im Fokus hat (Cardiff, McCormack & McCance, 2018). Ausgehend von der Einheit einer Station stehen die Abläufe, Zeiten, Priorisierungen – sowohl organisatorisch als auch inhaltlich – zur Neugestaltung. Dabei sind (vorerst) nicht zu ändernde Konstanten wie Lieferzeiten der Mahlzeiten, OP-Organisation oder klinikübergreifende Termine gesetzt, alles andere steht zur Disposition. Es ist zunächst ungewohnt und fällt manchen Teammitgliedern nicht leicht, aus den bekannten Denkmustern, wie der Stationsablauf und die Patient*innenversorgung auszusehen haben, auszubrechen. Dennoch sollten neue Abläufe aufgesetzt und eingeführt werden, die den neuen Anforderungen und der Personzentrierung gerecht werden. Traditionelle Anteile der Versorgungsprozesse, z. B. die Visite, können dabei aus diesem Ansatz heraus neu gedacht werden, was gleichzeitig eine moderne und zeitgemäße Teamkultur erfordert und fördert.

**Neudenken der interprofessionellen Visite**
Die Visite findet auf vielen Stationen statt, wenn die Ärzt*innen Zeit haben. Die Frage, ob die jeweils für die Patient*innen zuständigen Pflegenden gerade Zeit

haben, wird in der Regel nicht gestellt. Leider finden deshalb auf zu vielen Stationen Visiten ohne Pflegende statt. Insofern bedarf es bei der Festlegung des Visitenbeginns und auch der Visitendauer der Zuverlässigkeit der beteiligten Berufsgruppen, was gleichzeitig Ausdruck von gegenseitigem Respekt ist. Selbstbewusste und kompetente Pflegefachpersonen bringen ihre Einschätzung im Rahmen der Visite ein, werden mit ihrem Blick ernst genommen, können ihre Einschätzung begründen und ergänzen so die umfassende Beurteilung der Patient*innensituation. Dies trägt zum Risikomanagement bei, die Versorgungsstrategie wird von allen Beteiligten mitgetragen und Absprachen können so getroffen werden, dass die Bedarfe aller Beteiligten mitgedacht sind. Insofern sind Ablauf und Gestaltung der Visite neu zu denken.

Verlässlichkeit aller Beteiligten und gegenüber allen Beteiligten ist eine weitere Voraussetzung für interprofessionelles New Work.

**Verlässlichkeit lehren und lernen**
Auf der interprofessionellen Ausbildungsstation (s. Abschn. 5.4) finden im Rahmen der interprofessionellen Woche feste Termine mit allen beteiligten Professionen statt. Wenn durch die Einsatzplanung der ausbildenden Schulen keine Auszubildenden der Therapieberufe auf der Ausbildungsstation im Praxiseinsatz sind, vertreten die Therapeut*innen die jeweilige Berufsgruppe und gewährleisten so, dass die Ausbildungsangebote zuverlässig stattfinden können.

Die Neuaufstellung ist auch eine gute Gelegenheit, bereits längst bekannte Formate wie die mittägliche Übergabe im Patient*innenzimmer zusammen mit den Patient*innen in die täglichen Abläufe zu integrieren. Der Kulturwandel findet in jede Richtung statt und Partizipation gilt nicht nur in Hinblick auf die interprofessionelle Zusammenarbeit, sondern auch in der beruflichen Beziehung mit Patient*innen.

**Übergabe im Patient*innenzimmer**
Der partizipative Einbezug von Patient*innen in ihre Versorgung kann bei der pflegerischen Übergabe im Patient*innenzimmer vom Früh- an den Spätdienst stattfinden. Hilfreich ist hierbei eine strukturierte Übergabeform, z. B. nach SBAR-Schema. SBAR steht für Situation, Background, Assessment, Recommendation – Situation: Was ist passiert?, Hintergrund: Wie ist die Vorgeschichte?, Einschätzung: Was ist (vermutlich) das Problem?, Empfehlung: Was ist zu tun? Eine Übergabe nach SBAR-Schema ist ein im Gesundheitswesen erprobtes, einheitliches und standardisiertes Vorgehen für inter- sowie intraprofessionelle Übergaben. Dadurch werden die Informationen zu Patient*innen strukturiert und umfassend, gleichzeitig auf das Wesentliche fokussiert weitergegeben. Im Sinne des Risikomanagements kann bei der Übergabe gemeinsam die Bettplatzkontrolle erfolgen, es kann nach Bedarfen und Bedürfnissen gefragt und Fragen der Patient*innen können beantwortet werden.

Weitere Aspekte des Neudenkens betreffen die Arbeitsprozesse innerhalb der Berufsgruppe der Pflegenden. Die Abläufe und Erfordernisse der pflegerischen Aufgaben, die Überlegungen, wann was wichtig (im Sinne von vorrangig) ist, wie gute klinische Ausbildung erreicht wird, wer welche Verantwortlichkeiten wahrnimmt, was in der Verantwortung aller liegt und die weiteren Themen der pflegerischen Zuständigkeit sind zu diskutieren, zu überdenken und neu festzulegen. Daraus ergibt sich dann auch, dass Pflegende mit ihren verschiedenen Qualifikationen, Expertisen, Zuständigkeiten und Verantwortlichkeiten in einem Team zusammen für die pflegerische Patient*innenversorgung zuständig sind (s. Abb. 1.1).

In der Gesamtschau ist das Neudenken der Arbeitsprozesse der eine Bereich, der andere Bereich betrifft die Organisation der Arbeit sowie die Sicherstellung, dass die passend qualifizierten Pflegenden ihre Verantwortlichkeiten in den neu gedachten Arbeitsprozessen wahrnehmen. Dazu braucht es die verschiedenen Expertisen, Fähigkeiten und Ausbildungslevel, wie die Pflegefachpersonen mit Fachweiterbildung sowie Weitergebildete für bestimmte Funktionen wie Stationsleitung oder Praxisanleitung. International sind darüber hinaus längst Rollen und

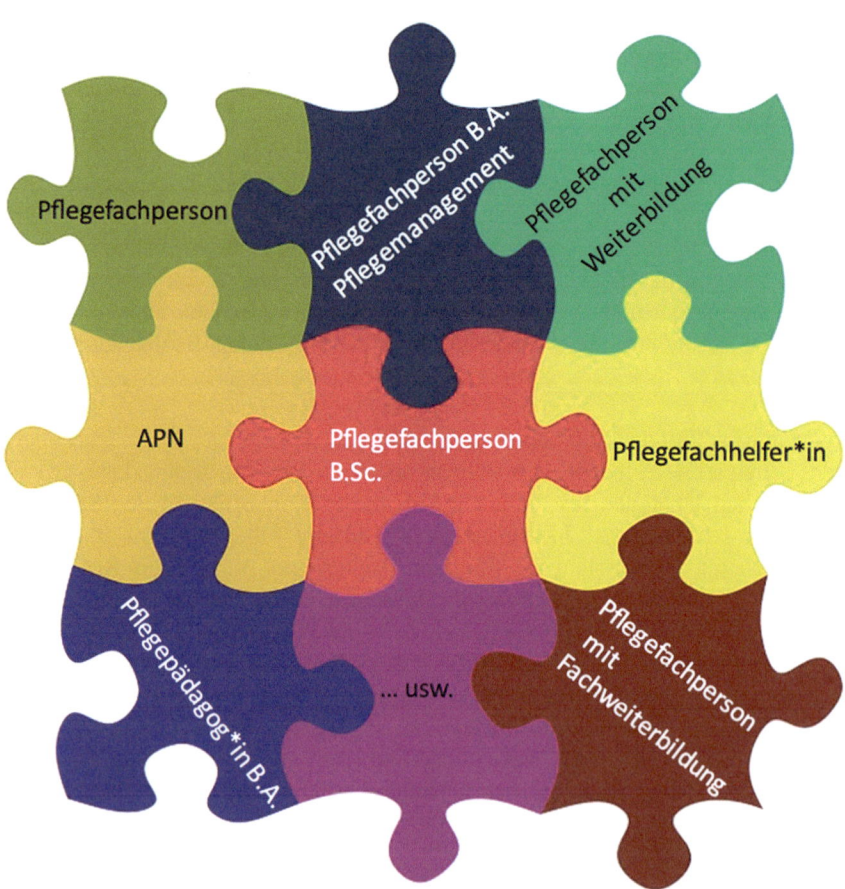

**Abb. 1.1** Grade-Mix Pflegender im Krankenhaus (eigene Darstellung). APN = Advanced Practice Nurse, B.A. = Bachelor of Arts, B.Sc. = Bachelor of Science

Stellen etabliert wie z. B. Advanced Practice Nurses (APNs), Pflegepädagog*innen in der Patient*innenversorgung für die klinische Ausbildung der Auszubildenden wie auch der Studierenden sowie akademisch ausgebildete Pflegefachpersonen in der Patient*innenversorgung, die Aufgaben übernehmen, für die sie im Studium entsprechend qualifiziert wurden (s. Tab. 1.1). Dementsprechend sollte die Neugestaltung der Arbeits- und Versorgungsprozesse einhergehen mit einer Erweiterung der pflegerischen Rollen- und Stellenprofile, wodurch – im Sinne von New Work – neue Perspektiven (s. Abschn. 1.3) für Pflegende entstehen (Krautz, 2017; Robert Bosch Stiftung, 2001; Wissenschaftsrat, 2012).

Dies gilt analog für die Therapieberufe, deren Ausbildungs- und Entwicklungswege sich ebenso verändern. Dementsprechend werden auch dort die Veränderungen Auswirkungen auf die interprofessionellen Versorgungsprozesse haben müssen.

Wie die Bedarfe und Bedürfnisse der Teammitglieder im Rahmen der Arbeitsorganisation, beispielsweise bezüglich der Dienstplangestaltung, umgesetzt werden (können), erfordert zunächst ein gemeinsames Verständnis und gegenseitige Verbindlichkeit innerhalb des Teams und darüber hinaus Kreativität, Flexibilität und Agilität bei der Dienstplanerstellung. Die mit zu bedenkende Verteilung der Verantwortlichkeiten ist auch eine Frage der jeweiligen Expertise und der Interessen. Dabei ergänzt die Integration der individuellen Interessens- und Expertiseschwerpunkte die Charakteristika von New Work nach Bergmann (2020) um *Freude an der Arbeit*, was für nachhaltige berufliche Zufriedenheit notwendig ist.

**Tab. 1.1** Rollen und Aufgaben akademisch ausgebildeter Pflegender im Krankenhaus. B.A. = Bachelor of Arts, B.Sc. = Bachelor of Science, M.Sc. = Master of Science

| | |
|---|---|
| Pflegefachperson B.Sc. | • Pflegefachliche/pflegewissenschaftliche Leitung einer Station<br>• Qualitätsmanagementverantwortliche einer Station<br>• Digitalverantwortliche einer Station |
| Pflegefachperson B.A. (Pflegepädagogik) | • (Aus-)Bildungsverantwortliche Leitung einer Station<br>• Zentrale Praxisanleitung |
| Pflegefachperson B.A. (Pflegemanagement) | • Managementleitung einer Station<br>• Qualitätsmanagementverantwortliche einer Station<br>• Digitalverantwortliche einer Station |
| Advanced Practice Nurse M.Sc. | • Pflegefachlich übergeordnet für ein Fachgebiet verantwortlich – in der direkten Patient*innenversorgung tätig sowie forschend<br>• Phänomenbezogen (z. B. Schmerz, Delir & Demenz) übergeordnet pflegefachlich verantwortlich – in der direkten Patient*innenversorgung tätig sowie forschend<br>• Spezialisiert auf ein bestimmtes Krankheitsbild (z. B. chronisch entzündliche Darmerkrankungen), um settingübergreifende Versorgungsbrüche zu vermeiden |

Das Shared-Governance-Modell (s. Abschn. 2.2) in Kombination mit transformationalem Führungsstil (s. Abschn. 2.1) ermöglicht und unterstützt dieses genannte Verständnis von New Work in der Pflege. Unabhängig von der hierarchischen Position können die Mitarbeitenden – die Kolleg*innen – Einfluss nehmen und mitgestalten, Wissen einbringen, Verantwortung übernehmen und sich entfalten. Die berufliche Erfahrung „wirksam zu sein" ist attraktiv und sinnstiftend. Gleichzeitig zeigt die „Gemeinsame Führung", dass es vielfältige berufliche Entwicklungsrichtungen gibt. Der Begriff „Shared Governance" wird hier bewusst mit „Gemeinsame Führung" übersetzt, da damit die Intention des Führungsmodells im Deutschen angemessener ausgedrückt wird (s. Abschn. 2.2). Die Führungspersonen agieren als Vorbilder, empowern, d. h. ermächtigen die Teammitglieder und sind Teil einer nicht hierarchisch geprägten Arbeits- und Teamkultur. Wesentlichen Anteil einer erstrebenswerten Teamkultur hat dabei die Teamkommunikation – inhaltlich ebenso wie hinsichtlich der Art und Weise. Transparenz, durch die Vertrauen entsteht, lässt die Teammitglieder Entscheidungen verstehen, wodurch sie diese mittragen.

## 1.2 Kompetenzerfassung und Kompetenzentwicklung als Schlüssel zum Erfolg

**Kompetenz**
Kompetenz ist „ein Set von Fähigkeiten, Fertigkeiten und anderen Merkmalen, das ursächlich dazu beiträgt, dass eine Person in der Lage ist, komplexe Situationen effektiv zu bewältigen" (Krumm et al., 2012, S. 3), und dies eine erfolgreiche Aufgabenbewältigung ermöglicht. Dabei sind Kompetenzen durch Lernen und Erfahrung erlern- und entwickelbar (Krumm et al., 2012; Scherm, 2014) – jedoch nicht zielorientiert durch herkömmliche Fortbildung, sondern „in informeller Weise im Prozess der Arbeit und im sozialen Umfeld selbstorganisiert erworben" (Rosenstiel, 2007, S. 54). Kompetenz ist mehr als das Ergebnis einer (formalen) Qualifikation, die eine berufliche Tätigkeit erlaubt. Über Fähigkeiten und Fertigkeiten hinaus bewirkt Kompetenz eine passende Handlungsfähigkeit im Sinne einer Transferleistung von exemplarisch erlernter situativer Handlungsfähigkeit zu weiteren, nicht explizit erlernten Situationen (North et al., 2018).

Besonders in der Patient*innenversorgung zeigt sich Kompetenz als Kombination aus Wissen, Können und situativ individuell angemessenem Handeln. Über die kognitiven Fähigkeiten hinaus bedarf es „motivationaler, volitionaler, d. h. willentlicher, und sozialer Bereitschaften und Fähigkeiten, um die Problemlösungen in variablen Situationen erfolgreich und verantwortungsvoll nutzen zu können" (Weinert, 2001, S. 27f.) sowie einer angemessenen Selbstorganisation. Die reine Befolgung von Regeln ohne eine reflektierte Einordnung in die Gesamtsituation und selbstständige Beurteilung der situativen Angemessenheit der Vorgaben ist nach Olbrich (2022, 2023) nicht als kompetent einzuordnen. Auch erlernte Fertigkeiten sind, wie das erworbene Wissen, nur Voraussetzungen für Kompetenz. „Kompetentes Handeln vollzieht sich im Können von eigenständigem Wahrnehmen, Beurteilen, Entscheiden und verantwortungsvollem Handeln." (Olbrich, 2023, S. 77).

**Kompetenz in der Patient*innenversorgung**
Eine Pflegefachperson in der Neurochirurgie zeigt Kompetenz, wenn sie bei einer Patientin mit externem liquorableitendem System (EVD – externe Ventrikeldrainage) eine erhöhte Fördermenge und eine damit einhergehende, ggf. zunächst minimale neurologische Veränderung frühzeitig erfasst, die mögliche Fördermenge begrenzt, den ärztlichen Dienst zur Patientin ruft und mit dem*der zuständigen ärztlichen Kolleg*in Maßnahmen diskutiert. In diesem Beispiel besteht die Kompetenz zunächst in dem notwendigen Fachwissen zur EVD, welche Liquorfördermenge angemessen ist, und zu den Symptomen einer pathologischen Neurologie. Hinzu kommen die Selbstorganisation, die für eine engmaschige Patient*innenüberwachung notwendig ist, die Erfassung der Gefährdungssituation, die Methodenkompetenz in der Handhabung der EVD, die Darstellung der Dringlichkeit und die angemessene interprofessionelle Kommunikation mit dem ärztlichen Dienst.

Seit 1996 werden die in Abb. 1.2 dargestellten Kompetenzbereiche international für die Aus- und Weiterbildung (Delors et al., 1996) verwendet: „Learning to know!" bezieht sich auf die Fachkompetenz, bei „Learning to do!" geht es um die Methodenkompetenz, bei „Learning to be!" um die Personalkompetenz und bei „Learning to live together!" um die Sozialkompetenz. Dabei ist die Fachkompetenz spezifisch, während die personale Kompetenz, die Sozial- und Methodenkompetenz überfachliche Kompetenzen sind (Strauch et al., 2009). In jedem Fall bedarf es für Kompetenz eines komplexen Zusammenspiels von unterschiedlichen Fähigkeiten und Fertigkeiten, Wissen, Erfahrung, persönlichen Eigenschaften und der Transferleistung, damit passend handeln zu können. „Kompetenzen lassen sich nicht direkt beobachten, sondern nur aus der Performanz erschließen" (de Vries, 2017, S. 66), also aus dem Verhalten bzw. dem konkreten Handeln sowie dem Handlungsergebnis ableiten.

Für die Versorgung von Patient*innen werden heute andere – insbesondere komplexere – Kompetenzen, Fähigkeiten und Fertigkeiten benötigt als zur Zeit der Ausbildung der Pflegenden der Generation der Babyboomer. Diese Pflegenden erwarben im Laufe ihres Berufslebens für eine heute zeitgemäße Versorgung eine Reihe neuer Fähigkeiten, die sie in ihre Kompetenz integrierten. Lernen und berufliche Kompetenzentwicklung sind also nicht auf die Ausbildungsphase beschränkt, sondern ein berufslebenslanger Prozess. Lernen kann dabei zielorientiert über klassische Weiterbildungsformate erfolgen sowie implizit, was eine sehr komplexe Lernform ist, die spontan und in der Regel unbewusst erfolgt.

Junge Pflegende, die am Beginn ihres Berufslebens stehen, wie auch Kolleg*innen, die in anderen Ländern ausgebildet wurden, müssen für den Start in die Berufstätigkeit als Pflegefachperson an einem deutschen Universitätsklinikum einerseits baldmöglichst die anspruchsvolle Patient*innenversorgung bewältigen und sollen andererseits als Mitarbeitende langfristig an die Institution gebunden werden. Für eine Bindung kompetenter Mitarbeitender ist es notwendig zu wis-

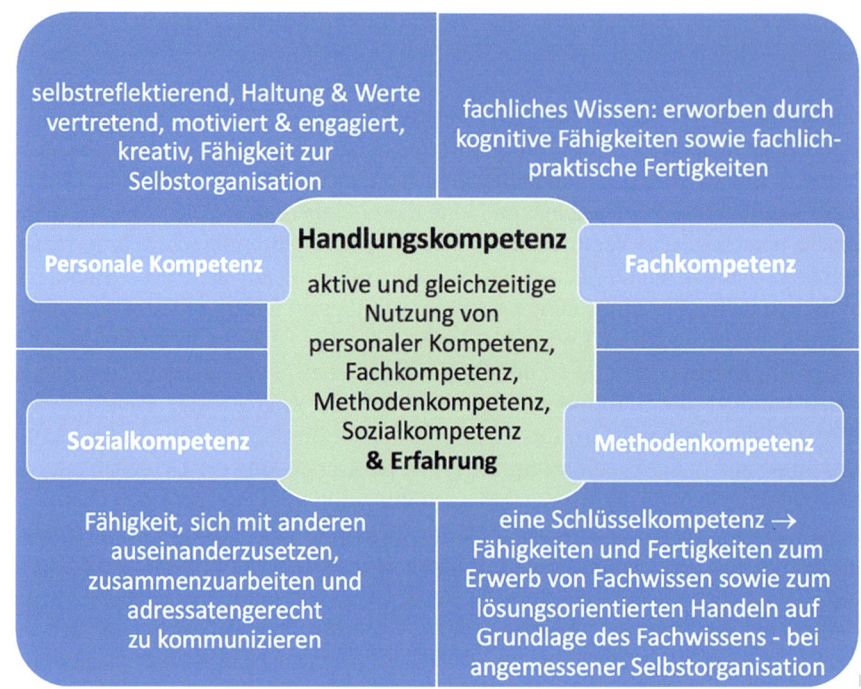

**Abb. 1.2** Handlungskompetenz (eigene Darstellung in Anlehnung an Erpenbeck und Heyse (1999))

sen, welche Kompetenzen vorhanden sind, welche Potenziale die Mitarbeitenden haben sowie welche zukünftigen Kompetenzbedarfe bestehen. Diese Bedarfe benötigen zunächst ein systematisches Onboarding und eine neue Lern- und Lehrkultur im Krankenhaus. Die (Weiter-)Entwicklung der Pflegenden findet durch die Unterstützung dafür kompetenter Berufskolleg*innen statt, was auch von ihnen passende Kompetenzen erfordert.

**Klinische Pflegeausbildung**
Für die klinische Ausbildung der Auszubildenden und Studierenden ist es hilfreich, neben den traditionell mittels Praxisanleitungsweiterbildung ausgebildeten Pflegefachpersonen, den Praxisanleiter*innen, auf den Stationen auch Pflegepädagog*innen einzusetzen. Sie haben im Laufe ihres Studiums weitergehende Fähigkeiten erworben, adressatengerechte Methoden anzuwenden und Lernumgebungen (s. Abschn. 5.4) für den Wissens- und Kompetenzerwerb der Auszubildenden und Studierenden zu schaffen.

Für die inhaltliche Weiterentwicklung der Kolleg*innen auf der Station benötigen auch die pädagogischen und fachlichen Führungspersonen Skills – also Fähigkeiten –, um aktuelles und evidencebasiertes Wissen adressatengerecht zu vermitteln. In diesem Buch wird das englische Wort „Evidence" verwendet, das übersetzt Beweis bedeutet; im Gegensatz dazu ist der deutsche Begriff „Evidenz" in seiner Bedeutung vom lateinischen Wort „evidentia" (lat. videre = sehen), also Augenscheinlichkeit oder Offensichtlichkeit, abgeleitet. Im Deutschen wird jedoch zunehmend, z. B. in der Medizin, das Wort „Evidenz" mit der englischen Wortbedeutung genutzt.

Die Synergien, die genutzt und durch die Zusammenarbeit der fachlichen und der pädagogischen Führungspersonen in beide Richtungen – Wissenschaft und Lehre – wirksam werden, sind offensichtlich.

**Kompetenzerfassung im akutklinischen Kontext**
Wenn Kompetenz nicht direkt beobachtbar, sondern aus der Performanz zu erschließen ist, werden Möglichkeiten benötigt, Kompetenzen zu erfassen und sichtbar zu machen (de Vries, 2017). Im Gegensatz zur formalen Qualifikation, die durch Prüfungsleistung abfragbaren Wissens erlangt wird, ist Kompetenz, insbesondere Handlungskompetenz, nicht zertifizierbar. Dennoch werden operationalisierbare Aspekte zur Erfassung von Kompetenz benötigt (Erpenbeck et al., 2017). Es geht also darum, die Anwendung von kontextbezogenem Wissen einschätzen zu können. Daraus lassen sich, auch wenn Handlungskompetenz nicht zielgerichtet mittels spezifischer Lerneinheiten erlernt wird, Möglichkeiten ableiten, wie Kompetenz individuell entwickelt werden kann bzw. wie Möglichkeiten geschaffen werden können, im beruflichen Umfeld Kompetenzen auf informellem Weg zu erlangen. Gleichzeitig kann durch die Erfassung von Kompetenzen die Weiterentwicklung der Pflegenden unterstützt werden, indem vorhandene Kompetenzen und Potenziale zusammen mit den Interessen die Entwicklungsrichtung aufzeigen können. Neben der Beratung für die berufliche Weiterentwicklung stützen sich auch Personalbeurteilung und Personalentscheidungen sowie das Feedback im Rahmen eines Mitarbeitendengesprächs idealerweise auf die Erkenntnisse aus der gemeinsamen Kompetenzerfassung.

**Personalentwicklung – eine gemeinsame Aufgabe für die Führungspersonen**
Im Rahmen der Personalentwicklung entschieden bisher traditionell die durch Managementqualifikationen (z. B. Stationsleitungskurs) weitergebildeten Führungspersonen. Im Rahmen der Shared Governance (s. Abschn. 2.2 und 2.4) sind Personalbeurteilungen, Personalentwicklung und Personalentscheidungen Aufgaben, die von den Pflegemanager*innen, den fachlichen Führungspersonen und den Pflegepädagog*innen, den Expert*innen für Lernentwicklungen, gemeinsam auf Grundlage der individuellen Kompetenzerfassung zu leisten sind. Alle Aufgabenbereiche steuern ihre spezifische Expertise bei.

Es handelt sich bei Kompetenz also nicht um eine testierbare Größe, sondern um einen Strauß verschiedener Fähigkeiten, die jeweils unterschiedlich ausgeprägt sein können. Die Kompetenzerfassung klinisch tätiger Pflegender lässt sich dementsprechend nicht objektivierbar, ähnlich einer Prüfung, leisten. Aus diesem Grund gibt es zum einen die Möglichkeit zur Selbsteinschätzung anhand des in deutscher Sprache vorliegenden validen Selbsteinschätzungsinstruments Nurse Competence Scale G-NCS (Girbig & Bauer, 2011). Pflegende können hier ihre

Kompetenzen selbst einschätzen und diese Einschätzung dann gemeinsam mit einer der Führungspersonen reflektieren. Zum anderen ist eine gemeinsame Einschätzung in der Shared Governance durch die Führungspersonen mit ihren unterschiedlichen Blickwinkeln die beste Möglichkeit der Fremdeinschätzung, um die individuelle Subjektivität einer einzelnen Führungsperson mit der Sichtweise der anderen Führungspersonen abzugleichen (s. Abb. 1.3). Kriterien für die gemeinsame Einschätzung sind dabei die Aspekte, welche die im klinischen Alltag erforderliche (Handlungs-)Kompetenz (s. Abb. 1.2) ausmachen. Auf diese Weise lässt sich eine differenzierte Beurteilung erstellen, die der beurteilten Person möglichst weitgehend gerecht wird und für die genannten Ziele der Kompetenzerfassung (Personalbeurteilung, Beratung zur beruflichen Weiterentwicklung [s. Abschn. 1.3], Personalentwicklung, Personalentscheidungen anhand nachvollziehbarer Kriterien) geeignet ist.

**Kompetenzentwicklungsmodell**
Ein Kompetenzentwicklungsmodell bildet den Kompetenzerwerb in der beruflichen Entwicklung ab und gibt Orientierung, welche Anforderungen in welcher Kompetenzstufe zu bewältigen sind: Für Mitarbeitende ist das hilfreich zur Selbstreflexion und um eigene berufliche Perspektiven zu entwickeln. Führungspersonen unterstützt es dabei, Mitarbeitende einzuschätzen, mit ihnen Lernbedarfe zu identifizieren, berufliche Perspektiven zu reflektieren und eine kriteriengeleitete und nachvollziehbare Personalauswahl für Positionen zu treffen, was eine zeitgemäße Arbeits- und Führungskultur charakterisiert.

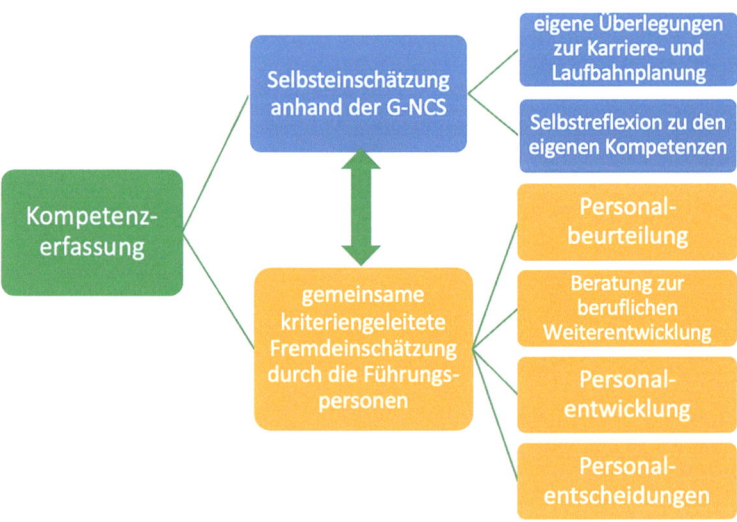

**Abb. 1.3** Ziele von Kompetenzerfassung

Im Rahmen des Entwicklungsprozesses der Shared Governance am TUM Klinikum Rechts der Isar wurde ein institutionsbezogenes Kompetenzentwicklungsmodell erarbeitet, das auf Benners (1984) Überlegungen beruht. Es beschreibt, mit welchen Kompetenzen und Anforderungen eine bestimmte Kompetenzstufe hinterlegt sein soll und welcher Verantwortungsbereich dabei übernommen wird. Dieses Kompetenzentwicklungsmodell ist im Anhang zu finden. Es ersetzt das im deutschsprachigen Raum tradierte „Berufsaltersbeförderungsmodell" durch ein Modell, das in der Anwendung die persönlichen und Lebensphasenprioritäten respektiert, kriteriengeleitet Transparenz schafft sowie Lern- und Entwicklungsperspektiven integriert. Verschiedene Lebenssituationen gehen oftmals mit ebenso diversen Prioritäten, Kapazitäten und Möglichkeiten einher, weshalb in den Berufs- und Lebensphasen auch unterschiedliche Entwicklungsziele und -geschwindigkeiten bestehen.

Die Zuordnung von Kompetenzen zu einzelnen Positionen und Funktionen erleichtert Pflegenden die Überlegungen zu den eigenen Lern- und Entwicklungsfeldern sowie zur Karriere- und Laufbahnplanung. Für Führungspersonen ist das Kompetenzentwicklungsmodell Grundlage der gemeinsamen Personalentwicklungsstrategie mit deutlich mehr differenzierten Entwicklungsmöglichkeiten, als sie bisher bestanden. Es schafft im akutstationären Setting über den traditionellen Bereich des Pflegemanagements hinaus Perspektiven in den Bereichen Bildung sowie Fachlichkeit/Pflegewissenschaft. Innerhalb der Interessensgebiete bestehen unterschiedliche Entwicklungswege und Bildungsstufen, die jeweils anschlussfähig sind und deren Absolvent*innen bei entsprechender Eignung jeweils passende Verantwortungsbereiche übernehmen können.

Eine innovationsfreundliche und wertschätzende Arbeitskultur, fördernde Führungspersonen sowie verschiedene Programme und Weiterentwicklungsangebote unterstützen dabei. Dazu gehört zu Beginn eine strukturierte Einarbeitung – sowohl allgemein anhand des institutionseigenen als auch anhand des fach-(abteilungs-)spezifischen Einarbeitungskonzepts. Berufs- und Wiedereinsteiger*innen werden durch ein spezielles Einführungs- bzw. Onboardingprogramm unterstützt. Dazu kommen ein begleitendes Mentoring durch erfahrene Pflegefachpersonen während der gesamten Laufbahn, vielfältige Weiter- und Fortbildungsangebote sowie ein nachhaltiges Lehr- und Lernnetzwerk.

Die systematische Nutzung und Entwicklung der Kompetenzen und Fähigkeiten der Pflegenden aller Qualifikationslevel ist oftmals noch ausbaufähig. In vielen Krankenhäusern wurden bisher noch keine konkreten, zielführenden und umfassenden Überlegungen angestellt, um die unterschiedlichen Fähigkeiten und Expertisen der in Deutschland seit über zehn Jahren akademisch ausgebildeten Pflegefachpersonen für die akutstationäre und möglichst auch settingübergreifende Patient*innenversorgung zu nutzen. Für Absolvent*innen fehlen entsprechende Karrierewege (s. Abschn. 1.3). Die bereits genannte erhöhte Komplexität in der Patient*innenversorgung erfordert jedoch die strukturierte Einbindung der Fähigkeiten und Kompetenzen der Pflegenden auf Bachelor-, Master- und Promotionsniveau (Robert Bosch Stiftung, 2018; Weidner & Schubert, 2022) in der akutstationären Patient*innenversorgung.

## 1.3 Die Entwicklung von Karrierewegen in der Pflege

Kompetenz ist Voraussetzung für Karriere und Entwicklung und eröffnet eine Vielfalt von Karrierewegen und Laufbahnen im Rahmen von New Work und Shared Governance in der akutstationären Pflege. Karriere bezeichnet in der Regel einen beruflichen Weg, der vertikal, d. h. hierarchisch aufsteigend verläuft. Laufbahn ist hingegen ein neutraler Begriff, der die zeitliche „Abfolge von beruflichen Erfahrungen/Stationen" meint (Kauffeld & Spurk, 2019, S. viii).

Diverse Krankenhäuser stellen auf ihren Internetseiten Karrierewege in der Pflege vor, die Fachkarriere, Bildungskarriere und Führungskarriere unterscheiden. Diese Darstellungen erwecken den Eindruck, dass sich Fachkarriere oder Bildungskarriere und Führung ausschließen würden. Im Gegensatz dazu soll nachfolgend gezeigt werden, dass sowohl in der Fach- wie auch in der Bildungskarriere Führungspositionen im Krankenhaus notwendig und vorzusehen sind. Die dritte Expertisesparte bildet das Management. Eine Gleichsetzung von Management mit Führung ist veraltet und bildet nicht die zeitgemäßen Bedarfe und modernen Strukturen, z. B. in der akutklinischen Gesundheitsversorgung, ab. Zweifellos braucht ein Krankenhaus oder eine Pflegedirektion Management und Führung (s. Kap. 2) gleichermaßen. Es braucht aber noch viel mehr, um zeitgemäß zu bleiben und den sich ständig weiterentwickelnden Anforderungen gerecht werden zu können. In diesem Buchabschnitt wird die Vielfalt an Möglichkeiten für Pflegende in einem Krankenhaus dargestellt und inwiefern Berufslaufbahn und Karrierewege, auch wenn sie nicht linear verlaufen oder in eine Führungsposition münden, interessante Perspektiven für ein erfülltes und langes Berufsleben in der Pflege bieten.

Die Pflegeausbildung mit Berufszulassung als Pflegefachfrau oder Pflegefachmann (die aktuelle Berufsbezeichnung lautet Pflegefachfrau/Pflegefachmann; frühere Berufsbezeichnungen in der Pflege gelten jedoch weiterhin) bildet die Basis für eine Pflegekarriere. Vor einer Ausbildung als Pflegefachperson kann, z. B. wenn jemand keine Mittlere Reife hat, eine Pflegefachhilfeausbildung absolviert werden, die mit der berufsfachschulischen Pflegeausbildung fortgesetzt werden kann. Mit Inkrafttreten des Pflegeberufegesetzes im Jahr 2020 (PflBG, 2017) ist in Deutschland erstmals neben der traditionellen berufsfachschulischen Ausbildung (Voraussetzung: mittlerer Bildungsabschluss) auch ein grundständiges Pflegestudium (Voraussetzung: Hochschulzugangsberechtigung) gesetzlich verankert. Gleichzeitig wurden die drei ehemaligen, am Lebensalter orientierten Pflegeausbildungen – Gesundheits- und Kinderkrankenpflege, Gesundheits- und Krankenpflege sowie Altenpflege – zu einer generalistischen Pflegeausbildung zusammengeführt. Dies entspricht den internationalen Gepflogenheiten und ist bei den anderen Berufen im Gesundheitswesen völlig selbstverständlich. Die Verankerung des Pflegestudiums stellt in mehrerlei Hinsicht einen wichtigen Fortschritt dar, was nachfolgend noch aufgezeigt wird. Zunächst jedoch wird auch eine Gruppe von

Schulabgänger\*innen, die Abiturient\*innen, für den Pflegeberuf angesprochen, die dies vorher möglicherweise nicht in Erwägung gezogen hatte. Diese jungen Leute werden in Anbetracht der zukünftigen Herausforderungen ebenso dringend benötigt wie die bisherige Interessent\*innengruppe für den Pflegeberuf.

Nach der Ausbildung zur Pflegefachfrau oder zum Pflegefachmann sind die generalistisch ausgebildeten Kolleg\*innen zwar breit ausgebildet für den pflegerischen Einsatz bei Menschen aller Lebensalter sowie in allen Settings, müssen jedoch zunächst erst einmal Erfahrung sammeln. Zu den relevanten Erfahrungsbereichen zählen die Krankenhausversorgung (Akutkrankenhaus, Rehabilitationsklinik, Spezialklinik etc.), der Langzeitpflegebereich (Seniorenpflegeeinrichtung, Behindertenpflegeeinrichtung etc.) sowie die ambulante pflegerische Versorgung. Der Übergang in die berufliche Verantwortung kann sehr anspruchsvoll sein, was von verschiedenen Faktoren bestimmt wird. Arbeitgeber können jedoch viel dafür tun, dass der berufliche Start in der akutklinischen Versorgung gelingt und die neuen Kolleg\*innen an die Institution gebunden werden. Dies beginnt bestenfalls bereits in der klinischen Ausbildung, in deren Rahmen die zukünftigen Kolleg\*innen die Kultur eines Krankenhauses erleben und Pflegende in verschiedenen Rollen, mit unterschiedlichen Aufgaben und in vielfältigen Expertisebereichen kennenlernen. Eine gute klinische Ausbildung, in der die Auszubildenden und Studierenden Einblicke in die Vielfalt der Entwicklungsmöglichkeiten erhalten, ist insofern eine nicht zu unterschätzende und in jeder Hinsicht günstige Akquisemöglichkeit.

Beim Start in den Pflegeberuf ist es für engagierte und interessierte Pflegefachpersonen reizvoll, wenn ihr Arbeitgeber (z. B. Krankenhaus) einerseits ein vielfältiges Entwicklungsspektrum in Aussicht stellen kann und wenn es andererseits Möglichkeiten gibt, in der Klinik berufliche Interessen zu identifizieren, wie dies z. B. im Rahmen eines Traineeprogramms möglich ist (s. Kap. 7).

Die möglichen Karrierewege (s. Abb. 1.4 und im Anhang) und Laufbahnen in der Pflege können so vielfältig und flexibel gewählt werden, dass dies beispielhaft grafisch besonders gut dargestellt werden kann.

Grundsätzlich gilt, dass berufliche Abschlüsse in der Pflege immer auch Anschlüsse bereithalten. Berufliche Entwicklungen sind oftmals beeinflusst von Lebensphasen, die es mehr oder weniger leicht machen, Entwicklungsschritte zu gehen. Durch das Renteneintrittsalter von 67 Jahren besteht jedoch eine lange Zeit im Berufsleben, um sich vor und nach bestimmten Lebensphasen beruflich zu entwickeln und weiterzuqualifizieren. Die Möglichkeiten umfassen sowohl Fachweiterbildungen und Weiterbildungen als auch diverse pflegerische Studiengänge. Während die Fachweiterbildungen, z. B. Intensiv & Anästhesie, Onkologie, Nephrologie, Gerontologie, Notfallpflege etc., alle im fachlichen Expertisebereich anzusiedeln sind, werden die Weiterbildungen verschiedenen Expertisebereichen zugeordnet. So sind die Weiterbildungen zur Stationsleitung oder zum\*zur Qualitätsmanagementbeauftragten im Expertisebereich Management verortet, die Weiterbildungen zur Praxisanleitung oder zur Kinaestheticstrainer\*in gehören in den pädagogischen Expertisebereich und Weiterbildungen wie Wund- oder Schmerzmanagement, Stomatherapie, Atmungstherapie, Palliative Care oder Kinaesthetics sind dem fachlichen Expertisebereich zuzurechnen. Bei den pflegerelevanten

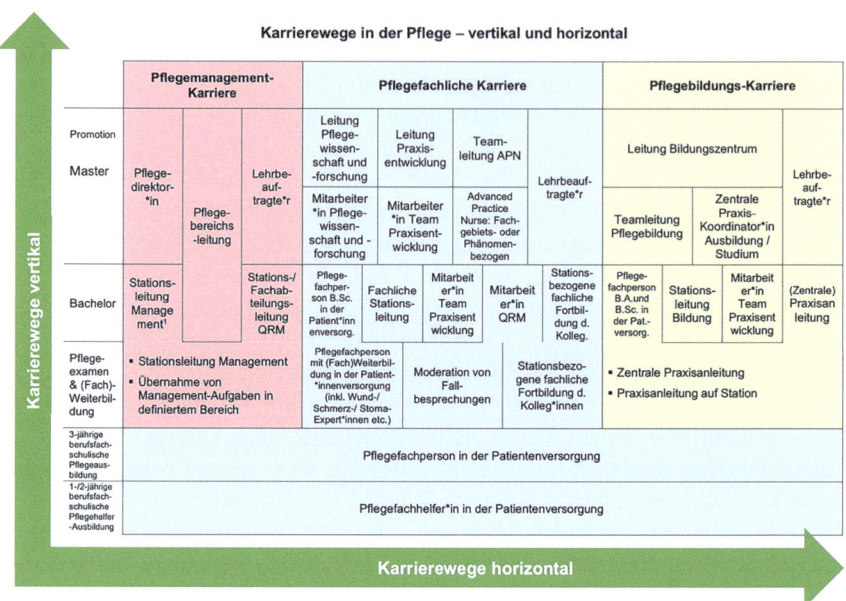

**Abb. 1.4** Karrierewege in der Pflege vertikal und horizontal

Studienfächern werden pflegewissenschaftliche Studiengänge, (Pflege-)Pädagogik-Studiengänge und (Pflege-)Management-Studiengänge jeweils auf Bachelor- und Masterniveau unterschieden. Dies zeigt die Vielfalt der Möglichkeiten, die einander nicht ausschließen, sondern möglichst an die Vorbildung anschließen.

Ebenso wie die Pflegeberufsausbildung in Deutschland – international unüblich – sowohl berufsfachschulisch als auch als Studium möglich ist, gilt dies auch für die Weiterqualifizierung als (Fach-)Weiterbildung oder Studium. Diese Mehrspurigkeit der deutschen Pflegebildung hat derzeit einen ziemlichen Wildwuchs an Weiterbildungsangeboten zur Folge, die nicht alle professionsfördernd sind. Einige Bildungsangebote von Akademien aller Art sind dabei eher eine Mogelpackung, weil sie am Bedarf und/oder an der Anerkennung vorbei qualifizieren. Andere Angebote sind Studiengänge, die derzeit – und hoffentlich nur für eine Übergangszeit – zwar anschlussfördernd sind, aber als Studienangebot keine dauerhafte Perspektive darstellen sollten, z. B. Bachelorstudiengänge in Intensivpflege.

Warum sind solche Studiengänge perspektivisch kritisch zu sehen, aber derzeit sinnvoll – für berufsfachschulisch ausgebildete Pflegefachpersonen, die auf der Intensivstation arbeiten? Zunächst ist klarzustellen, dass in Deutschland aufgrund des zweigleisigen Ausbildungsformats für die Pflegenden mit Berufszulassung als Pflegefachperson unterschiedliche Ausgangssituationen für die Weiterentwicklung bestehen. Interessierte Pflegende mit Bachelor, die sich in der Intensivpflege weiterqualifizieren wollen, suchen keinen weiteren Bachelorstudiengang, sondern – wie international üblich – einen auf ihrem Vorwissen aufbauenden Masterstudiengang Intensivpflege. Für berufsfachschulisch ausgebildete Pflegende auf Intensivstation, die sich akademisch weiterqualifizieren wollen, ist hingegen ein (meist auf drei Jahre ausgelegter) Bachelorstudiengang Intensivpflege sehr attraktiv. Da in allen Fachdisziplinen und Fachbereichen der Hochschulen und Universitäten Bachelorstudiengänge als Grundlagenstudium konzipiert sind und die Spezialisierungen erst in den Masterstudiengängen auf dem Grundstudium aufbauen, ist es nicht zielführend, dies in der Pflege – erneut – auf Dauer anders zu machen. Die internationale Vergleichbarkeit und Anschlussfähigkeit, die in Deutschland doch sonst so wichtig ist, wären dann in der Pflege auch in Zukunft gefährdet.

Die Fachweiterbildungen sind meist zweijährige, attraktive Weiterqualifizierungsangebote für Pflegefachpersonen und finden in der Regel berufsbegleitend im Rahmen der Arbeitszeit statt. Die vertieften Kenntnisse, die im jeweiligen Fachbereich praxisorientiert erworben werden, erweitern die berufliche Handlungskompetenz. Andere Weiterbildungen, die je nach ihrer Art unterschiedlich lange dauern, vertiefen die Kenntnisse im jeweiligen Wissensbereich, erweitern ebenso die berufliche Handlungskompetenz und qualifizieren für spezifische Aufgabenbereiche.

Neben dem bereits genannten Intensiv-Bachelorstudiengang können berufsfachschulisch ausgebildete Pflegefachpersonen meist auch ohne Abitur ein pflegerelevantes Bachelorstudium absolvieren, das in der Regel 2,5 bis 3,5 Jahre dauert. Die Hochschulzulassungsvoraussetzungen sind in den Bundesländern und an den Hochschulen/Universitäten unterschiedlich geregelt, weshalb sie hier nicht im Einzelnen dargestellt werden. Die Hochschulen/Universitäten informieren jedoch auf ihren Websites über die Voraussetzungen. Die Studienangebote sind sehr vielfältig und qualifizieren für Managementaufgaben, als Pflegepädagog*in oder pflegewissenschaftlich bzw. für bestimmte Fachdisziplinen wie Intensiv, Psychiatrie, Gerontologie, Palliative Care etc.

Als Masterstudiengänge in der Pflege werden derzeit vor allem Managementstudiengänge, Pädagogikstudiengänge und Advanced Nursing Practice (ANP) sowie Pflegewissenschaft angeboten. Es gibt jedoch inzwischen auch erste Masterstudiengänge „Intensive Care", „Gerontologie" oder „Palliative Care", die der dargestellten zukunftsfähigen Qualifizierungssystematik entsprechen.

Berufliche Laufbahnen und Karrierewege werden angebahnt durch Qualifizierung, die in der Pflege durchaus die Expertisesparte in der Abfolge wechseln kann. Um aber das erworbene Wissen auch einbringen und damit wirksam werden zu können, sind passende Stellen nötig. Für Pflegefachpersonen mit Fachweiterbildung und/oder anderen Weiterbildungen ist dies meist selbstverständlich, weil im System verankert. So sind vor allem Fachweitergebildete für Intensivpflege oder Onkologie auch für Zertifizierungen bzw. die Umsetzung von G-BA-Richtlinien bedeutsam. Für akademisch ausgebildete Pflegende ist dies nicht überall so. Während Führungspositionen als traditionelle „All-in-One"-Stationsleitung oder Pflegedienstleitung mit studierten Pflegemanager*innen besetzt werden, sind passende Positionen für Absolvent*innen der pflegefachlichen oder pflegepädagogischen Studiengänge oft noch nicht vorgesehen.

Shared Governance ist ein Konzept, das eine gemeinsame Führung in der Pflege in den Expertisebereichen Pflegemanagement, Pflegepädagogik und Pflegefachlichkeit/Pflegewissenschaft vorsieht und das gesamte Pflegeteam in die Gestaltung der Aufgaben einbindet. Dies eröffnet den Pflegenden Karriere- und Laufbahnoptionen, weil sie erleben, in welche Interessenbereiche sie sich entwickeln können. Derzeit kann in Deutschland jedoch noch nicht von einer systematischen Einbindung akademisch ausgebildeter Pflegefachpersonen in die Krankenhausstrukturen die Rede sein. Bereits 2012 empfahl der Wissenschaftsrat vor dem Hintergrund der Studienlage und auch mit Blick auf die internationalen Entwicklungen einen Anteil von 10 bis 20 % akademisch ausgebildeter Pflegefachpersonen in der direkten Patient*innenversorgung. Daher bedarf es eines Neuzuschnitts der Aufgabenportfolios in den Führungsbereichen, was wiederum Auswirkungen auf die unterschiedlichen Prozesse, die Gewohnheiten in den Krankenhäusern und alle weiteren damit zusammenhängenden Aspekte hat.

Es braucht also ein Gesamtkonzept und den Willen, Strukturen zu entwickeln, die das erweiterte, akademisch erworbene Wissen und die Kompetenzen der studierten Pflegenden einbinden und die sich in Positionen und Funktionen als Karrieremöglichkeiten darstellen. Insbesondere die Studienfächer Pflegepädagogik und Pflege(-wissenschaft) bedürfen einer systematischen Etablierung. Es erscheint unverständlich, dass die Einsicht so schwierig ist, warum es diese Qualifikationen unter den in der Patient*innenversorgung tätigen Pflegefachpersonen braucht. Die bekannten demografischen Fakten in Kombination mit den medizinischen Fortschritten lassen die Versorgungssituationen immer komplexer werden und ansonsten soll sich nichts ändern? Selbstverständlich muss in die pflegerische Versorgung die vorhandene Evidence integriert werden, wozu die akademisch ausgebildeten Pflegenden in ihrem Studium explizit befähigt werden. Die studierten Pflegepädagog*innen vermitteln diese Inhalte im Rahmen der klinischen Ausbildung den Auszubildenden und Studierenden, die unsere bestmöglich ausgebildeten zukünftigen Kolleg*innen sind.

Zur Entwicklung gehört Wandel – die Gesellschaft verändert sich, weshalb sich auch die Organisationen verändern (müssen). Die Veränderung der Gesellschaft findet durch die Menschen dieser Gesellschaft statt, während sich jedoch nicht alle Menschen einer Gesellschaft oder Organisation in gleicher Weise entwickeln und mitverändern. Wer stehen bleibt, bleibt bald auch zurück. Motivation und Inspiration können dem entgegengehalten werden und Pflegende mitnehmen – jede*n nach seinen*ihren Möglichkeiten. Auch weiterhin sind Erfahrung und das dadurch erworbene implizite Wissen von immenser Bedeutung. Darüber hinaus werden aber auch aktuelles und evidencebasiertes Wissen für die Patient*innenversorgung und weitere zeitgemäße Skills benötigt, um den aktuellen Bedarfen gerecht zu werden.

Diese zeitgemäßen Skills umfassen eine Vielzahl an Fähigkeiten und Fertigkeiten für ein modernes Berufsleben, wie den Umgang mit neuen technischen Geräten (insbesondere medizinisch-technischen) oder zeitgemäße Kommunikationsformate (z. B. datenschutzrechtlich sichere Messengerdienste, aber auch die berufliche Nutzung von Mails, virtuelle Meetingformate, Onlinefortbildungen etc.). Damit wird klar, dass Entwicklung und notwendiger Change gestaltet werden müssen. Entwicklungs- und Changemanagement werden durch die Führungspersonen gesteuert, was Leadership (s. Kap. 2) erfordert – in allen Expertisebereichen der Pflege. Leadership in der Pflege meint die Fähigkeit vorzudenken, das Team zu inspirieren, mitzunehmen zu einem gemeinsamen Ziel und jedes Teammitglied nach seinen Möglichkeiten einzubinden. Damit dies gelingt, sind Führungspersonen in allen drei Bereichen Management, Pädagogik und Fachlichkeit/klinische Pflegewissenschaft nötig, ebenso wie die weitergebildeten und sich weiterbildenden Pflegefachpersonen, die ihre jeweilige Verantwortung im Pflegeteam wahrnehmen und ihr Wissen mit Engagement einbringen.

## 1.4 Praxisentwicklung erfordert Rollenentwicklung

Die Komplexität der Patient*innenversorgung steigt seit Jahrzehnten aufgrund der Demografie, der medizinischen Fortschritte sowie der strukturellen Veränderungen im Gesundheitswesen. Im Krankenhaus wird eine größere Anzahl multimorbider und gleichzeitig älterer, zunehmend auch demenzkranker Patient*innen bei verkürzter Verweildauer behandelt und versorgt. Zugleich bestehen erhöhte Anforderungen hinsichtlich der nachzuweisenden Versorgungsqualität, des Risikomanagements (Kuntsche & Börchers, 2017) sowie einer evidencebasierten Versorgung. Um diesen gestiegenen Ansprüchen an die pflegerische Patient*innenversorgung gerecht werden zu können, bietet sich als Handlungsrahmen das Konzept der Praxisentwicklung nach McCormack et al. (2009) an, das international und auch im deutschsprachigen Raum als wirksame Methodologie für eine nachhaltige Praxisentwicklung erprobt ist (Frei et al., 2023). Es unterstützt eine strategische, inhaltliche und wissenschaftlich fundierte Entwicklung einer personzentrierten pflegerischen Versorgung. Die wichtigsten Ziele der Praxisentwicklung nach McCormack et al. (2009) sind:

- Aufbau und Etablierung personzentrierter, interprofessioneller Versorgungsprozesse
- Systematische Erarbeitung einer Kultur des wertschätzenden, fördernden und reflektierenden Umgangs im Versorgungsteam
- Entwicklung einer personzentrierten Haltung
- Etablierung eines transformationalen und Leadership-Führungsansatzes im Rahmen einer gemeinsamen Führung (Shared Governance), um Veränderung, Innovation und Entwicklung zu fördern
- Personal- und Rollenentwicklung bei unterschiedlichen Qualifikationen
- kontinuierliche, systematische Entwicklung der Versorgungspraxis, unterstützt durch kompetente Begleitung (Facilitation)

„Skill-Grade-Mix" bezeichnet die Zusammensetzung von Pflegeteams aus Personen mit verschiedenen Fähigkeiten (Skills) und Bildungsabschlüssen (Grades) (DBfK, 2021). Praxisentwicklung erfordert für die Umsetzung der genannten Ziele die Wahrnehmung verschiedener Rollen, die auf einem passenden Skill-

Grade-Mix beruhen. Während die Rollen von Pflegefachhelfer*innen und berufsfachschulisch ausgebildeten Pflegefachpersonen etabliert sind, fehlen bisher Rollenvorbilder für akademisch ausgebildete Pflegende auf Bachelor- und Masterniveau. Gleichzeitig stellt sich die Frage, inwiefern sich durch zusätzliche, in Deutschland bisher nicht in die Patient*innenversorgung integrierte Qualifikationen die Aufgaben und etablierten Rollen verändern und welche Zuständigkeiten die akademisch qualifizierten Pflegenden übernehmen. Die im Pflegeberufegesetz (2017) § 37 festgelegten Ausbildungsziele für das Bachelorstudium Pflege, die über die Ziele der berufsfachschulisch ausgebildeten Pflegefachpersonen hinausgehen, geben die zusätzlichen Aufgaben vor. Insbesondere die Erschließung und Umsetzung aktuellen evidencebasierten Wissens ist bisher noch nicht ausreichend etabliert und bedarf einer systematischen Einführung in das tägliche Pflegehandeln.

Die Rollenentwicklung sowohl auf Bachelor- wie auf Masterniveau kann dabei erschwert sein durch mögliche Vorbehalte, Unklarheiten oder einen Dissens zu den Erwartungen aus den Reihen der „etablierten" Pflegefachpersonen oder auch der anderen Gesundheitsprofessionen. Die akademisch ausgebildeten Pflegenden sind Ausdruck der Veränderung und Entwicklung, was verunsichern kann. Daher sind auch emotionale Widerstände zu erwarten. Die berufsfachschulisch ausgebildeten Pflegenden können sich mit ihren Kompetenzen, ihrem Wissen und ihrer Erfahrung infrage gestellt, „als Auslaufmodell" wahrgenommen sehen und daher Sorge um ihre zukünftige Position empfinden (Laimbacher et al., 2023) .

Insofern ist eine wertschätzende Haltung gegenüber allen beruflich Pflegenden gleichermaßen, sowie gegebenenfalls beratende Unterstützung (s. Abschn. 2.4), Voraussetzung für eine gelingende Rollenentwicklung und Integration in die pflegerische Versorgung. Die internationale und nationale Wirksamkeitsforschung zum Einsatz akademisch ausgebildeter Pflegender zeigt, dass dadurch die Versorgungsqualität in verschiedenen Aspekten gestärkt werden kann. Dies betrifft z. B. die settingübergreifende Versorgung, die Adhärenz von Patient*innen und ganz grundsätzlich die evidencebasierte pflegerische Versorgung (Schubert et al., 2018). Adhärenz (engl.: „adherence") beschreibt dabei die Bereitschaft und Fähigkeit von Patient*innen, die – unter Einbezug ihrer Wünsche und Vorstellungen – mit Ärzt*innen, Therapeut*innen, Pflegenden oder anderen Gesundheitsfachpersonen getroffenen Vereinbarungen zu gesundheitsbezogenem Verhalten umzusetzen (Chaudri, 2004). Vor allem Ärzt*innen verwenden häufig (noch) den Begriff „Compliance", der „meist reduziert als Befolgung ärztlicher Anordnungen im Rahmen eines paternalistischen Arzt-Patient-Verhältnisses verstanden wird" (Meißel, 2006).

Wichtig ist jedoch für alle Beteiligten, dass die Absolvent*innen der Pflegestudiengänge passend zu den Bedarfen und Anforderungen in der pflegerischen Patient*innenversorgung ausgebildet sind. Dies ist wiederum schwierig, solange noch keine oder nur wenige akademische Pflegerollen etabliert sind und ebenso wenige Aufgabenportfolios bzw. Stellenbeschreibungen bestehen. Es handelt sich um ein Problem der Pionier*innen – sowohl auf hochschulischer/universitärer Seite als auch aufseiten der Bachelor- und Masterabsolvent*innen. Hinzu kommen in den Krankenhäusern die oftmals unangemessen hohen Erwartungen an studierte Pflegefachpersonen, insbesondere an grundständig ausgebildete Bachelorabsolvent*innen. Sie beginnen als Berufsanfänger*innen und müssen, ebenso wie die berufsfachschulisch ausgebildeten Pflegefachpersonen, zunächst klinische Erfahrung sammeln. Gleichzeitig sollen sie in die Rolle als akademisch ausgebildete Pflegefachperson hineinwachsen, ohne ein Rollenvorbild zu haben. Masterabsolvent*innen stehen vor einem vergleichbaren Problem, was das Rollenvorbild betrifft, können aber bestenfalls auf Berufserfahrung als Bachelorpflegefachperson aufbauen.

Neben den Bachelorstudiengängen Pflege oder Pflegewissenschaft gibt es für Pflegefachpersonen auch Bachelorstudiengänge der Pflegepädagogik, die teilweise als berufsbegleitendes Studium absolviert werden können. Die Absolvent*innen sind im akutklinischen Bereich sehr gut in der klinischen Ausbildung einsetzbar und werden dort insbesondere für die Pflegestudierenden gebraucht. Dabei ist ihre Rolle für alle Beteiligten, z. B. für die Kolleg*innen des Pflegeteams, für die Praxisanleiter*innen und für den/die Pflegemanager*in eines Stationsteams deutlich klarer und kann ohne größere Akzeptanzprobleme in der Regel die einer*eines „leitenden Praxisanleitenden", also einer Führungsperson der klinischen Ausbildung, sein.

Somit sind bereits zwei Führungspersonen in Stations-Pflege-Teams genannt: Pflegemanager*in und Pflegepädagog*in. Die fachliche Führung ist sehr sinnvoll von einem*einer Pflege-Bachelorabsolvent*in zu übernehmen. Solch ein Führungstrio kann in der Shared Governance (s. Abschn. 2.2) gemeinsam führen.

Für Pflege-Bachelorabsolvent*innen ist zur Rollenentwicklung zunächst einmal eine passende Stellenbeschreibung erforderlich, in der die spezifischen Aufgaben, die dafür notwendigen Kompetenzen und die Verantwortlichkeiten beschrieben sind. Sie benötigen darüber hinaus aber auch die proaktive Unterstützung der anderen Führungspersonen, und zwar sowohl auf Stationsebene als auch von der nächsthöheren Hierarchieebene, damit sie sich in dieser für alle neuen Position etablieren können. Dazu bedarf es außerdem einer Überprüfung der bisherigen Versorgungsprozesse: Wer macht wann was, mit welcher Qualifikation? Auch die anderen Berufsgruppen sind einzubeziehen, um die Prozesse personzentriert neu zu denken und die Abläufe mit jeweils passender Qualifikation neu zu ordnen. Zur neu geordneten Aufgaben- und Ablauforganisation müssen auch ausreichend Zeiten und Arbeitsmittel für jene Aufgaben bedacht werden, für die das Bachelorstudium gemäß Pflegeberufegesetz (2017) § 37 ausbildet. Die Systematik geht dementsprechend weg vom tradierten verrichtungs- und tätigkeitsbezogenen, funktionspflegerischen Vorgehen hin zu einem pflegeprozesshaften Vorgehen, wofür ein passender Skill-Grade-Mix vorgesehen werden muss (Matzke, 2018).

Darüber hinaus sind regelmäßig stattfindende institutionsinterne Netzwerkgruppen sowohl für bachelor- wie auch für masterqualifizierte Pflegende in der Patient*innenversorgung sinnvoll. Dort kann die Umsetzung der neuen Rollen, inklusive Leadership (s. Kap. 2) und PD-School (Practice Development School: Schule der Praxisentwicklung, in der Methoden und Inhalte der Praxisentwicklung nach McCormack et al. [2021] gelehrt und gelernt werden), in einem geschützten Raum reflektiert und besprochen werden. Diese Gruppen können durch die Abteilungen Pflegewissenschaft/Praxisentwicklung moderiert und geleitet werden.

Eine neue Rolle ergibt sich durch die Einbindung der akademisch ausgebildeten Pflegenden auch für die bisherige klassische Stationsleitung, die sich nun in der Position als Pflegemanager*in wiederfindet. Auch hier wird Unterstützung für die Rollenfindung benötigt. Zuvor war die Stationsleitung die All-in-One-Ansprech- und Führungsperson für alle Fragen, Anliegen und Zuständigkeiten. Im Rahmen einer Shared Governance sind die Verantwortungsbereiche aufgeteilt in Pflegemanagement, Pflege-(Aus-)Bildung und Pflegefachlichkeit/Pflegewissenschaft. Dies kann als Machtverlust und Degradierung wahrgenommen werden – insbesondere, wenn ein Unterschied im Qualifikationsniveau besteht. Es erfordert ein Umdenken aller und Unterstützung durch die Pflegedienstleitung und gegebenenfalls psychologischer Beratung bei der Rollenfindung in der neu zugeschnittenen Position (s. Abschn. 2.4).

Rollenentwicklung ist also der zentrale Baustein, um einerseits die neuen akademischen Ausbildungsformate in der Versorgungspraxis zu etablieren und andererseits eine dafür passende Führungsstruktur einzuführen. Alle Beteiligten müssen sich in ihrer neuen Rolle wahr- und ernstgenommen erleben und zusammen die Praxis in die Zukunft entwickeln.

## Literatur

Baumann, A. O., Deber, R. B., Silverman, B. E., & Malette, C. M. (1998). Who cares? Who cures? The ongoing debate in the provision of health care. *Journal of Advanced Nursing, 28*(5), 1040–1045.

Benner, P. (1984). *From novice to expert: Excellence and power in clinical nursing practice*. Addison – Wesley.

Bergmann, F. (2020). *Neue Arbeit, Neue Kultur* (7. Aufl.). Arbor. (erstmals auf Deutsch veröffentlicht 2004)

Cardiff, S., McCormack, B., & McCance, T. (2018). Person-centred leadership: A relational approach to leadership derived through action research. *Journal of Clinical Nursing, 27*(15–16), 3056–3069. https://doi.org/10.1111/jocn.14492

Chaudri, N. A. (2004). Adherence to long-term therapies evidence for action World Health Organization (WHO). 2003. *Annals of Saudi Medicine, 24*(3), 221–222. https://doi.org/10.5144/0256-4947.2004.221.

Delors, J., Carneiro, R., Chung, F., Geremek, B., Gorham, W., Kornhauser, A., Manley, M., Quero, M. P., Savane, M.-A., Singh, K., Stavenhagen, R., Won, M., & Nanzhao, S. Z. (1996). *Learning: The treasure within; report to UNESCO of the International Commission on Education for the Twenty-first Century;* https://unesdoc.unesco.org/ark:/48223/pf0000109590.locale=en. Zugegriffen: 6. Apr. 2024.

Deutscher Berufsverband für Pflegeberufe (DBfK) – Bundesverband e. V. (2021). Skill-Grade-Mix im Krankenhaus. In *Positionspapier*. Deutscher Berufsverband für Pflegeberufe (DBfK). https://www.dbfk.de/media/docs/newsroom/dbfk-positionen/Positionspapier_Skill-Grade-Mix-2021.pdf. Zugegriffen: 20. Mai. 2024.

de Vries, F. (2017). Kompetenzfeststellungsverfahren APF (Abschlussportfolio). In J. Erpenbeck, L. v. Rosenstiel, S. Grote, & W. Sauter (Hrsg.), *Handbuch Kompetenzmessung* (3. Aufl. S. 64–75). Schäffer-Poeschel.

Erpenbeck, J., & Heyse, V. (1999). *Die Kompetenzbiographie. Strategie der Kompetenzentwicklung durch selbstorganisiertes Lernen und multimediale Kommunikation*. Waxmann.
Erpenbeck, J., v. Rosenstiel, L., Grote, S., & Sauter, W. (2017). *Handbuch Kompetenzmessung* (3. Aufl.). Schäffer-Pöschel.
Frei, I. A., Auer, C., Hirter, K., & von Dach, C. (2023). Praxisentwicklung: Der Weg zur personzentrierten Kultur. In C. von Dach & H. Mayer (Hrsg.), *Personzentrierte Pflegepraxis - Grundlagen für Praxisentwicklung, Forschung und Lehre* (S. 75–122). Hogrefe.
Girbig, M., & Bauer, A. (2011). Kompetenzerfassung in der stationären Krankenpflege. Übersetzung, Modifizierung und kulturelle Adaption der Nurse Competence Scale (NCS). *Pflegewissenschaft, 12*(11), Article 655–663.
Kauffeld, S., & Spurk, D. (2019). *Handbuch Karriere und Laufbahnmanagement*. Springer.
Kottow, M. H. (2001). Between caring and curing. *Nursing Philosophy, 2*, 53–61.
Krautz, B. (2017). Einsatz akademisierter Pflegekräfte – Eine Management-Perspektive. In P. Bechtel, I. Smerdka-Arhelger, & K. Lipp (Hrsg.), *Pflege im Wandel gestalten – Eine Führungsaufgabe* (2. Aufl., S. 139–148). Springer.
Krumm, S., Mertin, I., & Dries, C. (2012). *Kompetenzmodelle*. Hogrefe.
Kuntsche, P., & Börchers, K. (2017). *Qualitäts- und Risikomanagement im Gesundheitswesen*. Springer. https://doi.org/10.1007/978-3-642-55185-7.
Laimbacher, S., Wolfensberger, P., & Hahn, S. (2023). Wer arbeitet in der Praxis, wenn wir zunehmend Akademiker haben müssen? *Pflege, 36*(6), 327–333. https://doi.org/10.1024/1012-5302/a000959
Maier, C. B., Ludwig, M., Köppen, J., Kleine, J., & Busse, R. (2023). Das „Image" der Pflege: Das Ansehen des Pflegeberufs in der Öffentlichkeit und bei Pflegefachpersonen. In J. Klauber, J. Wasem, A. Beivers, & C. Mostert (Hrsg.), *Krankenhaus-Report 2023* (S. 49–57). Springer.
Matzke, U. (2018). Personalgewinnung und -bindung im Wandel. In A. Simon (Hrsg.), *Akademisch ausgebildetes Pflegefachpersonal* (S. 115–135). Springer. https://doi.org/10.1007/978-3-662-54887-5_9.
McCormack, B., & McCance, T. (2006). Development of a framework for person-centered nursing. *Journal of Advanced Nursing, 56*(5), 472–479. https://doi.org/10.1111/j.1365-2648.2006.04042.x
McCormack, B., Manley, K., & Garbett, R. (2009). (A. I. Frei & R. Spirig, Hrsg.), *Praxisentwicklung in der Pflege*. Huber.
McCormack, B., McCance, T., Bulley, C., Brown, D., & Martin, S. (2021). *Fundamentals of person-centered healthcare practice*. Wiley-Blackwell.
Meißel, T. (2006). Compliance – Zur Funktion eines Begriffes der medizinischen Alltagspraxis. *Balint Journal, 7*(2), 55–60. https://doi.org/10.1055/s-2006-941512
North, K., Reinhardt, K., & Sieber-Suter, B. (2018). *Kompetenzmanagement in der Praxis* (3. Aufl.). Springer Gabler.
Olbrich, C. (2022). *Pflegekompetenz* (4. Aufl.). Hogrefe.
Olbrich, C. (2023). Pflegekompetenz aktuell. *PADUA, 18*(2), 76–78.
Pflegeberufegesetz – PflBG. (2017). In Bundesgesetzblatt. Vol. I (49). Bundesanzeiger. https://www.gesetze-im-internet.de/pflbg/. Zugegriffen: 20. Mai. 2024.
Pless, H. (2020). Die Rolle des Arztes im Gesundheitswesen heute und in der Zukunft. In *Führen im Krankenhaus – Betriebswirtschaft, Recht, Organisation, Kommunikation für Leitende Ärzte* (S. 267–271). Springer.
Richter, S., Gottsmann, M., Albrecht, P., & Gramß, D. (2022). Erkenntnisse und Stimmen zum Generationenmanagement. In *Praxisreport „Nachgefragt."* Zukunftszentrum Brandenburg. https://www.zukunftszentrum-brandenburg.de/wp-content/uploads/2023/01/Praxisreport-3.-Zukunftsgespraech_final.pdf. Zugegriffen: 24. Aug. 2024.
Robert Bosch Stiftung. (2018). 360° Pflege-Qualifikationsmix für den Patienten. https://www.bosch-stiftung.de/sites/default/files/publications/pdf/2018-08/RBS_Broschuere_360%C2%B0_Pflege.pdf.

Robert Bosch Stiftung (Hrsg.). (2001). *Pflege neu denken Die Zukunft der Pflegeausbildung.* Schattauer.

Rosenstiel, L. v. (2007). Unternehmerische Werte und personelle Kompetenzen. In W. Jochman & S. Gechter (Hrsg.), *Strategisches Kompetenzmanagement.* Springer.

Scherm, M. (2014). *Kompetenzfeedbacks – Selbst- und Fremdbeurteilung beruflichen Verhaltens.* Hogrefe.

Schubert, M., Herrmann, L., & Spichiger, E. (2018). Akademisierung der Pflege – Evidenz und Wirksamkeitsforschung. In A. Simon (Hrsg.), *Akademisch ausgebildetes Pflegefachpersonal* (S. 85–100). Springer. https://doi.org/10.1007/978-3-662-54887-5_7.

Strauch, A., Jütten, S., & Mania, E. (2009). *Kompetenzerfassung in der Weiterbildung – Instrumente und Methoden situativ anwenden* (Deutsches Institut für Erwachsenenbildung – Leibnitz Zentrum für Lebenslanges Lernen, Hrsg.). Bertelsmann.

Weidner, F., & Schubert, C. (2022). *Die erweiterte pflegerische Versorgungspraxis – Abschlussbericht der begleitenden Reflexion zum Förderprogramm „360° Pflege – Qualifikationsmix für Patient:Innen in der Praxis"* (Deutsches Institut für angewandte Pflegewissenschaften e. V., Hrsg.). https://www.bosch-stiftung.de/sites/default/files/publications/pdf/2022-06/Abschlussbericht_360Grad%20Pflege_Qualifikationsmix.pdf. Zugegriffen: 20. Mai. 2024.

Weinert, F. (2001). Vergleichende Leistungsmessung in Schulen – eine umstrittene Selbstverständlichkeit. In F. Weinert (Hrsg.), *Leistungsmessungen in Schulen* (S.17-21). Beltz.

Wissenschaftsrat. (2012). *Empfehlungen zu hochschulischen Qualifikationen für das Gesundheitswesen.* www.wissenschaftsrat.de/download/archiv/2411-12.pdf. Zugegriffen: 20. Mai. 2024.

# New Leadership in der Pflege

**2**

Andrea Ellermeyer, Maria Kitzmantel, Julia Mayer, Laura Gerken und Esther Pausch

Führung und Leadership in der akutstationären Patient*innenversorgung sind, wie in Abschn. 1.3 kurz angesprochen, keine auf das Management beschränkten Aufgaben, sondern betreffen alle Expertisebereiche der Pflege. Die Beschäftigung damit erfordert zunächst einen Blick auf die Mitarbeitenden in den Pflege- und Gesundheitsberufen, auf deren Altersdiversität und die damit verbundenen Themen. Im Rahmen von New Work sind Leader*innen gesucht, die alle Pflegenden, unabhängig von Geschlecht und Alter, mitnehmen, motivieren und inspirieren können, damit diese ihre Leistungsbereitschaft entfalten und ihre Leistungsfähigkeit erhalten können. Dazu werden im Folgenden die Bedeutung von Führung, die Rolle von Beratung in Veränderungsprozessen sowie die Inhalte und Relevanz von transformationaler Führung, auf deren Prinzipien Leadership aufbaut, dargestellt.

## 2.1 Transformationale Führung als Voraussetzung für erfolgreiche Leader*innen

Als transformationale Führung wird ein Ansatz verstanden, bei dem im Rahmen des Führungsprozesses die Führungsperson durch ihr Agieren das Team und die einzelnen Teammitglieder in einen gemeinsamen, sinnstiftenden Lern- und Veränderungsprozess mitnimmt. Pelz (2016) versteht unter „transformational", dass

---

A. Ellermeyer (✉)
Pflegedirektion, TUM Klinikum Rechts der Isar, München, Deutschland
E-Mail: newworkinnursing@gmail.com

M. Kitzmantel · L. Gerken · E. Pausch
München, Deutschland

J. Mayer
Mannheim, Deutschland

© Der/die Autor(en), exklusiv lizenziert an Springer-Verlag GmbH, DE, ein Teil von Springer Nature 2025
J. Mayer et al. (Hrsg.), *New Work im Krankenhaus*,
https://doi.org/10.1007/978-3-662-70410-3_2

die Art zu führen eine Verhaltenstransformation, also -veränderung, erreichen kann. Zentraler Anspruch des Ansatzes ist, die intrinsische Motivation des*der Einzelnen einzubeziehen und durch inspirierende Motivation zu ergänzen, indem gemeinsam eine spannende Zukunftsvorstellung und Vision entwickelt wird.

Herausfordernd für Führungspersonen sind die Megatrends des demografischen Wandels, des sich daraus ergebenden Personalmangels und der technischen Entwicklungen. Für einen Verbleib im Beruf bis zur Rente benötigen die langjährigen Mitarbeiter*innen, die Pflegenden 50plus, andere Unterstützung und Arbeitsbedingungen als die jungen, nicht weniger wichtigen Pflegenden, die langfristig zufrieden und auf jeweils aktuellem Stand Patient*innen versorgen sollen. Die körperliche Belastung sowohl im Umgang mit Patient*innen als auch durch den Schichtdienst, die Erwartung an zeitliche Flexibilität, um bei Personalausfall einzuspringen, und die Anforderung des berufslebenslangen Lernens lassen nur wenige ältere Pflegende die Arbeitsbelastung bis zum Rentenalter als ertragbar einschätzen (Isfort & Weidner, 2007).

Im Hinblick auf die Altersstruktur und die damit verbundenen Aufgaben werden für die Gestaltung von Entwicklungs- und Veränderungsprozessen Führungsansätze benötigt, die eine generationenverbindende und wertschätzende Teamkultur schaffen können. Der hohe Anteil an älteren Pflegenden wirkt sich auf die Arbeitsbedingungen insgesamt aus, z. B. wenn körperlich sehr anstrengende Tätigkeiten durch jüngere Pflegende kompensiert werden müssen und deren Arbeitsbelastung dadurch erheblich steigt (Deutscher Pflegerat, 2014). Außerdem spielen Alter, Geschlecht und die individuelle Offenheit für den Umgang mit technischen Neuerungen, aktuellen Medien und deren Anwendung eine wichtige Rolle im Erleben von Digitalisierungs- und Innovationsprozessen. Insbesondere Personen, die privat kaum einen Computer, ein Laptop oder Tablet nutzen, befürchten bei diesbezüglichen beruflichen Anforderungen eine Komplexitätssteigerung und einen Mehraufwand, dem sie sich nicht gewachsen fühlen (Muckenhuber et al., 2022).

Transformational agierende Führungspersonen haben Vertrauen in die Fähigkeiten der Mitarbeitenden und bestärken sie darin, diese der Vision entsprechend einzusetzen. Gleichzeitig wird kritisch-reflexives Hinterfragen der tradierten Abläufe geschätzt und als eine Form der Verantwortungsübernahme gesehen. Teammitglieder werden ermutigt, kreative Lösungsvorschläge einzubringen. Leader*innen fördern die Mitarbeitenden sowohl individuell unter Einbezug ihrer Interessen, Stärken und Schwächen als auch als Team. Neben diesen Aspekten, welche die Beziehung zwischen Führungsperson und Teammitglied betreffen, kommt der Blick für das Ganze hinzu, was das Team, die Arbeitsumgebung und die Arbeitskultur einschließt. Die Führungsperson handelt selbst vorbildlich, integriert die weiteren Attribute eines guten beruflichen Umfeldes in ihr Aufgabenportfolio und ist in der Lage, situativ, agil (lat.: „agilis" = beweglich) und lösungsorientiert zu handeln (Pelz, 2016).

**Prinzipien transformationaler Führung:**

**Ideeller Einfluss – eine Vision vermitteln** Die Führungsperson hat eine (dem Unternehmensleitbild entsprechende) Vorstellung davon, was erreicht werden soll, wohin sich das Team und die Arbeitsergebnisse entwickeln sollen. Das kann sie begeisternd vermitteln und lebt dies vorbildlich vor. Dabei stellt sie die Bedürfnisse der Mitarbeiter*innen über die eigenen (Avolio & Bass, 1995).

**Inspirieren und motivieren** Die Führungsperson formuliert die attraktive Perspektive, die die Mitarbeitenden anspornt und sie ermutigt, sich über die Erwartungen hinaus dafür zu engagieren. Inspirierende Führungspersonen sind in der Lage, ein starkes Bewusstsein für die Sinnhaftigkeit der Vision und Perspektive zu vermitteln (Bass, 1985).

**Intellektuelle Anregung geben** Die Führungsperson fördert ihre Mitarbeiter*innen durch Anregung, Kreativität und Innovation. Sie unterstützt ihr Team und arbeitet mit den Teammitgliedern zusammen, wenn diese neue Ansätze ausprobieren und innovative Wege zur Bewältigung organisatorischer und/oder inhaltlicher Herausforderungen entwickeln wollen. Die Führungsperson ermutigt ihre Mitarbeiter*innen, selbstständig und unabhängig zu denken, sodass sie Autonomie entwickeln (Hater & Bass, 1988).

**Individuelle Fürsorge und Betreuung** Beides sind wesentliche Merkmale des Umgangs der Führungsperson mit anderen – sowohl auf das gesamte Team bezogen als auch im individuellen Umgang (Avolio et al., 1999).

Die genannten Prinzipien sind stark von wertschätzender und adressatengerechter Kommunikation und der Fähigkeit zum Beziehungsaufbau abhängig. Ein weiterer zentraler Aspekt transformationaler Führung ist es, Vorbild zu sein. Dieses tatsächliche und sichtbare Führungsverhalten hat eine wesentliche Auswirkung auf das Verhalten der Teammitglieder: Sie vertrauen der Führungsperson, sind loyal und motiviert (Pelz, 2016).

Auch wenn die ersten Publikationen zu transformationaler Führung in der Pflege bereits während der 1990er-Jahre erschienen, hat diese Art zu führen nichts an Aktualität verloren. Die genannte Haltung, das eigene Verhalten, insbesondere jedoch der Beziehungsaufbau zu den Mitarbeitenden und die Mitnahme in einen positiv vermittelten Entwicklungsprozess sind immer noch bedeutsam. Die Nachhaltigkeit transformationaler Führung ist gut belegt und zeigt, dass dieser Führungsansatz bzgl. der Zufriedenheit der Mitarbeitenden besonders wirkungsvoll ist. Dies drückt sich sowohl in der bereits genannten Loyalität gegenüber den Personen und gemeinsamen Zielen aus als auch in der Übernahme von Verantwortung, Entwicklungsbereitschaft und einer guten Teamkultur, was in weiterer Folge auch ökonomische Vorteile mit sich bringt (Kreipe et al., 2018; Pelz, 2016).

**Die Umsetzung transformationaler Führung im Krankenhausalltag**
Die wissenschaftliche Literatur zeigt einerseits, dass erfolgreich transformational führende Personen bestimmte Persönlichkeitseigenschaften mitbringen wie Kontaktfreudigkeit und Offenheit für Erfahrung. Andererseits sind für diese Rolle auch Verhaltensmerkmale bedeutsam, die wiederum erlern- und trainierbar sind (Pundt & Nerdinger, 2012).

Insofern gelten Schulung und Mentoring bei der Entwicklung von Führungspersonen als wichtige Schlüssel zur Umsetzung der transformationalen Führung. Bass und Riggio (2006) entwickelten ein darauf abzielendes mehrstufiges Programm, das neben Fallbesprechungen, Beispielen und Filmen vor allem auch die Selbstreflexion im Rahmen eines vorher eingeholten 360-Grad-Feedbacks zum eigenen Führungsverhalten vorsieht. Ergänzend wird ein Beratungsgespräch geführt, auf dessen Basis ein individueller Entwicklungsplan erstellt wird. Die Schlüsselthemen transformationaler Führung werden diskutiert sowie reflektiert und unterschiedliche transformationale Verhaltensweisen in Rollenspielen trainiert (Pelz, 2016; Pundt & Nerdinger, 2012). Darüber hinaus ist eine Begleitung im Sinne von Mentoring sehr empfehlenswert, da sich kein „Verhaltenshebel" umstellen lässt, sondern Führungsverhalten im Tun reflektiert und eingeübt wird.

Es gibt ein valides Instrument, das für den deutschsprachigen Raum und für hiesige Unternehmenskulturen anwendbar ist – das „Gießener Inventar zur transformationalen Führung". Mit dessen Hilfe werden die Charakteristika transformationaler Führung reflektiert und für die Weiterentwicklung als Führungsperson verwendet (Pelz, 2016). Studien zeigen, dass durch solch ein Training jene Führungspersonen wesentliche Verbesserungen im Führungsverhalten erreichen, die zuvor ein eher passives und Laissez-Faire-Verhalten gezeigt hatten (Pundt & Nerdinger, 2012), und dass Führungspersonen „unter anderem bessere persönliche Beziehungen, mehr Energie und weniger Stress als ihre transaktional führenden Kollegen" aufwiesen (Pelz, 2016, S. 110).

Die Umsetzung transformationaler Führung ist im Gesundheitswesen die erfolgversprechendste Führungsmethode. Sie hat positive Auswirkungen auf die Teamkultur, das gesamte Arbeitsumfeld, die Zufriedenheit der Teammitglieder, die Patient*innensicherheit und die Versorgungsqualität (Urkride & Singh, 2022; Ystaas et al., 2023). Transformationale Führung zielt auf die Ermächtigung der Mitarbeitenden ab, fördert die Kreativität und das Einbringen von Lösungsvorschlägen sowie die Verantwortungsübernahme und setzt vorbildliches Verhalten der Führungsperson voraus. Im Ergebnis handelt es sich um ein Führungsverhalten, das eine stetige Weiterentwicklung ermöglicht und in Shared Leadership als gemeinsames Führungsverständnis umgesetzt werden kann.

## 2.2 Modelle der Führung: Shared Governance und Shared Leadership

Shared Governance heißt wörtlich aus dem Englischen übersetzt „geteilte Führung". Gemeint ist jedoch keine Trennung, sondern im Gegenteil eine gemeinsame, nichthierarchische, strategisch angelegte Verantwortungsübernahme mehrerer Personen mit unterschiedlichen Expertisen in Bezug auf eine Organisation bzw. Institution sowie die nachgeordneten Einheiten (Rankin & Rose, 2020). Im Krankenhaus sind damit z. B. die Pflegedirektion, einzelne Fachbereiche oder Stationen gemeint. Die Expertisesparten einer Shared Governance in der Pflege sind Pflegemanagement, Pflege-(Aus-)Bildung und Pflegefachlichkeit/Pflegewissenschaft. Der Expertisebereich Qualitäts-, Risiko- und Chancenmanagement ist in der Regel ein Teil des Pflegemanagements, aber vom Umfang und der Wichtigkeit der Aufgaben so bedeutsam, dass vor allem in großen Organisationseinheiten durchaus ein eigener Führungsbereich gebildet werden kann. Die Bedeutung dieses Expertisebereichs ergibt sich auch aus der Notwendigkeit der Verzahnung von Pflegemanagement, Pflegefachlichkeit/Pflegewissenschaft und Qualitäts-, Risiko- und Chancenmanagement. Nachdem international der Begriff „Shared Governance" etabliert ist, wird der Terminus hier beibehalten – auch um Begriffsverwirrungen und Fehlinterpretationen zu vermeiden.

Leadership wird ebenfalls mit „Führung" übersetzt, meint aber die Art und Weise, wie geführt wird, und wird als Führungsansatz mit partizipativer, beziehungsbetonter und ermächtigender Herangehensweise erklärt. In Zusammenhang mit moderner Führung ist in der Fachliteratur von „Leadership" zu lesen. Während bei traditionellen Führungsansätzen die Führungsperson im Zentrum steht, rückt der Leadershipansatz die Zufriedenheit der Mitarbeitenden, Partizpation und Beziehung zwischen Führungsperson und Team(-mitglied) in den Mittelpunkt. Führung wird dabei als Prozess verstanden, bei dem eine Führungsperson dem Team (Unternehmens-)Vision und Ziele überzeugend vermittelt, sie inspiriert, die Mitarbeitenden beteiligt, sie befähigt und wertschätzt. Leadership basiert auf vier bestimmenden Aspekten (v. Au, 2016):

- einer wechselseitigen Beziehung zwischen Leader*in und Teammitglied
- dem System – d. h. der Organisation und deren Kultur
- Partizipation als zeitgemäßer Haltung
- Ddem Sinn, der für alle erkennbar sein muss.

Leadership ist von der Führungsperson verinnerlicht und wird gelebt, wobei die Wertschätzung für die anderen Menschen im Umfeld des*r Leader*in (Mitarbeitende, Vorgesetzte, Kolleg*innen des interprofessionellen und interdisziplinären Teams etc.) im Fokus steht.

„Shared Leadership" wird in diesem Sinne als gemeinsame Führung durch mehrere Personen mit einem gemeinsamen Führungsverständnis verstanden. Insofern soll nachfolgend gezeigt werden, wie in einem Shared-Governance-Modell mehrere Personen mit jeweils unterschiedlicher Expertise zusammen eine Organisationseinheit mit gemeinsamem Leadershipansatz leiten. Es wird dargestellt, was das Ziel von Shared Governance ist, was die Voraussetzungen sind, was bei der Umsetzung zu beachten ist und welche weiteren Effekte erzielt werden sollen. Das Modell der Shared Governance ist ein in den angelsächsischen Ländern langjährig erprobtes Konzept (Martin et al., 2014). Im deutschsprachigen Raum wird es zum jetzigen Zeitpunkt z. B. an den Universitätsspitälern Basel und Zürich, den Universitätskliniken Freiburg im Breisgau, am TUM Klinikum Rechts der Isar und in den Universitäts- und Rehabilitationskliniken Ulm umgesetzt.

Shared Governance ist mehr als ein Führungsmodell, es handelt sich um ein Team- und Praxisentwicklungsmodell und ist als kontinuierlicher Prozess mit dem übergeordneten Ziel einer bestmöglichen Patient*innenversorgung angelegt. Dabei werden die Organisation, die Arbeits- und Versorgungsprozesse, die Inhalte, die Kultur und alle damit zusammenhängenden Aspekte gestaltet. Neben den Führungspersonen mit ihren verschiedenen Expertisen ist Transparenz und die Einbeziehung des Teams in Vorgänge, Entwicklungen und Entscheidungen charakteristisch. Shared Governance ist abzugrenzen von rein partizipatorischer Führung, bei der das Team zwar in die Meinungsbildung einbezogen wird, die Entscheidung dann aber von der Führungsperson getroffen wird.

Im Führungsteam ist Shared Governance gekennzeichnet von Verantwortlichkeit, Partnerschaft und Gleichberechtigung (Ballard, 2010), im Pflegeteam durch Verantwortungsübernahme und den Einbezug in Entscheidungen (Porter-O'Grady, 2001) sowie insgesamt geprägt von gegenseitigem Vertrauen, dass alle ihr Bestes geben und einbringen (Guanci & Medeiros, 2018). Die von Porter-O'Grady (2001) genannten vier Prinzipen einer vollständigen Umsetzung von Shared Governance in Organisationen – „partnership, accountability, equity, ownership" – können im Deutschen als „Partnerschaft, Verantwortungsübernahme/Verantwortlichkeit, Gleichwertigkeit, Zuständigkeit" wiedergegeben werden. Für das Verständnis, was diese Prinzipien für eine Umsetzung in oftmals sehr heterogenen Pflegeteams bedeuten können, wird die Darstellung in Abb. 2.1 vorgeschlagen.

Die Berufe im Gesundheitswesen reklamieren für sich als Ziel ihres beruflichen Handelns eine bestmögliche Patient*innenversorgung. Exzellenz wird idealerweise dann erreicht, wenn in der interprofessionellen Zusammenarbeit die verschiedenen Perspektiven der Berufe ein Gesamtbild zum*r Patient*in ergeben und die Versorgung gut aufeinander abgestimmt ist. Dies erfordert von allen Beteiligten Kompetenz, aktuelles Wissen, die Bereitschaft zum berufslebenslangen Lernen und den Willen zur Zusammenarbeit. Diese Zusammenarbeit soll inter- und intraprofessionell über alle Hierarchieebenen bestehen. Sie setzt das gemeinsame Verständnis voraus, dass jede beteiligte Person zum Gelingen des Ganzen beiträgt und jeder für den eigenen Arbeits- und Aufgabenbereich die Verantwortung übernimmt (Porter O'Grady, 2001; Rankin & Rose, 2020). Je nach Rolle und Kompetenzlevel ist der Verantwortungsbereich unterschiedlich, was gleichzeitig Entwicklungsperspektiven ermöglicht.

Ziel von Shared Governance in Deutschland ist zunächst ein gemeinsames personzentriertes Versorgungs- und Pflegeverständnis, das den gesetzlichen Anforderungen des Pflegeberufegesetzes (PflBG, 2017) gerecht wird. Die Übernahme der dort festgeschriebenen Vorbehaltsaufgaben für Pflegefachpersonen und die Verantwortung dafür erfordert aktuelles Wissen und Kompetenz (s. Abschn. 1.2). Daraus kann ein verbessertes Patient*innenoutcome durch die Stärkung der pflegerischen evidencebasierten Handlungskompetenz entstehen und im Zuge dessen eine höhere Patient*innensicherheit, eine wachsende Patient*innenzufriedenheit sowie eine größere Berufzufriedenheit der Pflegefachpersonen (Speroni et al., 2021). Weitere Ziele der Shared Governance sind ein gemeinsames Teamverständnis und die Verantwortungsübernahme jedes Teammitgliedes für die ausgeübte Pflegepraxis sowie die eigene Kompetenz- und Wissensentwicklung. Dies wird unterstützt

## 2 New Leadership in der Pflege

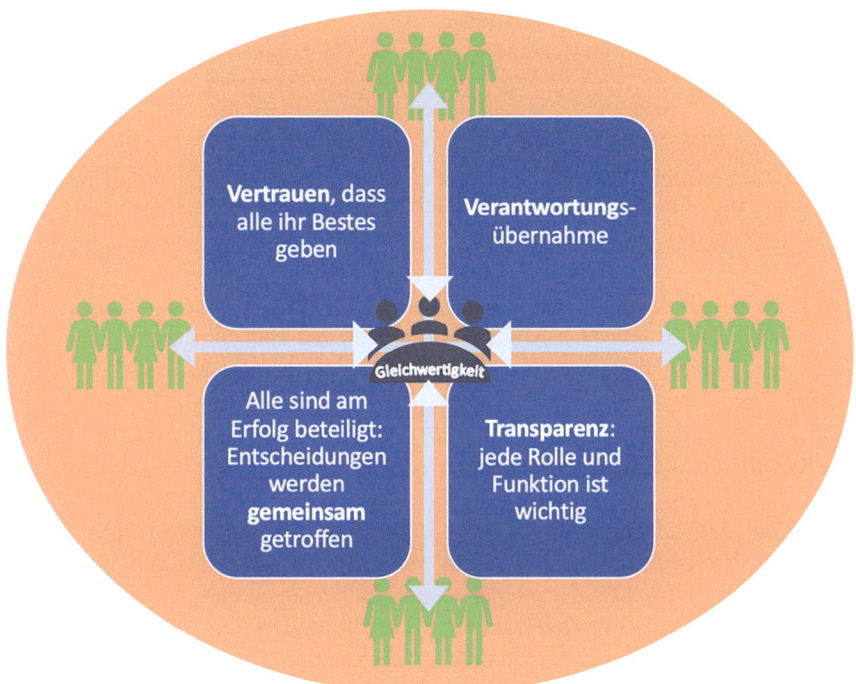

**Abb. 2.1** Prinzipien der Shared Governance

und gefördert von den Führungspersonen, die helfen, Interessen zu identifizieren und entsprechendes Wissen zu erwerben (Rankin & Rose, 2020).

So wird in der Shared Governance die Gesamtverantwortung gemeinsam getragen, was für die organisationalen Strukturen und die Arbeitskultur in der Pflege eine Wende markiert. Shared Governance entsteht durch Teamplayer*innen, nicht durch einzelne, separat handelnde Expert*innen. Bei den Beteiligten erfordert dies eine Einstellung, ein Denken und Handeln, das sich ganz grundsätzlich und in mehrerlei Hinsicht von den bisher in Deutschland üblicherweise gelebten Pflegetraditionen unterscheidet: Leadership und Zuständigkeit bestehen aufgrund vorhandener Expertise und gleichzeitig erfolgt eine gemeinsame Entscheidungsfindung. Jeder im Team hat eine Stimme und kann wirksam werden. Im Führungsteam besteht Gleichwertigkeit der Expertisebereiche sowie zwischen Teammitgliedern und Führungspersonen eine Partnerschaft, in der der Input des Teams und die unterschiedlichen Perspektiven von Bedeutung sind. Dazu werden Lösungsorientierung und Kreativität anstelle expliziter Vorgaben für die Umsetzung von Aufgaben gefördert. Ein weiterer wichtiger Aspekt einer Shared-Leadership-Kultur im Rahmen der Shared Governance ist Vertrauen in jedes Teammitglied. Es wird davon ausgegangen, aber auch erwartet, dass alle ihr Bestes geben, ihre Rollen ausfüllen und ihre Aufgaben verantwortungsbewusst erfüllen.

**Strukturen einer Shared Governance**
Die Strukturen für die Umsetzung von Shared Governance ergeben sich aus den Prinzipien von Shared Governance und beruhen auf Teamwork:

- Alle sind wichtig,
- jedes Teammitglied übernimmt – entsprechend der jeweiligen Kompetenz und Rolle – Verantwortung und
- der Erfolg wird gemeinsam erzielt.

Für das kooperative Erarbeiten der anliegenden Themen in den unterschiedlichen Expertisebereichen und Hierarchiestufen und für die sich daraus ergebende Entscheidungsfindung bedarf es passender Strukturen, die nachfolgend aufgezeigt werden.

**Die Bildung eines Führungsteams**
Die Idee, dass im Krankenhaus *eine* Führungsperson alle Themen zu den sehr komplexen Umgebungsbedingungen, Strukturen, Anforderungen und Versorgungsbedarfen bedienen könne, ist unrealistisch. Bezogen auf den Pflegeberuf zeigt schon die Diversität der pflegerischen Studiengänge, dass das Wissensgebiet umfassend ist. Die drei großen Studienrichtungen in der Pflege sind Management, Pädagogik und Wissenschaft. Qualitäts-, Risiko- und Chancenmanagement bildet als Expertisebereich eine Schnittstelle zwischen Management, Fachlichkeit/Pflegewissenschaft sowie der Pädagogik (dort im Rahmen der Ausbildungs- und Anleitungsqualität und des Risikomanagements, z. B. in einem Ausbildungs-OP) und ist Bestandteil der Studiengänge. Dementsprechend ist es sinnvoll, wenn die Führungsaufgaben von mehreren Personen mit diesen unterschiedlichen Wissensschwerpunkten gemeinsam geleistet werden.

In der Shared Governance besteht aus diesem Grund das Führungsteam einer Station aus drei gleich wichtigen Personen mit ihren unterschiedlichen Expertisen, die in ihrer Zusammenarbeit und mit der gemeinsamen Vision des Krankenhauses bzw. des Pflegedienstes den Anforderungen besonders gut gerecht werden können. Für die darüberliegende Hierarchieebene gilt ebenso, dass eine Führungsperson nicht in allen Expertisebereichen die umfassende und notwendige Kompetenz haben kann, weshalb dort die Shared-Governance-Struktur ebenso besteht. Auch der Auftrag von Stabsstellen, beispielsweise Personalcontrolling, Qualitäts-, Risiko- und Chancenmanagement, Digitalisierung etc., besteht in der Shared Governance ab der Aufgabenstellung darin, nicht nur das Management, sondern alle Expertisebereiche in die Bearbeitung und Umsetzung zu integrieren. Indem von Beginn an alle Shared-Governance-Perspektiven für die Überlegungen gleich wichtig sind, entsteht der inhaltliche und daraus folgend der ökonomische Mehrwert im Vergleich zum tradierten Vorgehen. Gemeinsam können bessere Entscheidungen getroffen werden, weil gewährleistet ist, dass alle wichtigen Sichtweisen mitgedacht und einbezogen sind, deshalb redundante Schleifen vermieden werden und kein Nacharbeiten nötig ist.

**Einbezug der verschiedenen Expertisebereiche**
Die Tech-Stabsstelle, eine zentrale Stelle der Krankenhausorganisation für neue Technologien, Digitalisierung und KI (Künstliche Intelligenz), beteiligt bei der Einführung und Weiterentwicklung von Tech-Projekten Fachexpert*innen aus der Pflege. Für digitale Lösungen zur zukunftsfähigen Bewältigung der Aufgaben, wie beispielsweise ein Dashboard und ein Pflegeforschungsregister (s. Abschn. 3.6) werden die Pflegewissenschaft für die pflegefachlichen, inhaltlichen Fragen, die pädagogische Expertise für die Integration der klinischen Ausbildung und deren digitale Abbildung einbezogen, während die konkreten Planungen der Umsetzung durch das Management erfolgen.

**Rollen und Aufgaben in der Shared Governance**
In Abschn. 7.1 werden im Rahmen der Darstellung des Traineeprogramms die Rollen und Aufgaben der Führungspersonen auf Stationsebene in den verschiedenen Expertisebereichen aufgezeigt. Für alle oberhalb der Stationsebene eingesetzten Führungspersonen in den einzelnen Expertisebereichen ist die konkrete Unterstützung und enge Begleitung der Stationen und ihrer Führungspersonen auf dem Shared-Governance-Weg eine gemeinsame Aufgabe, die auch gemeinsam wahrgenommen und selbst vorgelebt wird. Der im Vergleich zu den tradierten Strukturen größte Aufgaben- und Rollenunterschied besteht in der gemeinsamen Umsetzung von Themen durch alle drei Expertisebereiche. Pflegepädagogik und insbesondere Pflegewissenschaft sind erst seit kurzer Zeit mit eigenen Departements in den Krankenhäusern angesiedelt, weshalb sie ihre Perspektive oft noch nicht regelhaft (wie dies in der Shared Governance erforderlich ist) in die zu bewältigenden Aufgabenstellungen einbringen.

Auf der Ebene der Pflegedienstleitungen, also der Pflegemanager*innen, die in der Pflegedirektion angesiedelt und teilweise für mehrere Fachabteilungen zuständig sind, bestehen die allgemein bekannten operativen, übergeordneten Managementaufgaben inklusive der Führung und der Rollenberatung der Managementleitungen auf Stationsebene.

Der in der Pflegedirektion angesiedelte Bereich der Pflegebildung ist einerseits für die Fort- und Weiterbildung in der Pflege zuständig, gegebenenfalls für die berufsfachschulische Ausbildung in den Pflegeberufen inklusive der OTA-/ATA-Schulen, und andererseits für die Praxiskoordination der klinischen Ausbildung. Hinzu kommt die Führung und die Rollenberatung der pädagogischen Leitungen auf Stationsebene sowie der zentralen Praxisanleitenden (ZPA).

Die Pflegewissenschaft trägt die fachliche Verantwortung für die Umsetzung einer evidencebasierten Pflegepraxis im Krankenhaus sowie für die Führung und die Rollenberatung der fachlichen Leitungen auf Stationsebene sowie der Advanced Practice Nurses (APN). Weitere Aufgaben bestehen in der übergeordneten interprofessionellen fachlichen Zusammenarbeit, der Forschung und der Lehre.

Diese Struktur bildet sich folglich auch in den Organigrammen ab (Abb. 2.2).

Auch wenn sich die Literatur zu Shared Governance meist auf das Stationssetting bezieht, lässt sich das Shared-Governance-Modell ebenso vorteilhaft in Funktionsbereichen umsetzen, was beispielhaft nachfolgend dargestellt wird.

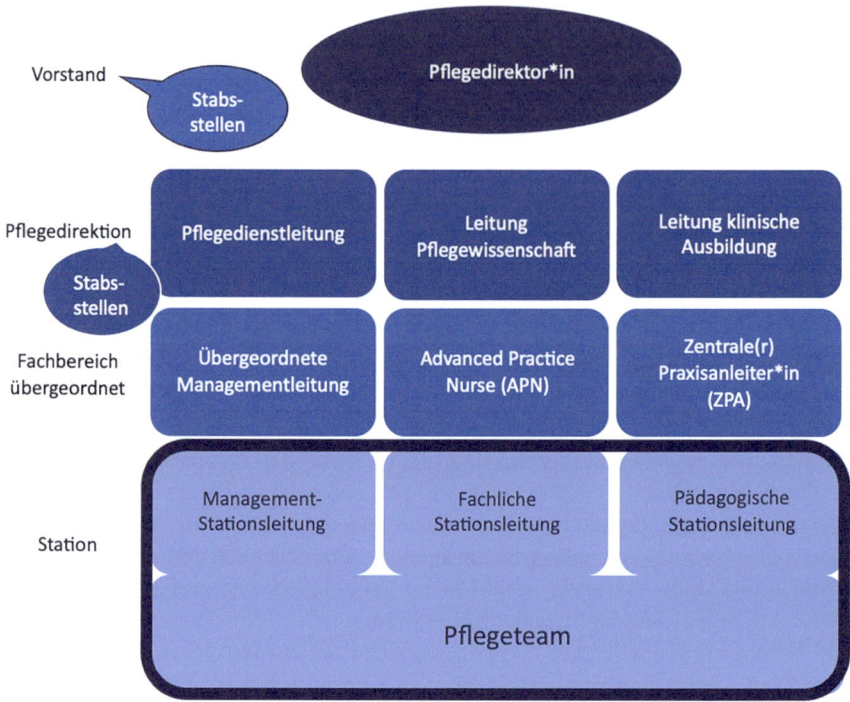

**Abb. 2.2** Beispiel eines Shared-Governance-Organigramms Pflege

**Shared Governance im OP**
Im Bereich OP werden die Führungspositionen interprofessionell mit geeigneten Personen aus den beteiligten Berufsgruppen besetzt (Abb. 2.3). Grundsätzlich besteht auch im perioperativen Feld die Notwendigkeit, neben den operativen Managementaufgaben fachlich auf aktuellem Stand zu arbeiten und die Ausbildung als Akquiseinstrument zu nutzen. Auszubildende, die vorbildlich und auf aktuellem Wissensstand arbeitende Kolleg*innen erleben und selbst sehr gut ausgebildet werden, können so an die Institution gebunden werden.

Porter-O'Grady (2009) beschreibt, dass Shared Governance in der Pflege sich auf die gesamte Institution auswirkt. Insofern ist nachfolgende Struktur (Abb. 2.4), zwar visionär, aber umso erstrebenswerter.

**Shared Governance in der Geburtshilfe**
Auch für Kliniken mit großer Geburtshilfe (Perinatalzentren Level 1 und 2) ist Shared Governance ein attraktives und auf exzellente Patientinnenversorgung ausgerichtetes Konzept. Die Zunahme chronischer Erkrankungen, psychosozialer und anderer komplexer Versorgungsbedarfe bei Frauen in der reproduktiven Lebensphase (Toll et al., 2024) erfordert die effektive Verknüpfung von evidencebasierter Geburtshilfe, Vor- und Nachsorge, Hebammenstudium und klinischer Ausbildung sowie dem Management der Geburtshilfe im akutstationären Setting.

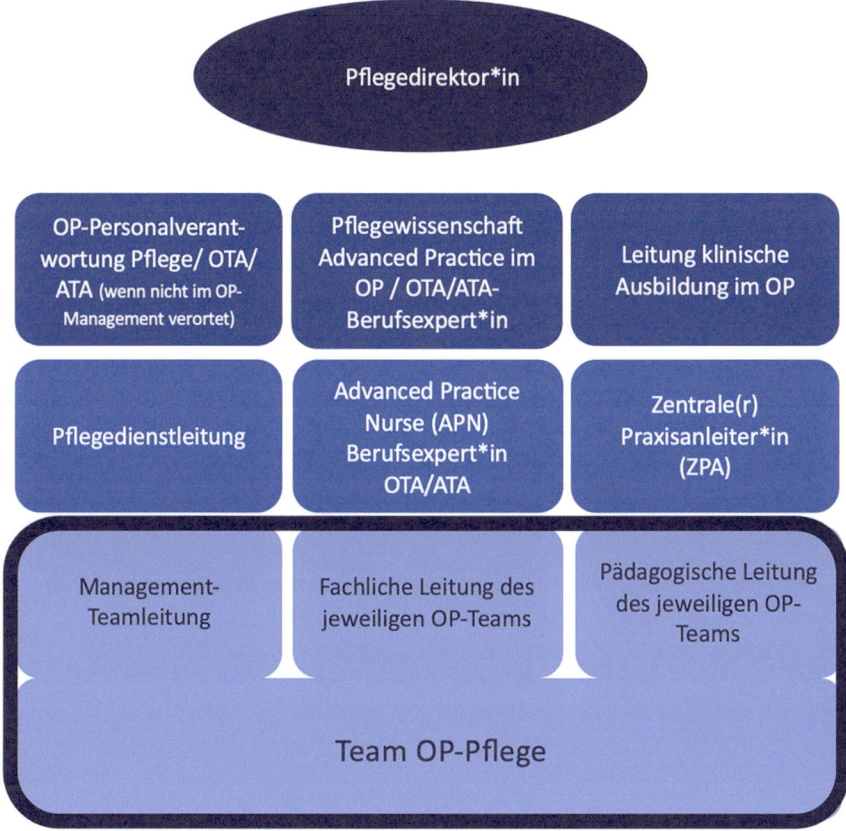

**Abb. 2.3** Beispiel eines Shared-Governance-Organigramms mit pflegerischem OP-Management

Während die klinische Hebammenausbildung u. a. im Krankenhaus geleistet wird, erfolgt die Lehre der theoretischen Inhalte durch einen hebammenwissenschaftlichen Lehrstuhl an der medizinischen Fakultät der Universität oder in Kooperation mit einer Hochschule, die Hebammenstudiengänge anbietet. Advanced Midwifery Practice (Casey et al., 2017) ist in Deutschland bisher noch wenig etabliert, wird aber in Anbetracht der zukünftigen Bedarfe zunehmend wichtig. Wie in anderen Berufsfeldern geht es nicht um die Trennung der Zuständigkeiten, sondern um die gemeinsame Lösung der geburtshilflichen Herausforderungen (Abb. 2.5).

Ebenso ist diese Struktur auch für die therapeutischen Berufe Physiotherapie, Logotherapie und Ergotherapie sehr gut vorstellbar. Wo die Therapeut*innen allerdings organisatorisch angesiedelt sind, ist in den Krankenhäusern unterschiedlich geregelt. Eine interprofessionelle Shared Governance – je nachdem, welche Bedarfe bestehen – wäre eine zukunftsweisende und zukunftsfähige Antwort auf die aktuellen Herausforderungen.

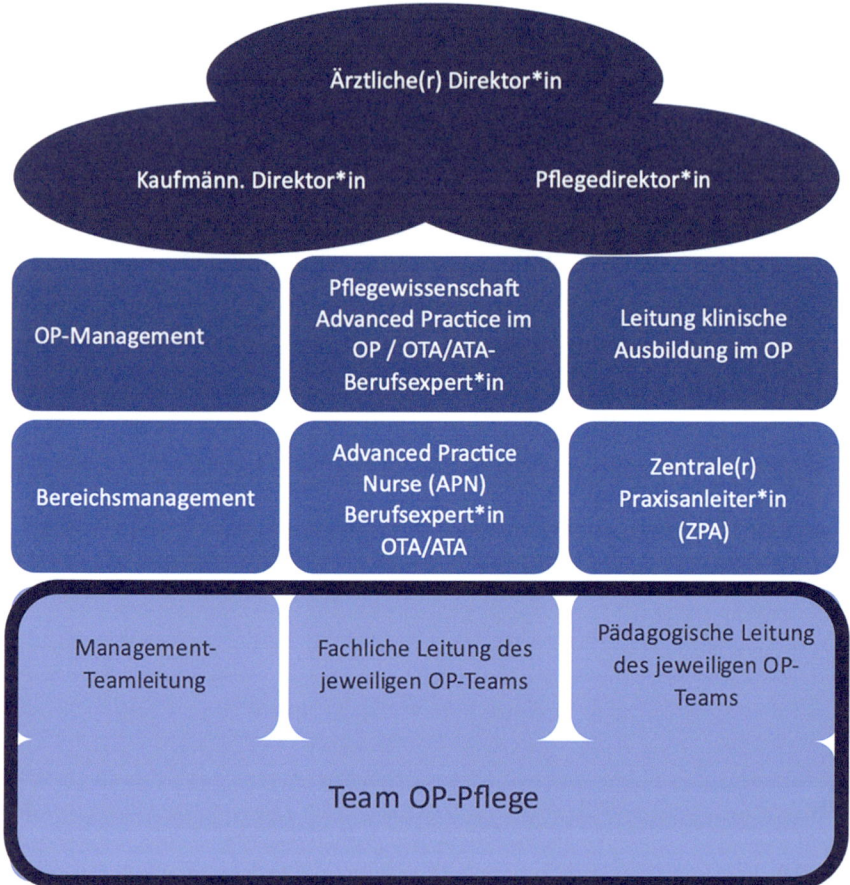

**Abb. 2.4** Beispiel eines Shared-Governance-Organigramms mit interprofessionellem OP-Management

**Councils – Gremien**

Der bereits angesprochene Einbezug der Teammitglieder in Veränderungsprozesse, Entwicklungen und Entscheidungen findet über Gremienarbeit statt. In der englischsprachigen Literatur werden Arbeitsgruppen im Rahmen der Shared Governance als „Councils" bezeichnet. Im deutschsprachigen Raum sind Begriffe wie Meeting, Jour Fixe, Weekly, Arbeitsgruppe, -Sitzung, Gremium oder Netzwerk geläufiger. Das traditionelle Verständnis einer Arbeitsgruppe bedeutet die konstruktive Zusammenarbeit von verschiedenen Beteiligten zu einem gemeinsamen, relevanten Thema, mit dem Ziel einer Entwicklung oder Verbesserung. Im Rahmen der Shared Governance kommen zur inhaltlichen Arbeit die dazugehörigen Entscheidungen hinzu, was umfassend und anspruchsvoll ist. Dies bedeutet für die Mitglieder der Gremien, ein hohes Maß an Verantwortung zu übernehmen, und

## 2 New Leadership in der Pflege

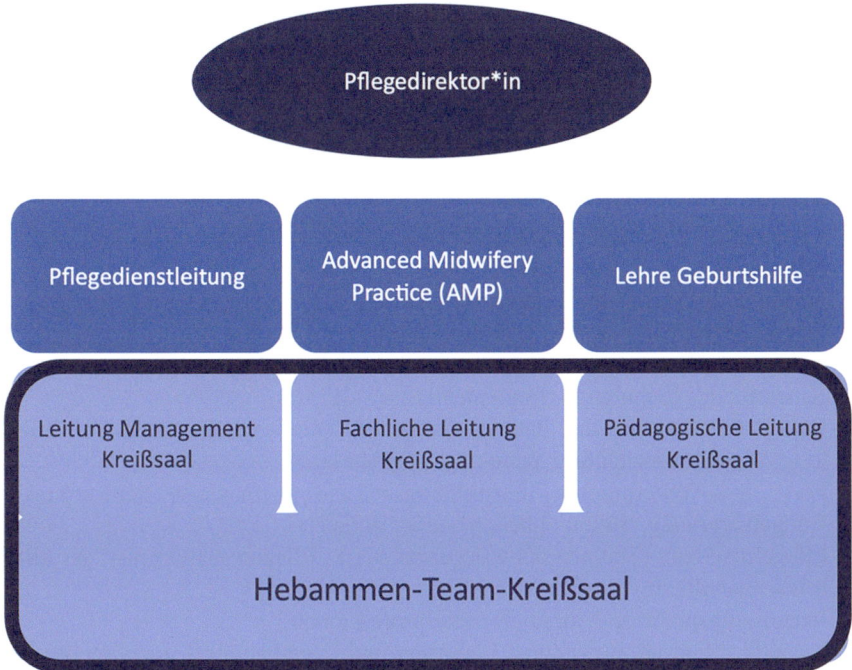

**Abb. 2.5** Beispiel eines Shared-Governance-Organigramms Hebammen

ermöglicht gleichzeitig Gestaltung und Wirksamkeit. Die Zusammensetzung der Gruppen schließt die Expertisebereiche ein und nimmt das Engagement und Interesse der einzelnen Pflegenden aus den Teams auf. Inhaltlich sind nahezu alle Themenbereiche sinnvoll, beispielsweise:

- Versorgungspraxis im eigenen Fachbereich (z. B. von Patient*innen mit bestimmten Krankheitsbildern)
- Pflegepraxis, das ganze Krankenhaus betreffend (z. B. konkrete Umsetzung von Expertenstandards, evidencebasierter Pflegepraxis und Leitlinien in der Institution)
- Klinische Ausbildung im eigenen Fachbereich/in der Institution (z. B. Erarbeitung von Anleitungen gemäß den curricularen Vorgaben, Bewertungsumsetzung im Rahmen der klinischen Ausbildung, neue Formate der klinischen Ausbildung etc.)
- Ressourcenverteilung stationsbezogen/fachabteilungsbezogen/bereichsbezogen (Materialbudget, Personalressourcen und -kennzahlen, Fortbildungsbudget etc.)
- Talentakquise (strategisch angelegte Identifikation von Talenten und deren Förderung für den zukünftigen Personalbedarf), Personalrecruiting (Stellenbesetzung für den aktuellen Bedarf) und Personalbindung
- Onboarding/Mentoring im Rahmen der Einarbeitung

- Settingübergreifende Versorgung (Versorgungsbedarfe im akutklinischen, poststationären und ambulanten Setting sowie im Setting Langzeitpflege) zur Vermeidung von Versorgungsbrüchen – auch interprofessionell)
- Strategie der Pflege in der Organisation/in der Fachabteilung/auf Station – Ziele und deren Umsetzung
- Personaleinsatzplanung (z. B. kreative Dienstplangestaltung, Ausfallmanagement etc.)
- Leadership – Führungspersonen aller Expertisebereiche, sowohl in der gleichen Hierarchieebene als auch hierarchieübergreifend
- Wundmanagement – auch interprofessionell
- Schmerzexpertise – auch interprofessionell
- Delirmanagement – auch interprofessionell
- Kinaesthetics (Schulung – Implementierung – Praxis)
- Qualitätsentwicklung und Patientensicherheit (Qualitätsindikatoren, Benchmarking; Wissensentwicklung, Schulung zu QRM etc.)
- Fort- und Weiterbildung (Fortbildungsbedarfe, thematische Schwerpunkte, Budgetverteilung, Räumlichkeiten, Ausstattung etc.)
- Pflegeforschung (Themen der Pflegepraxis, des Pflegemanagements, der klinischen Ausbildung)
- Versorgungsprozesse – möglichst interprofessionell
- Logistik: Material, Bestellung, Lieferung und Lagerhaltung – auch interprofessionell
- Gremien in der gleichen Hierarchieebene jeweils in Shared-Governance-Zusammensetzung: Pflegedirektionsbesprechung, Fachabteilungsbesprechung (auch interprofessionell), Pflegebereichsbesprechung, Stationsbesprechung (auch interprofessionell)
- Gremien hierarchieübergreifend jeweils in Shared-Governance-Zusammensetzung sowie interprofessionell
- Projektnetzwerke: intra- und interprofessionell, stationsbezogen/fachabteilungsbezogen/das ganze Krankenhaus betreffend, z. B. Digitalisierungsprojekte, Logistikprojekte, Bildungsprojekte, Forschungsprojekte etc.

Bei jedem dieser Beispiele sind alle Expertisebereiche betroffen, möglicherweise zusätzlich der Bereich des Qualitäts-, Risiko- und Chancenmanagements sowie andere Berufsgruppen, die dementsprechend auch im Council vertreten sein sollen. Beispielsweise werden im Rahmen der Pflegeforschung Themen aus allen Expertisebereichen beforscht und es spielen für die Umsetzung der Forschung Management- und Ausbildungsaspekte eine Rolle. Dabei ist es nicht unbedingt sinnvoll, eine paritätische Besetzung der verschiedenen Expertisen in den Councils anzustreben, sondern wesentlich ist, dass jeder Bereich vertreten ist, um den jeweiligen Blickwinkel einzubringen und gegenseitiges Verständnis für Herangehensweisen zu schaffen. Dieses Format bietet gleichzeitig auch die Möglichkeit, Differenzen und Herausforderungen unter Beachtung der verschiedenen Perspektiven konstruktiv zu bearbeiten und zu lösen (Porter O'Grady, 2021).

Andererseits gibt es Themen, die bestimmte Gruppen von Pflegenden betreffen und in geschütztem Rahmen besprochen werden wollen. Auch diese Gremien benötigen den Austausch mit den verschiedenen Expertisesparten, nur eben auch geschützten Austausch, beispielsweise:

- Fachliche Führungspersonen – sowohl in der gleichen Hierarchieebene (Fachliche-Stationsleitung-Netzwerk, APN-Netzwerk) als auch hierarchieübergreifend
- Pädagogische Führungspersonen – sowohl in der gleichen Hierarchieebene (Pädagogische-Stationsleitung-Netzwerk, ZPA-Netzwerk) als auch hierarchieübergreifend
- Manager*innen – sowohl in der gleichen Hierarchieebene (Manager*innen-Netzwerk, Pflegedienstleitungs-Netzwerk) als auch hierarchieübergreifend
- Pflegende im Nachtdienst (Themen z. B. nächtliche Arbeitsprozesse, fachliche Themen, Gesundheitsmanagement etc.)

In diesen Zirkeln ist entweder ein Zeitanteil mit den weiteren Expertisebereichen in jedem Termin zu reservieren oder es finden in größeren Abständen Termine statt, in denen die Themen mit allen betroffenen Expertisebereichen besprochen werden.

Damit die Gremienarbeit stattfinden kann, bedarf es organisatorischer und inhaltlicher Vorbereitung, weshalb für eine zielführende Durchführung eine Council-Führungsperson sinnvoll ist. Diese muss nicht zwingend anderweitig eine Führungsrolle einnehmen. Vielmehr bietet die Leitung von Gremienarbeit auch die Chance, Engagement und Potenziale einzusetzen und Leadership zu erlernen.

**Anpassungen für die Umsetzung der Shared Governance**
Wie bei einem Zahnradsystem bedingt eine Veränderung im Rahmen eines Change zahlreiche weitere. So sind bei der Einführung von Shared Governance in fast allen Aufgaben- und Themenbereichen Prozessanpassungen notwendig. Die Einführung entscheidungsbefugter Gremien (Councils) stellt eine bereits genannte Umstellung dar und setzt voraus, sich diesen Change im grundsätzlichen Denken immer wieder bewusst zu machen, sich immer wieder gegenseitig daran zu erinnern. Niemand kann einfach einen Schalter auf Shared Governance umlegen – die Umstellung ist ein Projekt, das gemeinsam bewältigt wird. Im Umstellungsprozess ist dabei zu bedenken, dass zunächst nur ein Teil der Stationsteams eines Krankenhauses im neuen Modus unterwegs ist und dafür Vieles strukturell erneuert wird, z. B. Dokumente, dass aber ein anderer Teil der Teams noch traditionell aufgestellt ist und dort die bekannten Dokumente genutzt werden. Es wird also eine Zeit lang doppelte Strukturen geben. Die Shared-Governance-Strukturen (z. B. Dokumente) umgehend allen Bereichen überzustülpen ist dabei nicht hilfreich, sondern erzeugt eher Widerstände. Insofern besteht bei zentral zu regelnden Prozessen die Schwierigkeit, einen pragmatischen Weg für die Phase der Umstellung zu finden. Beispielsweise erfolgen traditionelle Freigabeprozesse von QM-Dokumenten anders, als sie in einer Shared-Governance-Struktur vorzusehen sind. Die Umsetzung der

Shared-Governance-Idee für die Pionierstationen kann dabei jedoch mit Kreativität gelöst werden.

Die Wahl und Benennung von Jahreszielen – auf allen Hierarchieebenen – erfolgt in der Shared Governance aus drei Perspektiven. Das Jahresziel kann ein gemeinsames sein, was drei spezifische Jahresziele der jeweiligen Expertisen für das gemeinsame Ziel bedeuten kann. Ebenso ist es möglich, dass jeder Expertisebereich ein eigenes Jahresziel festlegt, z. B. weil dies jeweils besondere Priorität hat.

Die verschiedenen Qualifikationen, pflegerischen Berufsbezeichnungen, Rollen und Verantwortlichkeiten/Verantwortungsbereiche sind in den operativ genutzten Tools, z. B. dem Dienstplanprogramm, abzubilden, was dann auch in den Dashboards der digitalen Dokumentation Eingang findet und – der Transparenz verpflichtet – für alle Pflegenden einsehbar ist. So sind der Pflegeaufwand und die Vorgaben zum Pflegepersonaleinsatz, die PPR (derzeit 2.0), einerseits zu steuern und andererseits darzustellen. Auf diese Weise lassen sich auch die Personalressourcen in Bezug auf die Bettenauslastung besser steuern und im interprofessionellen Dialog argumentieren. Gleichzeitig ist auf diese Weise auch die digitale konsiliarische Hinzuziehung pflegerischer Kompetenz möglich, beispielsweise von Pflegexpert*innen und APNs mit ihren Empfehlungs- und Anordnungskompetenzen.

Der Wandel, der durch Shared Governance in der Pflege erfolgt, erfordert berufsgruppenübergreifend ein Umdenken, z. B. was die jeweils passenden Ansprechpartner*innen betrifft. Bisher ist es sehr bequem, für alle Themen die traditionelle Stationsleitung anzusprechen, die sich um alles kümmert. Eine Person scheint also alles zu wissen und ist für alles zuständig – das klingt so unglaublich, wie es ist. Für die kompetente Zusammenarbeit im Versorgungsalltag ist es notwendig, dass klar ist, wer wofür zuständig ist. Dies erfordert einen Lernprozess, der in einem wohlwollenden und konstruktiven Klima zu veränderten Verhaltensweisen und zu den passenden Ansprechpersonen führt.

Weitere Anpassungen sind bei Dokumenten aller Art nötig: So sind die Stellenbeschreibungen der traditionellen Stationsleitung und ihrer Stellvertretung für die Shared-Governance-Stationen zu ersetzen durch Stellenbeschreibungen für die jeweiligen Führungspositionen mit Expertiseschwerpunkten in Pflegemanagement, Pflegefachlichkeit/Pflegewissenschaft und Pflegepädagogik, gegebenenfalls noch Qualitäts-, Risiko- und Chancenmanagement. Für neu zu besetzende Stellen in den Expertisebereichen werden analog entsprechende Bewerbungsprozessleitfäden und Bewerberdokumentationen erforderlich. Auch die Agenda- bzw. Protokollvorlagen für Stations- oder Leitungsbesprechungen sind gemäß der Shared Governance anzupassen, was im Ergebnis auch hilft, die pflegerischen Themen systematisch und analytisch zu denken und darzustellen.

Darüber hinaus besteht Anpassungsbedarf z. B. beim Onboarding auf den Stationen. Die wenigsten neuen Mitarbeitenden werden auf entsprechende Erfahrungen zurückgreifen können und benötigen deshalb eine passende Begleitung und Einführung. Im besten Fall konnten Berufsanfänger*innen während ihrer Ausbildung Shared Governance als Auszubildende oder Studierende im Rahmen eines diesbezüglichen Learneeprogramms (s. Abschn. 5.5) kennenlernen. Ein Shared-Governance-Traineeprogramm (s. Kap. 7) bietet unter anderem die Möglichkeit, die Vorteile und Perspektiven sowie die Umsetzung der neuen Kultur kennenzulernen.

Für die Zukunft ist es wünschenswert und anzustreben, dass die Ideen und das Konzept der Shared Governance auch im deutschsprachigen Raum so Anklang finden, dass die Inhalte und die Umsetzung Eingang in die berufliche Aus- und Weiterbildung sowie in die Pflegestudiengänge finden. Auch die Sozialisation und die Ausbildungs- bzw. Studiumsinhalte der zukünftigen Mediziner*innen, Hebammen und Therapeut*innen sollten dann dementsprechend angepasst werden.

## 2.3 Implementierung von Shared Governance

Shared Governance ist, obwohl im englischsprachigen Raum seit Jahrzehnten erprobt, ein für Deutschland so „revolutionäres" Konzept, dass eine Implementierung ein langfristiges, umfassendes, intraprofessionelles und darüber hinaus die ganze Organisation betreffendes Projekt ist. Für einen gelingenden Veränderungsprozess bedarf es dabei genügend motivierter, interessierter und fähiger Mitstreiter (Oldhafer & Nolte, 2022), die in Anbetracht der veränderungswürdigen Situation bereit sind, sich mit Shared Governance zu beschäftigen und im eigenen Arbeitsumfeld mitzugestalten.

In die Change-Überlegungen ist die Altersdiversität mit ihren Chancen einzubeziehen. Technologieaffinität und hohe Lernbereitschaft bringen die jüngeren Pflegenden ein, während die ältere Generation breites Erfahrungswissen, bewährte Problemlösungsstrategien und ein umfassendes soziales und berufliches Netzwerk im Unternehmen auszeichnet. Zusammen kann mit den unterschiedlichen Altersgruppen eine breite Wahrnehmungsfähigkeit, eine vielfältige methodische Kompetenz, eine größere Kreativität und vor allen Dingen eine stärkere Innovationsfähigkeit entstehen (Bruch et al., 2010).

Die größten Altersgruppen unter den Arbeitnehmer*innen sind derzeit die der sog. Generation Babyboomer und der Generation X (bis Geburtsjahrgang 1980), die in der Regel den Pflegeberuf nach der Mittleren Reife im Rahmen einer berufsfachschulischen Ausbildung erlernten und erst als Erwachsene mit Computer, Internet und den heute üblichen digitalen Medien in Berührung kamen. Jüngere Berufskolleg*innen der Generationen Y (auch „Millennials": Jahrgang 1981 bis 1995) und Z (auch „Zoomer": Jahrgang 1996 bis 2010) nutzten bereits vor ihrem Schulabschluss selbstverständlich und routiniert Internet und digitale Medien. Ihre grundständige pflegerische Qualifikation konnten sie sowohl berufsfachschulisch, aber auch hochschulisch in Form dualer Pflegestudiengänge erlangen, wobei das duale Studium im Zuge des 2020 in Kraft getretenen Pflegeberufegesetzes (PflBG, 2017) zunehmend von den grundständigen Pflegestudiengängen abgelöst wird.

Für die Entwicklung hin zu einer Shared Governance ist ein diesbezügliches tiefes und umfassendes Verständnis Voraussetzung dafür, dass es sich nicht um eine verordnete, schnell umsetzbare Maßnahme handelt, sondern um eine spannende und anspruchsvolle Reise zu einem Ziel: der gemeinsamen Vision einer exzellenten Patient*innenversorgung durch alle an der Versorgung Beteiligten. Die gemeinsame Vision wird auf dem Weg die Motivation und den Antrieb aufrechterhalten, wenn Schwierigkeiten zu bewältigen sind (Martin et al., 2014). Wichtig ist, die Betroffenen ins Boot zu holen, sie auf jeweils adressatengerechte Weise zu überzeugen, dass und warum Shared Governance eine bessere Möglichkeit ist, die aktuellen und zukünftigen Herausforderungen zu meistern. Der Schlüssel dafür ist die Veränderung der organisationalen Kultur, die auf jeder Hierarchieebene und über die Hierarchien hinweg den vier übergreifenden Prinzipien der Shared Governance verpflichtet ist (Guanci & Medeiros, 2018; Porter-O'Grady, 2009) (s. Abschn. 2.2). Aufgrund ihrer hohen Relevanz für das Gelingen der Implementierung werden diese hier noch einmal dargestellt:

- **Partnerschaft** („partnership"): Wertschätzende, berufsgruppen- und hierarchieübergreifende Zusammenarbeit mit dem gemeinsamen Ziel, die Versorgungspraxis und -ergebnisse zu verbessern.
- **Gleichwertigkeit** („equity"): Die Beteiligten tragen jeweils im Rahmen ihrer Rolle zum Ergebnis bei.
- **Verantwortungsübernahme/Verantwortlichkeit** („accountability"): Führungspersonen und Teammitglieder übernehmen Verantwortung und sind gegenüber den Kolleg*innen und der Organisation gemeinsam für die Arbeitsergebnisse verantwortlich.
- **Zuständigkeit** („ownership"): Alle geben ihr Bestes, denn der Erfolg hängt davon ab, wie gut jede beteiligte Person ihre jeweiligen Aufgaben umsetzt.

Die Beteiligten, insbesondere die Führungspersonen aller Hierarchieebenen, müssen sich mit den Zielen und Chancen der Shared Governance identifizieren, um so Shared Governance selbst authentisch vorzuleben. Speroni et al. (2021) zeigen die Zusammenhänge zwischen Shared Governance und der Pflege- und Versorgungsqualität sowie der Patient*innen- und Mitarbeitendenzufriedenheit auf. Wem dies klar ist und wer seine Verantwortung wirklich wahrnimmt, kann den Aufwand des Change bestens rechtfertigen, seine Mitarbeitenden dafür gewinnen und selbst Shared Governance leben.

**Den Change zur Shared Governance einleiten**
Eine gemeinsame Vision und Vorstellung davon, wo es hingehen soll, ist Notwendigkeit und Grundlage für die Umsetzung des Shared-Governance-Modells. Martin et al. (2014) konnten zeigen, dass dies den Führungspersonen und dem Team gemeinsame Orientierung geben kann sowie die notwendige Energie generiert, um Veränderungen in Angriff zu nehmen. Die Vision und damit eine gemeinsame Entwicklungsrichtung zu vermitteln, erfordert Klarheit über die Ziele, z. B. weshalb diese Veränderung erstrebenswert ist, welche Effekte und welcher Mehrwert des neuen Modells zu erwarten sind und was prioritär angestrebt wird. Dabei ist es wichtig, im Prozess der Etablierung von Shared Governance Überforderung zu vermeiden und eine gute Balance zu finden zwischen innovativer Entwicklung

und der Sicherheit des Bekannten. Zu viele Neuerungen gleichzeitig umzusetzen, kann ein Team, aber auch eine Organisation überfordern. Gleichzeitig soll die Shared-Governance-Veränderung für alle positiv spürbar sein. Deshalb ist es wesentlich, für und mit dem Team das richtige Maß an Veränderung zu initiieren und bei Bedarf flexibel anzupassen.

Ebenso trägt eine durchdachte Vorgehensweise – wie, wann und in welcher Reihenfolge welche Personen Shared Governance kennenlernen – zu einer möglichst proaktiven, positiven Haltung des Teams bei. Nachdem Shared Governance in Deutschland noch kein etabliertes Modell ist, die wenigsten Pflegenden bereits Shared-Governance-Rollenvorbilder erleben konnten und die Sozialisation der meisten Pflegenden in hierarchisch geprägten Führungssystemen erfolgt, ist es sinnvoll, zunächst die aktuellen und die potenziell zukünftigen Führungspersonen in das Boot der Shared Governance zu holen. Sie sollen durch die Beschäftigung mit Shared Governance grundlegendes Wissen und Verständnis sowie positive Vorstellungen zukünftiger Pflege im Rahmen einer Shared-Governance-Struktur entwickeln. Seitens der Organisation ist ein Institutionskonzept „Shared Governance" zum allseitigen Verständnis Grundlage für den gemeinsamen Weg.

**Mögliche Barrieren beim Wandel zur Shared Governance**
Die Umstellung vom tradierten Modell der All-in-One-Stationsleitung zu einer Shared-Governance-Struktur schafft für Pflegeteams neue Perspektiven und Chancen, ist aber kein Selbstläufer. Veränderung verunsichert und Widerstand gegen Veränderung ist oft Ausdruck von empfundener Bedrohung. Swihart (2006) beschreibt dies nach Black und Gregersen (2003) als sogenannte „brain barriers", also „Gehirn"- bzw. eindeutiger „Gedankenbarrieren": Zum einen kann dies die Annahme sein, dass aktuell doch alles funktioniere und deshalb bleiben könne, wie es ist. Dies beschreibt jedoch die Unfähigkeit zu erkennen, dass eine Weiterentwicklung und Veränderung der bestehenden Struktur notwendig sind, weil die Umstände und Rahmenbedingungen im Krankenhaus bereits grundsätzlich immer in Veränderung sind. Zum zweiten kann auch eine „Gedankenbarriere" bestehen, wenn zwar die Notwendigkeit von Entwicklung und Veränderung erkannt wurde, aber dennoch keine Bewegung erfolgt. Insofern können folgende Probleme bei der Umsetzung einer Shared-Governance-Struktur auftreten, die die Wichtigkeit einer psychologischen Unterstützung bei Veränderungsprozessen betont (s. Abschn. 2.4):

- Die Verunsicherung von Führungspersonen, die einen Macht- und/oder Kontrollverlust fürchten,
- die Sorge von Führungspersonen, die Führungsrolle aufgeben zu müssen,
- die Befürchtung von Teammitgliedern, Führungsaufgaben übernehmen zu müssen, ohne dass dies finanziell abgebildet wird,
- die Verunsicherung von Teammitgliedern in Bezug auf ihre Verantwortung und Zuständigkeit in der neuen Struktur sowie
- eine Arbeitskultur, in der Fehler nicht als Gelegenheit für Lernen und Entwicklung, sondern als Grund für Beschämung, Abwertung und Bestrafung gesehen werden, verhindern ebenso einen Transformationsprozess zur Shared Governance (Guanci & Medeiros, 2018) (s. Abschn.4.1).

Zu wenige Mitstreiter*innen und Unterstützer*innen der Shared-Governance-Idee erschweren die Umsetzung ebenso wie mangelnde Unterstützung und zu wenig Engagement der übergeordneten Führungspersonen und der Organisation. Fehlendes Vertrauen in die Beteiligten und zu wenig Zuversicht der Beteiligten sind weitere Faktoren, die eine Implementierung erschweren oder verhindern.

**Förderliche Faktoren für den Wandel zur Shared Governance**
Mit dem Bewusstsein um diese möglichen Schwierigkeiten ist die Auswahl der „Pionierstationen" vorzunehmen. Ein mögliches Vorgehen kann dabei sein, dass sich Stationen für die Aufnahme in den Kreis der Shared-Governance-Stationen bewerben. Das hat den Vorteil, dass einige der genannten Barrieren nicht oder weniger relevant sind und sich die bewerbende Station eigenmotiviert dem Wandel stellt.

Die Fragen, wie die aktuellen Führungspersonen mit der Perspektive einer Shared Governance umgehen werden, welche Personen als Leader*innen für welche Expertisesparte geeignet wären, warum sie als geeignet erachtet werden und wie die Personen voraussichtlich als Führungsteam zusammenpassen, sind wesentlich für den Erfolg mit dem neuen Konzept. Auch die Zusammensetzung des bestehenden Pflegeteams, mögliche personelle Ergänzungen für dieses und vor allem die spürbare und engagierte Unterstützung durch die übergeordneten Führungspersonen aller Expertisesparten sind weitere Aspekte, die die Entwicklung einer neuen Struktur und Zukunftsperspektive stark beeinflussen.

Unabhängig von diesen Fragen der Personalauswahl sind die inhaltliche Einführung der Ideen einer Shared Governance, die Auseinandersetzung damit und ein daraus zu entwickelndes umfassendes Verständnis Grundvoraussetzungen für eine gelingende Umsetzung. Zugang zum Shared-Governance-Institutionskonzept, zu entsprechender Literatur – sowohl wissenschaftlicher als auch allgemeiner Fachliteratur zu Shared Governance – ist für die Pflegenden aller Hierarchiestufen der Institution bereitzuhalten. So kann Neugier für den Ansatz geweckt, Sorgen vorgebeugt, Wissen entwickelt und Transparenz gelebt werden.

Verschiedene Kommunikationswege sind für die Ansprache aller Pflegenden der Institution wichtig: Informationsveranstaltungen mit unterschiedlicher Reichweite, Podcasts und Filme, andere Onlineressourcen, E-Mails, Netzwerke innerhalb des Krankenhauses, Intranetinformationen bis hin zu Face-to-Face-Infogesprächen. Das Shared-Governance-Konzept wurde im Laufe der vergangenen 40 Jahre kontinuierlich weiterentwickelt (Porter O'Grady & Clavelle, 2021). Insbesondere die COVID-19-Pandemie machte deutlich, was für eine zeitgemäße Umsetzung des Modells wichtig ist: die Ansprache der verschiedenen Generationen mit der jeweils passenden Kommunikationsform, mit der zusätzlichen Nutzung aktueller technischer Möglichkeiten und ihrer kreativen Einbindung in die Shared Governance (Kremer et al., 2024).

Die Entwicklung einer Shared-Governance-Kompetenz ist strategisch als Prozess über alle Hierarchiestufen anzulegen. Die Führungspersonen verpflichten sich einer gemeinsamen Vision und verstehen Shared Governance umfassend. Sie benötigen dazu profundes Wissen, um ihre Teams auf die Reise mitzunehmen, zu befähigen und zu motivieren. Die Führungspersonen entwickeln sich und ermöglichen Anderen Entwicklung, was voraussetzt, alle Personen im Team als wichtige Beteiligte anzuerkennen. Das muss jeden Tag passieren, z. B. im Rahmen des Same Day Councils, eines befähigenden motivierenden Tools der Kommunikation, in dem alle dies einüben können (s. Abschn. 3.5).

Sobald in Stationsteams Shared Governance etabliert ist und diese Teams das Konzept leben, wachsen neue Teamkolleg*innen in die Shared Governance hinein. Gerade jüngere Pflegende profitieren davon, vorher noch nicht allzu lange die tradierten Strukturen internalisiert zu haben und in der Shared Governance sozialisiert zu werden. Vorbilder erleichtern nachfolgenden Teams den Einstieg, denn es ist zu sehen, welche positiven Auswirkungen das Modell hat, und potenziellen Schwierigkeiten kann proaktiv entgegengewirkt werden.

**Implementierungserfahrungen in den USA**
Auch wenn das US-Gesundheitssystem nicht mit dem deutschen vergleichbar ist, lohnt es sich, die Implementierungserfahrungen mit Shared Governance in den USA zu betrachten, da grundsätzliche Themen offensichtlich weltweit in Bearbeitung sind.

Leadership, also die Fähigkeit zu führen, erfordert verschiedene Kompetenzen (Weberg & Mangold, 2023): Zum einen sind systemische und analytische Fähigkeiten erforderlich, die Bereitschaft und Fähigkeit, sich und die Prozesse zu reflektieren und sich ständig weiterzuentwickeln, um in einem Changeprozess bestehen zu können. Zum zweiten benötigen Leader*innen die Fähigkeit, die Mitarbeitenden zu verstehen, wertschätzend und dabei klar zu kommunizieren, ihnen zu vertrauen, sie zu unterstützen und zu coachen und sie ihren Talenten entsprechend einzusetzen. Der dritte Bereich von Führungsfähigkeiten betrifft die bereits genannten Shared-Governance-Prinzipien, weshalb die Beteiligung der Mitarbeitenden in Veränderungs- und Entscheidungsprozessen authentisch umzusetzen ist und sie dafür zu befähigen sind. Hinzu kommen klassische Führungskompetenzen, wie profunde Organisations- und Systemkenntnisse, Selbstmanagement, ein transformationales Führungsverständnis (s. Abschn. 2.1), die Fähigkeit zur Zusammenarbeit, gute Kenntnisse im Changemanagement, Offenheit und Agilität.

Das Konzept „Empowerment" im Kontext von Arbeit beschreibt die Befähigung und Förderung der Teammitglieder und setzt das Erkennen von Potenzialen voraus. Empowerment entsteht durch eine möglichst gemeinsame Verantwortlichkeit, aber auch durch die Förderung und Anforderung der Verantwortungsübernahme und nicht zuletzt durch die zugestandene Autonomie im Verantwortungsbereich (McKnight & Moore, 2022; Rankin & Rose, 2020) (s. Abschn. 2.4). Dies ist insbesondere in solchen Bereichen relevant, in denen Ungleichheit, Ungerechtigkeit und/oder Abhängigkeit bestehen, somit hat Empowerment auch eine politische Dimension. Die Pflege ist berufssoziologisch weltweit davon betroffen, da vielerorts nach wie vor ein Hierarchie- und Machtgefälle von der Medizin zur Pflege besteht (Sander, 2009). Empowerment in Zusammenhang mit Shared Governance in der Pflege soll die Pflegenden darin bestärken, befähigen und ermächtigen, ihre

Potenziale zu identifizieren, die eigene Kraft einzusetzen und in der Patient*innenversorgung die Wirksamkeit der pflegerischen Versorgung zu verbessern. Der pflegerische Beitrag im Versorgungsprozess kann auf diese Weise sowohl in der eigenen Berufsgruppe als auch im interprofessionellen Versorgungsteam deutlich gemacht werden.

Auch in den USA besteht die Herausforderung, sich aus den bekannten und deshalb als sicher empfundenen Modellen zu lösen. Nachdem Shared Governance kein Kochrezept ist, muss sich jede Organisation selbst auf den Weg machen und den professionellen Rahmen, die Strukturen und Prinzipien im eigenen Unternehmen umsetzen. Dies bedarf jedoch eines allseitigen gemeinsamen Verständnisses von Shared Governance und ist somit Grundlage und Beginn der Transformation, deren Ziel eine exzellente interprofessionelle Versorgungspraxis ist. Wichtigstes Anliegen ist dabei das Verständnis von gemeinsamer Entscheidungsfindung, was in einer dezentralen (vs. zentralistischen) Organisationsstruktur wesentlich besser umsetzbar ist (Swihart, 2006). Dies erfordert allerdings Vertrauen in die Beteiligten, wodurch diese in der Verantwortungsübernahme und der Wirksamkeitserfahrung bestärkt werden.

**Implementierung von Shared Governance in Deutschland**
In Deutschland sind verschiedene Krankenhäuser auf dem Weg, Shared Governance umzusetzen. Maucher et al. (2022) orientieren sich bei der Implementierung der Shared Governance an ihrem amerikanischen Partnerhospital auf dem „Pathway to Magnet®" und empfehlen eine Herangehensweise über verschiedene Ansatzpunkte, die modifiziert in nachfolgende Empfehlungen aufgenommen wurden:

1. Das Fundament einer gelingenden Shared-Governance-Umsetzung liegt in der vertieften Auseinandersetzung damit, was Shared Governance bedeutet, welche Ziele damit erreicht werden sollen, welche Auswirkungen zu erwarten sind und was es für eine Umsetzung braucht. Diese umfassende Beschäftigung mit Shared Governance ist zunächst durch die Personen zu leisten, die den Weg mit dem Pflegepersonal einschlagen wollen. Die Vertiefung in Shared Governance erfolgt dabei für die gesamtverantwortlichen Führungspersonen über die vorhandene Literatur und nachfolgend im Rahmen von Workshops.
2. Wichtigstes Ergebnis der Workshops ist eine gemeinsame Vorstellung, eine Vision für alle der Pflegedirektion unterstellten Bereiche – darüber hinaus aber auch für die gesamte Organisation. Diese Vision soll im Verlauf die Kolleg*innen aller Hierarchiestufen mitnehmen, inspirieren und über schwigrige Phasen hinweg auf dem gemeinsamen Weg motivieren.
3. Die Einbindung der obersten Hierarchie der Organisation ist Voraussetzung für das Gelingen und wird die Umsetzung des umfassenden Vorhabens unterstützen. Je besser die Vision und die Überlegungen zur Realisierung in den Vorstand kommuniziert werden können, umso nachhaltiger ist die Unterstützung zu erwarten. Die Einführung einer Shared Governance hat Auswirkungen auf das gesamte System, in dem dies stattfindet – auch auf Bereiche, die sich selbst

nicht für diesen Ansatz entschieden haben. Insofern ist es durchaus beabsichtigt, die Unternehmenskultur auf diese Weise positiv zu beeinflussen.
4. Aus den Workshops entstehen Arbeitspakete für die Erarbeitung von an die Organisation angepassten Konzepten, Strukturen, Planungen, wie
   - eines Konzepts für Shared-Governance-Führungsstrukturen auf allen Hierarchieebenen: Rollen, Aufgaben und Verantwortlichkeiten, Kommunikationsmatrix, Entwicklungs- und Entscheidungsgremien (Councils)
   - eines Konzepts für die Praxis, also die Stationsebene: Strukturen, Rollen, Aufgaben und Verantwortlichkeiten, Kommunikationsmatrix, Regeln
   - Regeln für die Umsetzung der Shared Governance
   - einer Überprüfung und sukzessiven Anpassung von Prozessen und Dokumenten.
5. Schaffung einer möglichst vielfältigen und adressatengerechten Kommunikations- und Informationsstruktur, durch die alle Mitarbeitenden im Pflege- und Funktionsdienst erreicht werden: z. B. per Mail, per Messengerdienst der Organisation, über Informationsflyer, über Dokumente im QM-Intranet oder Informationen zu Shared Governance als Handbuch.
6. Die Einbindung der Mitarbeitenden, also der Kolleg*innen aller Hierarchiestufen, erfordert zunächst die Information aller Pflegenden dazu, was Shared Governance ist. Entscheidend ist, dies nicht mittelbar über die Führungspersonen zu kommunizieren, sondern alle Pflegenden direkt anzusprechen und zu erreichen. Dies kann zu Beginn im Rahmen einer Kick-off-Veranstaltung geschehen, zu der alle Pflegenden eingeladen sind. Nachfolgend werden dann Informationen zu Shared Governance – was es ist, was erreicht werden soll, welche Auswirkungen es haben wird etc. – in jeweils überschaubarem Umfang regelmäßig an jede beteiligte Person kommuniziert. Darüber hinaus sollte es ein Forum – eine geeignete Plattform – geben, wo für alle einsehbar Fragen gestellt werden können, Sorgen und Ängste formuliert und ernst genommen werden. Die dort geäußerten Themen sollten im weiteren Verlauf der nachhaltigen Implementierung aufgenommen und in der Realisierung berücksichtigt werden.
7. Wenn die Umsetzung der Shared Governance von der Pflegedirektion – top-down – ausgeht, sollte auch dort zuerst die Anpassung der Führungsstruktur stattfinden. Dies ermöglicht und erfordert die direkte Konfrontation mit auftretenden Themen, Problemen und eventuell bisher noch nicht bedachten Aspekten. Außerdem folgt man der Prämisse des „Vorbildseins" und ermöglicht allen nachgeordneten Kolleg*innen, sich ein Bild von der konkreten Realisierung in einem Bereich der Organisation zu machen. Es ist jedoch auch möglich, dass Shared Governance bottom-up, also auf Wunsch z. B. einer Station, eingeführt wird. Dazu folgt ein Praxisbeispiel.
8. Die Umsetzung der Shared Governance in der Praxis – auf der Station – kann realistischerweise nicht überall gleichzeitig erfolgen. Empfehlenswert ist der Beginn mit Stationen, die diesbezüglich offen, interessiert, neugierig, aber auch pragmatisch und vor allem zuversichtlich sind. Auch Stationen, die sowieso einen Wechsel der traditionellen Stationsleitung vor sich haben, können geeignet sein. Die Auswahl von ersten Stationen als Shared-Governance-Pioniere sollte

sehr sorgfältig geschehen. Dabei sind neben den bestehenden Führungspersonen potenzielle weitere Führungspersonen sowie andere Umgebungsfaktoren (z. B. wie die ärztliche Leitung der Fachdisziplin mit solch einer Neuerung umgehen wird) zu bedenken. Eine weitere Möglichkeit der Auswahl geeigneter Stationen ist ein Bewerbungsverfahren. So wird der Innovationsprozess durch eigenmotivierte Stationen begonnen. Nicht empfehlenswert ist es, Stationen per Anweisung Shared Governance zu verordnen. Dies widerspricht ganz grundsätzlich den Shared-Governance-Prinzipien. Stationen, von denen eher Widerstände zu erwarten sind, sollten erst dann ins Boot geholt werden, wenn es bereits positive Vorbilder in der Institution gibt. Von der Einführung einer Shared Governance betroffene Schnittstellen werden in Tab. 2.1 dargestellt.

Die Veränderung zu Shared Governance ist für alle Beteiligten sehr umfassend. Vor allem für Personen, die in den tradierten Strukturen verhaftet sind, ist es nicht leicht, den mentalen Schwenk in die Shared Governance und den damit zusammenhängenden Kulturwandel zu schaffen. Aber auch diejenigen, die sich auf das Neue freuen und die Shared Governance begrüßen, haben keine Vorbilder und müssen zusammen mit den Kolleg*innen aller Hierarchiestufen erst die Aushandlungsprozesse führen, dabei sich und die Situation reflektieren. Dazu ist die aufmerksame und proaktive Unterstützung der zuständigen Leader*innen aus der Pflegedirektion nötig. Diese sollten in regelmäßigen Abständen im Sinne von „design thinking" (Oldhafer & Nolte, 2022) eine Perspektivenübernahme durchdenken und sich Feedback von den Mitarbeitenden einholen. Bestenfalls gibt es darüber hinaus die Möglichkeit der Beratung durch eine*n qualifizierte*n Psycholog*in. Erfreulicherweise gibt es dieses Angebot für Stationsteams, aber auch einzelne Personen am TUM Klinikum Rechts der Isar, wo eine Psychologin in der Pflegedirektion angesiedelt ist (s. Abschn. 2.4).

Die wichtigsten Ressourcen bei der Implementierung einer Shared Governance sind Zeit (Kyytsönen et al., 2020) und Reflexionsfähigkeit der Beteiligten. Um

**Tab 2.1** Beispiele betroffener Schnittstellen bei der Einführung einer Shared Governance

| Intraprofessionell | Interprofessionell | Angrenzende Bereiche |
|---|---|---|
| Pflegedirektion | Ärztliche und kaufmännische Direktion | Reinigungsdienst |
| Kooperierende Stations- und Funktionsbereiche (inklusive OP) | Oberärztliche und stationsärztliche Teams der Abteilung | Hygiene |
| Fort- und Weiterbildung | Therapeutische Berufsgruppen | Apotheke |
| Berufsfachschule(n) und Auszubildende | Ärztliche und interprofessionelle Konsildienste | Zentrales Qualitäts- und Risikomanagement |
| Wund-/Schmerzmanagement/Ernährungsberatung/Palliativdienst etc. | Ambulanzen, Belegungs- sowie Entlassmanagement, Sozialdienst | Einkauf, Transport und Logistik |

nachhaltig Shared Governance einzuführen, ist ein langer Atem wichtig, Durchhaltevermögen, Zuversicht und die Fähigkeit, die beteiligten Menschen zu motivieren.

**Praxisbeispiel: Erste Schritte – Shared-Governance-Einführung in der Psychiatrie**
Die Entwicklung einer Shared-Governance-Struktur in der Psychiatrie des TUM Klinikums Rechts der Isar entstand aus traditionell-hierarchischen Strukturen heraus: einer Stationsleitung mit entsprechender Weiterbildung sowie mit der Fachweiterbildung zur Pflege in der Psychiatrie und einer stellvertretenden Leitung als deren Abwesenheitsvertretung. Die Zuständigkeit für Fachwissen und Management wurden demnach überwiegend von einer Person wahrgenommen. Im Rahmen der zunehmenden Aufgaben im Pflegemanagement teilten sich die Stationsleitung und ihre Stellvertretung vermehrt ihre Aufgaben auf, indem die Stationsleitung hauptsächlich für die originären Managementaufgaben zuständig war und die stellvertretende Stationsleitung die Themen der Fachlichkeit übernahm.

Mit Einführung der für die Pflegeausbildung geforderten Praxisanleitung bedurfte es einer engeren Verbindung von Fachlichkeit und Pädagogik. Die Praxisleitenden wurden durch die Weiterbildung Praxisanleitung sowie die Fachweiterbildung Psychiatrie qualifiziert, um fundiertes psychiatrisches Pflegewissen an die Auszubildenden weitergeben zu können. Es gab jedoch auf Stationsebene keine akademisch aus- oder weitergebildete Pflegefachperson, die aktuelles evidencebasiertes Wissen hätte einbringen können. Um eine gelingende Weiterentwicklung der psychiatrischen Pflege zu gewährleisten, war es notwendig, jeweils passend (akademisch) ausgebildete Pflegende für die Aufgabenfelder in den drei Expertise- und Führungsbereichen Pflegemanagement, Pflege-(Aus-)Bildung und klinische Pflegewissenschaft/Fachlichkeit zu implementieren. Die im Pflegeberufegesetz (PflBG, 2017) erstmals gesetzlich festgelegte Ausbildungsanforderung einer inhaltlich und im Zeitumfang nachzuweisenden Praxisanleitung, die durch dafür qualifizierte Pflegefachpersonen zu erfolgen hat, erforderte zugleich die Umsetzung aktuellen evidencebasierten Wissens in der psychiatrisch-pflegerischen Patient*innenversorgung.

Im Jahr 2020 wurde eine erste übergeordnet angesiedelte Shared Governance für den Bereich Psychiatrie gebildet (Abb. 2.6). Es zeigte sich, dass vor allem die Einsetzung einer zentralen Praxisanleitung (ZPA) von allen Stationen der Psychiatrie gut akzeptiert wurde, da ansonsten eine gesicherte Praxisanleitung auf den einzelnen Stationen aufgrund fehlender dezentraler Praxisanleiter*innen nicht durchgängig gewährleistet werden konnte. Im Führungsbereich des übergeordneten Managements fanden kaum Veränderungen statt, da es sich bereits umfassend mit Shared Governance auseinandergesetzt, ein entsprechendes Verständnis sowie Vertrauen in die pädagogische und die fachliche Leitung hatte und bereit war, gemeinsam an Themen zu arbeiten.

Um aktuelles psychiatrisches Pflegewissen in der direkten Versorgung umzusetzen, wurde ein psychiatrieinternes Wissensentwicklungsprogramm implementiert,

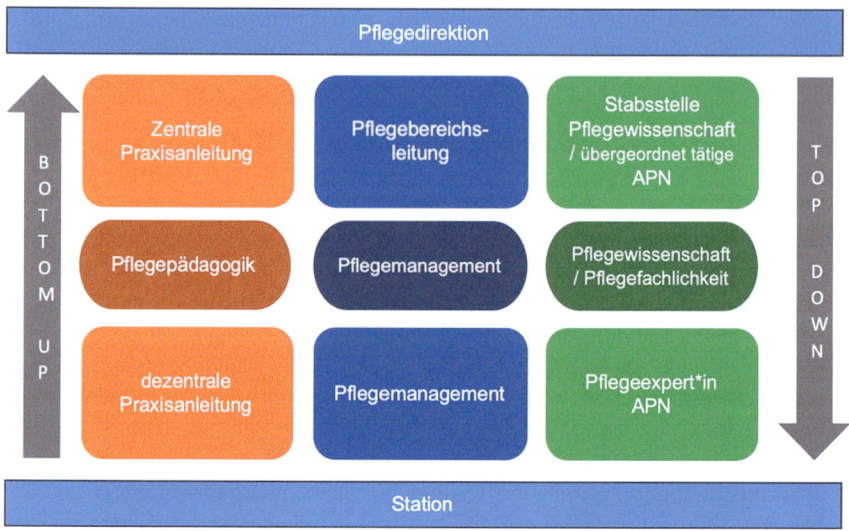

**Abb. 2.6** Shared-Governance-Implementierung bottom-up- bzw. top-down

mit Angeboten zu systematischer Pflegefortbildung, speziellen Fortbildungsangeboten für Mitarbeiter*innen mit Fachweiterbildung für psychiatrische Pflege sowie Fallbesprechungen bei komplexen und hochkomplexen Versorgungsbedarfen.

In einer nächsten Stufe der Implementierung ging die Initiative nicht mehr von top-down, sondern von bottom-up aus. Die Pflegeteams zweier psychiatrischer Stationen zeigten großes Interesse an einer Ausweitung der begonnenen Shared-Governance-Struktur. Die Stationsleitungen dieser Stationen zeichneten sich durch ihren empowernden Führungsstil aus und unterstützten, inspirierten und befähigten die Teammitglieder bereits, ihre Potenziale und Ideen einzubringen. So wurden zunächst Strukturen verändert und regelmäßige Besprechungen, Kurzfortbildungen und Fallbesprechungen eingeführt. Durch Einbeziehung der Mitarbeitenden in die Entscheidungs- und Entwicklungsprozesse konnten deutlich positive Auswirkungen auf Engagement, Bindung und Teamgeist beobachtet werden. Das Einbringen von Ideen und die Erfahrung von Wirksamkeit in der Berufsausübung führte dazu, dass die Teammitglieder von einer positiveren Arbeitsatmosphäre und einer besseren Patient*innenversorgung berichteten.

Die Verantwortung für praxisbezogene Entscheidungen in der direkten Patient*innenversorgung wird in Zusammenarbeit mit der APN durch jene Teammitglieder getragen, die ihren Interessenfokus auf der Fachlichkeit (mit und ohne Fachweiterbildung) haben. Andere Mitarbeitende unterstützen z. B. als QRM-Beauftragte das Team, während weitere Kolleg*innen ihren pädagogischen Interessen als Praxisanleitende der Station folgen. Die Pflegenden können so ihre beruflichen Interessen und geeignete berufliche Weiterentwicklungswege identifizieren. Unterstützt wird dies durch das Angebot entsprechender Fort- und Weiterbildungen sowie geeigneter Studiengänge.

**Empfehlung für die Praxis**
Die Bottom-up-Initiative zur Umsetzung von Shared Governance zeigt, wie das Bedürfnis der Pflegenden nach bestmöglicher Patient*innenversorgung, die Bereitschaft der Pflegenden, Verantwortung zu übernehmen, und die Erfahrung der Wirksamkeit auf einer Station eine gemeinsame Weiterentwicklung ermöglichen. Die Besetzung des Shared-Governance-Führungsteams kann somit bestenfalls aus dem Team heraus erfolgen. Ebenso eröffnen sich dadurch für Kolleg*innen, die als bereits akademisch ausgebildete Pflegende im Team sind, interessante neue Perspektiven. Von den Führungspersonen aller Hierarchieebenen erfordert die Einführung von Shared Governance die Bereitschaft und Fähigkeit, gute Zusammenarbeit vorzuleben und Initiativen aus dem Team zu fördern. Sie unterstützen und begleiten die Entwicklung auf Stationsebene sowohl strukturell als auch inhaltlich. Am vielversprechendsten für eine gelingende Implementierung von diesem in Deutschland noch mit wenig Erfahrung und Vorbild unterfütterten Ansatz der Shared Governance scheint damit eine „Bottom-up-Initiative" mit intensiver Top-down-Unterstützung.

Zusammenfassend ist festzustellen, dass eine nachhaltige Einführung eines Shared-Governance-Modells ein transformationales Führungsverständnis erfordert. Nachgewiesenermaßen kann dadurch ein kompetentes, engagiertes und selbstbewusstes Pflegeteam entstehen, das sich selbstverständlich durch berufslebenslanges Lernen und eine umsichtige interprofessionelle Zusammenarbeit für eine personzentrierte Patient*innenversorgung auszeichnet (Bamford-Wade & Moss, 2010).

## 2.4 Die Bedeutung der psychologischen Beratung bei der Umsetzung von Shared Governance

> [Shared Governance] ist nichts für Ungeduldige, die nach einer einfachen Lösung suchen, sondern für diejenigen, die wirklich Teil einer Organisation sein wollen, die ihren Fachexpert*innen eine Stimme gibt [Übers. d. Verf.] (Kyytsönen et al., 2020, S. 384).

Die Einführung von Shared Governance leitet einen Paradigmenwechsel ein, der die Autonomie von Fachexpert*innen in der Pflege fördert und ihnen größere Verantwortung für pflegefachliche und organisatorische Entscheidungen gibt. Um die heutige Pflegegeneration für diesen Wandel zu inspirieren, ist eine Reflexion der traditionellen Vorstellung von Führung im Krankenhaus notwendig. In einer deutschlandweiten Befragung beruflich Pflegender beschreiben diese einen überwiegenden Wunsch nach „einem partnerschaftlichen, unterstützenden Führungsstil, der eigene Handlungsspielräume ermöglicht" (Bundesministerium für Gesundheit, 2022, S. 586). Der im Gesundheitswesen aktuell jedoch häufig hierarchisch-transaktional geprägte Führungsstil wird von den beruflich Pflegenden kritisch betrachtet. Die Befragten geben an, Führungspersonen eher „verwaltend statt gestaltend" zu erleben (Bundesministerium für Gesundheit, 2022, S. 586). Auf den ersten Blick scheint somit die Shared Governance mit ihrem Konzept von gemeinsamer Führung den Zeitgeist genau zu treffen. Denn die Förderung der

Selbstbestimmung von Pflegeexpert*innen bedarf einer Führung, die weniger auf Delegation und mehr auf Ermächtigung setzt.

Diesen Kulturwandel umzusetzen, erfordert jedoch besonders von den beteiligten Führungspersonen ein regelmäßiges Überdenken ihrer Rolle. Dabei ist der Reflexionsprozess nicht linear, sondern wird häufig durch Alltagssituationen wie Feedback, neue Erfahrungen oder veränderte Umstände aktiviert. Hierbei stellt psychologische Beratung eine wirksame Hilfe dar. Im Rahmen der Beratung werden Führungskompetenzen gestärkt, indem aktuelle Denk- und Handlungsmuster hinterfragt und gegebenenfalls angepasst werden. Weitere Anlässe für psychologische Beratung sind unter anderem die Mediation von Konflikten sowie die Unterstützung bei Kommunikationsproblemen im Shared-Governance-Team.

Im Folgenden wird der Fokus auf die Einzelberatungen gelegt, welche systemisch-lösungsorientiert durchgeführt werden. Bei der systemisch-lösungsorientierten Beratung wird mit dem*der zu Beratenden auf Augenhöhe nach Lösungsansätzen innerhalb des systemischen Rahmens gesucht (Friehs & Gabriele, 2021). Die positive Wirkung von Beratung auf das Gesundheitspersonal wurde bereits in vielen Studien nachgewiesen (Cannon-Bowers et al., 2023; Moore & Hutchinson, 2007) und auch im Krankenhausreport 2023 wird Beratung als ein Instrument der Personalentwicklung ausdrücklich empfohlen (Pauldrach et al., 2023). Die Wirkfaktoren von Beratung können nach Boeger (2024) denen der Psychotherapie gleichgesetzt werden. Grawe et al. (2001) beschreiben fünf wesentliche Merkmale, die für deren Wirksamkeit verantwortlich sind:

1. Ressourcenaktivierung: Die vorhandenen, als positiv bewerteten Fähigkeiten werden bewusst gemacht und gestärkt. Durch Erkennen der eigenen Stärken kann lösungsorientiert gearbeitet werden.
2. Problemaktualisierung: Die Auseinandersetzung mit dem Beratungsanlass forciert die Selbstreflexion.
3. Aktive Hilfe zur Problembewältigung: Aktivierung konkreter Maßnahmen zur Reduzierung der belastenden Erfahrung.
4. Motivationale Klärung: Auseinandersetzung mit den impliziten Gründen für das Verhalten und Erleben.
5. Beziehung: Hauptwirkfaktor für Erfolg in der Beratung ist eine gelungene Beratende*r-Beratene*r-Beziehung.

Im Rahmen der Shared Governance werden Beratungsanlässe, -frequenz und -methoden bedarfsorientiert durchgeführt. Nachfolgend werden in Tab. 2.2 einige typische Beratungssituationen mit Führungspersonen skizziert, jeweils bezogen auf eines der vier Elemente der empowernden Führung (Friehs & Gabriele, 2021; Schermuly, 2024; Spreitzer, 2015). Ziel der empowernden Führung ist es, Mitarbeitende zu befähigen, eigenverantwortlich zu arbeiten und ihre Fähigkeiten zu entfalten, wodurch Engagement und Leistungsfähigkeit gesteigert werden. Dieser Führungsstil kann auch Bestandteil anderer Führungsansätze wie der partizipativen oder transformationalen Führung sein, die ebenfalls auf die Stärkung der Autonomie und Beteiligung der Mitarbeitenden abzielen (Schermuly, 2024).

## 2 New Leadership in der Pflege

**Tab. 2.2** Beratungssituationen bezogen auf Elemente empowernder Führung

| Merkmal empowernder Führung | Möglicher Beratungsanlass der Führungsperson | Hilfreiche Fragen aus der systemisch-lösungsorientierten Beratung | Beispiele für Ziele |
|---|---|---|---|
| Kompetenz | Eine junge Führungsperson gibt an, sich unsicher in der Durchführung eines Gesprächs mit einem*einer Mitarbeitenden zu fühlen. | Stellen Sie sich vor, das Problem wäre gelöst – woran würden Sie es merken? Gab es schon einmal ein ähnliches Gespräch, in dem Sie sich sicher gefühlt haben? | Identifikation des (wahren) Ziels. Bewusstmachen und Aktivierung vorhandener Ressourcen. Steigerung des eigenen Kompetenzerlebens. |
| Bedeutsamkeit | Eine erfahrene Führungsperson berichtet über ein Nachlassen der Motivation. Die Person stellt sich in letzter Zeit häufiger die Frage, ob ihre Tätigkeit überhaupt sinnvoll sei. | Wann haben Sie Ihre Arbeit das letzte Mal als bedeutsam erlebt? Können Sie mir mehr darüber erzählen? | Aufzeigen von möglichen Einflussfaktoren auf die intrinsische Motivation. Bekundung von Interesse des*der Beratenden an der Erlebniswelt des*der Beratenen, Festigung der Beziehung. |
| Selbstbestimmung | Eine Führungsperson, die bisher transaktional geführt wurde, berichtet seit Einführung des empowernden Führungsstils von Gefühlen der Überforderung und fehlender Orientierung. | Stellen Sie sich vor, über Nacht wäre ein Wunder geschehen und Ihr Problem wäre gelöst. Woran würden Sie das am nächsten Morgen erkennen? Wie würden Ihre Kolleg*innen beschreiben, dass Sie mit der vermehrten Autonomie durch den empowernden Führungsstil umgehen? | Bei Vorhandensein stark negativer Bewertungen kann die sogenannte „Wunderfrage" den Fokus weg von problem-, hin zu lösungsorientiertem Denken richten. Perspektiven innerhalb des Systems werden betrachtet, um die gegenseitigen Beziehungen und Einflüsse klarer zu erkennen. Dies ermöglicht die Entwicklung neuer Lösungsansätze. |
| Einfluss | Die Führungsperson hat in der Klinik neu angefangen. Sie leidet darunter, wenig Einfluss auf Entscheidungen im Team nehmen zu können. | Auf einer Skala von 1 bis 10, wie hoch schätzen Sie ihren aktuellen Einfluss auf Entscheidungen im Team ein? Was müsste passieren, damit Ihre Antwort auf der Skala einen Punkt höher ausfällt? | Klärung der Variablen, die geholfen haben, die aktuelle Stufe zu erreichen. Entwicklung realistischer Schritte zur individuellen Zielerreichung. |

Ein wesentlicher Aspekt für das Gelingen der psychologischen Beratung liegt in der Qualifikation der*des Beratenden. Intensive Kenntnisse der Psychologie und Beratung sowie Fachkenntnisse bezüglich Shared Governance und Führung sind essenziell. Hilfreich ist es zudem, das Berufsfeld der zu Beratenden zu kennen bzw. eigene Erfahrungen in der Tätigkeit mitzubringen. Um die Unabhängigkeit der*des Beratenden zu gewährleisten, sollte die Funktion im Sinne einer Stabsstelle in die Organisation integriert sein.

## 2.5 Leadership als innovationstreibende Kraft

Innovation hält eine Organisation in Hinblick auf Veränderungen wettbewerbs- und anpassungsfähig. Dies gilt auch für Gesundheitsorganisationen: Um innovative Lösungen zu entwickeln, muss innovativ gedacht werden. Bereits 1978 beschäftigten sich Siegel & Kaemmerer mit der Frage, wie Innovation und Fortschritt in Organisationen unterstützt werden können. Dabei stellten sie fest, dass in innovativen Organisationen Kreativität nicht nur zugelassen, sondern ausdrücklich gefördert wird – im Gegensatz zu traditionellen Organisationen, die dazu neigen, sich mit dem Status quo zufriedenzugeben oder sogar Kreativität zu unterdrücken (Siegel & Kaemmerer, 1978).

Auch Führungspersonen in der Pflege suchen nach Wegen für Innovation und Wandel. Sie stehen vor vielfältigen Herausforderungen: die Pflegequalität stetig zu verbessern, neue Versorgungsmodelle zu entwerfen und zeitgemäße Arbeitsplätze zu schaffen, in denen Pflegende neue Ideen entwickeln können, die später zu Innovationen führen (Snow, 2019). Führungspersonen wie Mitarbeitenden hilft die Erfahrung, dass für Problemlösungen eine kreative Herangehensweise geschätzt und unterstützt wird und dass dies zu sichtbaren Erfolgen führt. Damit dies gelingen kann, leben Führungspersonen in der Pflege den Einsatz kreativer Problemlösungsansätze vor und fördern Innovationsgeist. Fortschrittliche Leader*innen versetzen ihre Mitarbeitenden z. B. durch entsprechende Bildungsangebote in die Lage, unkonventionelle Denkmethoden zur Problemlösung in der Praxis anzuwenden. Mitarbeitende werden ermutigt „out of the box" zu denken und sich die Anwendung neuer und innovativer Ansätze zuzutrauen, um reale Praxisprobleme zu lösen (Snow, 2019).

Zukunftsgerichtete Pflege-Leader*innen zeichnen sich außerdem dadurch aus, dass sie traditionelle Aufgabenverteilungen überwinden und stattdessen die Mitarbeitenden dazu ermutigen, aktiv mitzuwirken, Eigeninitiative zu zeigen und gemeinsam Innovationen voranzutreiben. So werden Vordenker*innen und kreative Köpfe identifiziert und gefördert: Personen mit pfiffigen Ideen und Vorstellungskraft, die das Unternehmen und seine Innovationskraft voranbringen können. Dabei müssen die Ideen nicht immer vollständig ausgereift sein, sondern können zunächst Denkanstoß mit ausreichend vielversprechendem Potenzial sein.

Für Leader*innen besteht dann die zentrale Aufgabe darin, ein Team aus solchen Personen zu bilden, die an das Potenzial der Idee glauben und gemeinsam an der Verfeinerung, Konkretisierung und Umsetzung arbeiten möchten. Nachdem eine Idee in ein Pflegeteam kommuniziert wurde, tritt der*die Leader*in zunächst in eine eher passive Rolle des Zuhörens zurück, um die Idee auf die Teammitglieder wirken zu lassen und danach gemeinsam mit ihnen das daraus entstehende Projekt zu gestalten. Sobald alle Beteiligten gehört wurden, übernimmt der*die Leader*in wieder eine aktive Rolle, indem er*sie sich in mehrerlei Hinsicht am Entwicklungsprozess beteiligt, das Team mit notwendigen Ressourcen unterstützt und die Mitarbeitenden dazu ermutigt, ihre Stärken zu entfalten.

Wichtig ist, während dieser innovativen Phase nicht als Führungsperson oder Manager*in, sondern als Vorbild zu agieren. Führungspersönlichkeiten können die Organisationskultur auf diese Weise sehr positiv beeinflussen. Sie können kreative, abweichende Denkweisen und neue Ideen sichtbar machen und hörbar diskutieren, dazu ermutigen, dies aktiv einfordern und das Engagement unterstützen. Neben der Vorbildfunktion des innovativen Denkens, organisieren Leader*innen sich aktiv in Shared-Governance-Strukturen und nehmen an interdisziplinären bzw. interprofessionellen Gremien, den Councils (s. Abschn. 2.2), teil (Porter O'Grady, 2009). Führungspersonen entwickeln z. B. im Rahmen eines Führungscouncils Wege, wie sie die Zusammenarbeit mit den Mitarbeitenden verbessern können. Ein neues internes Kommunikationsformat wie ein Same Day Council wird in Abschn. 3.5 beschrieben.

Durch die öffentliche Anerkennung von Mitarbeitenden, die neue Ideen und daraus Konzepte oder Lösungen entwickeln und erproben, können Führungspersonen Innovationsgeist und -bereitschaft unter den Mitarbeitenden fördern (Cianelli et al., 2016). All diese Personen aus der Führungsebene und dem Team bringen in den verschiedenen Phasen der Innovation die nötige Energie und das Engagement ein, um Entwicklung voranzubringen. Dies fördert eine vertrauensvolle, hierarchieübergreifende Zusammenarbeit auf Augenhöhe und stärkt die Organisation nachhaltig.

Eine innovative Leader*innen-Rolle impliziert eine dynamische und proaktive Haltung. Hinzu kommen die selbstverständliche Anwendung moderner Technologien und die Nutzung neuer Tools und Dashboards (s. Abschn. 3.6) zur Optimierung von Prozessen sowie zur Entwicklung weiterer innovativer Ergebnisse, z. B. neuer technischer Produkte. Innovationen im Pflegesektor erfordern eine unmittelbare Beteiligung der Pflegenden in der Patient*innenversorgung, um neue Ideen und potenzielle Möglichkeiten im Versorgungsprozess zu identifizieren und auch in Zusammenarbeit mit anderen Disziplinen (z. B. technischen) zu erarbeiten. Dabei stehen die Patient*innen und deren Outcomes im Mittelpunkt, was die Einbeziehung von Patient*innenmeinungen und -vorschlägen erfordert.

Wichtig ist, zunächst mit der Entwicklung und Umsetzung von Ideen zu beginnen, kleine Ziele und Erfolge zu feiern und sich nicht in überdimensionierten Projekten zu verlieren. Fehler werden dabei als Chancen betrachtet, wobei die Arbeits- und Unternehmenskultur von flachen Hierarchien und offener Kommunikation geprägt ist. Dies erlaubt für eine kontinuierliche Weiterentwicklung eine rasche Anpassung von Zielen und die Umsetzung von Ideen mit unterschiedlicher Reichweite. Solch ein Arbeitsplatz wird zu einem attraktiven und anziehenden Ort für motivierte und innovative Pflegende und ermöglicht Talentakquise. Der Gewinn zeigt sich in der Rekrutierung und Bindung von qualifiziertem und motiviertem Personal.

**Umgang mit innovativen Ideen**
Person A, eine visionäre und engagierte Mitarbeiterin, hat eine großartige Idee: die Umsetzung von Shared Governance als Konzept im Pflegebereich und die Etablierung eines Traineeprogramms, welches das Modell der Shared Governance an Pflegende mit und ohne Führungsaufgaben vermittelt. Die Idee soll nicht nur die Pflegenden in eine moderne Arbeitsplatz- und Versorgungsstruktur mitnehmen, sondern auch Talente entdecken, fördern und in das Team integrieren. Person A ist entschlossen, die Idee in die Realität umzusetzen, und sucht nach Gleichgesinnten, die ihre Begeisterung und ihren Elan teilen. Die engagierte Person B, mit einem starken pflegepraktischen Hintergrund und einem tiefen Verständnis für bestmögliche Patient*innenversorgung sowie für die Bedürfnisse der Pflegepersonen, schließt sich an. Zusammen entwickeln und planen sie die ersten Schritte zur Umsetzung. Die beiden arbeiten vertrauensvoll Hand in Hand, um die Grundstruktur des Programms zu entwerfen und die Pilotierung zu initiieren.

Dass eine innovative Idee umgesetzt wird, verbreitet sich schnell über Stellenausschreibungen und die lokale Presse. So erfährt Person C davon, die nach ihrem Vorstellungsgespräch bei A und B so beeindruckt ist, dass sie sich für einen Wechsel in das Unternehmen, bewusst für dieses Projekt, entscheidet. Person C bringt eine Fülle an Erfahrung und Wissen aus der Pflegepraxis und -forschung mit. In dieser Kombination aus praktischer und theoretischer Expertise ergänzt Person C das Team ideal. Durch das fundierte Verständnis für die praktischen Herausforderungen und mit dem Wissen der neuesten wissenschaftlichen Erkenntnisse kann Person C zusammen mit dem gesamten Team Ideen und innovative Lösungen entwickeln sowie nachfolgend implementieren. Das Vertrauen in das ganze Team und die Unterstützung durch die Personen A und B spielen eine entscheidende Rolle bei der schnellen Entwicklung von Person C. A und B erkennen das Potenzial von Person C und geben die notwendige Ermutigung sowie die Ressourcen, um dieses Potenzial voll auszuschöpfen. Diese Unterstützung schafft ein Umfeld, in dem Person C ihre Fähigkeiten einsetzen und weiterentwickeln kann. Innerhalb kurzer Zeit wird Person C zu einem*einer zentralen Akteur*in im Team, der*die das Projekt vorantreibt und maßgeblich zur erfolgreichen Realisierung beiträgt. Durch die enge Zusammenarbeit mit A und B und die Nutzung des umfangreichen Erfahrungsschatzes aller am Projekt Beteiligten kann Person C innovative Ansätze verfolgen. So wird die visionäre Idee zur Realität, wobei alle Beteiligten von den gemeinsamen Anstrengungen und dem gegenseitigen Vertrauen profitieren.

Die Rolle von Person D, Psychologin, ist dabei für den Erfolg des Innovationsteams von entscheidender Bedeutung. Sie begleitet das Pflegeteam kontinuierlich und bietet bei Bedarf psychologisch fundierte Beratung an. Dies unterstützt besonders, da Innovation und Veränderung oft mit Verunsicherung und Stress einhergehen. Durch ihre Expertise kann Person D individuelle Ängste und Bedenken eruieren und das Team dabei unterstützen, besser zusammenzuarbeiten, effektiver miteinander zu kommunizieren und zu reflektieren. Ein weiterer wichtiger Aspekt ihrer Rolle ist die Funktion als „Übersetzerin", z. B. zur Klärung von Missverständnissen zwischen den aktuellen und den neuen Teammitgliedern, die die vorherrschende Kultur und gemeinsame Sprache noch erlernen. Dies erfordert ein hohes Maß an Empathie und Kommunikationsfähigkeit, um sicherzustellen, dass sich alle Beteiligten gehört und wertgeschätzt fühlen. Durch gezielte Mediationsgespräche können so Missverständnisse geklärt und Konflikte gelöst werden, bevor sie eskalieren. Das fördert nicht nur ein harmonisches Arbeitsklima, sondern auch die Bereitschaft, sich auf neue Arbeitsweisen und Technologien einzulassen. Letztlich sichert der Beitrag von Person D das Projekt nicht nur hinsichtlich der erfolgreichen Umsetzung, sondern insbesondere dahingehend, dass es nachhaltig im Pflegealltag bestehen kann. Durch die kontinuierliche Unterstützung und reflektierende Begleitung der Beteiligten werden die Innovationsprozesse tief im Team verankert und bewirken langfristig positive Veränderungen. Gemeinsam entsteht so durch Kreativität und Engagement ein Arbeitsplatz, den die Pflegenden (mit-)gestalten, wodurch im Ergebnis die Versorgung der Patient*innen profitiert.

## Literatur

von Au, C. (2016). Paradigmenwechsel in der Führung: Traditionelle Führungsansätze, Wandel und Leadership heute. In C. von Au (Hrsg.), *Wirksame und nachhaltige Führungsansätze – System, Beziehung, Haltung und Individualität* (S. 1–42). Springer. https://doi.org/10.1007/978-3-658-11956-0_1.

Avolio, B. J., & Bass, B. M. (1995). Individual consideration viewed at multiple levels of analysis: A multi-level framework for examining the diffusion of transformational leadership. *The Leadership Quarterly, 6*(2), 199–218. https://doi.org/10.1016/1048-9843(95)90035-7

Avolio, B. J., Bass, B. M., & Jung, D. I. (1999). Re-examining the components of transformational and transactional leadership using the Multifactor Leadership. *Journal of Occupational and Organizational Psychology, 72*(4), 441–462. https://doi.org/10.1348/096317999166789

Ballard, N. (2010). Factors associated with success and breakdown of shared governance. *JONA: The Journal of Nursing Administration, 40*(10), 411–416. https://doi.org/10.1097/NNA.0b013e3181f2eb14.

Bamford-Wade, A., & Moss, C. (2010). Transformational leadership and shared governance: An action study. *Journal of Nursing Management, 18*(7), 815–821.

Bass, B. M. (1985). *Leadership and performance beyond expectations.* Free Press.

Bass, B. M., & Riggio, R. M. (2006). *Transformational leadership* (2. Aufl.). Lawrence-Erlbaum.

Black, J. S., & Gregersen, H. (2003). *Leading strategic change: Breaking through the brain barrier.* Financial Times Prentice Hall.

Boeger, A. (2024). *Psychologische Therapie- und Beratungskonzepte.* Kohlhammer. https://doi.org/10.17433/978-3-17-043581-0.

Bruch, H., Kunze, F., & Böhm, S. (2010). *Generationen erfolgreich führen.* Gabler. https://doi.org/10.1007/978-3-8349-8506-4.

Bundesministerium für Gesundheit. (2022). Endbericht zur Studie „Arbeitsplatzsituation in der Akut- und Langzeitpflege und Ermittlung sowie modellhafte Implementierung von Indikatoren für gute Arbeitsbedingungen in der Langzeitpflege". https://www.bundesgesundheitsministerium.de/fileadmin/Dateien/3_Downloads/K/Konzertierte_Aktion_Pflege/Abschlussbericht_Studie_Arbeitsplatzsituation_in_der_Akut-_und_Langzeitpflege_Los-1_barrierefrei.pdf. Zugegriffen: 20. Mai. 2024.

Cannon-Bowers, J. A., Bowers, C. A., Carlson, C. E., Doherty, S. L., Evans, J., & Hall, J. (2023). Workplace coaching: A meta-analysis and recommendations for advancing the science of coaching. *Frontiers in Psychology, 14*. https://doi.org/10.3389/fpsyg.2023.1204166.

Casey, M., O'Connor, L., Cashin, A., Smith, R., O'Brien, D., Nicholson, E., O'Leary, D., Fealy, G., McNamara, M., Glasgow, M. E., Stokes, D., & Egan, C. (2017). An overview of the outcomes and impact of specialist and advanced nursing and midwifery practice, on quality of care, cost and access to services: A narrative review. *Nurse Education Today, 56*, 35–40. https://doi.org/10.1016/j.nedt.2017.06.004

Cianelli, R., Clipper, B., Freeman, R., & Wyatt, T. H. (2016). *The innovation road map: A guide for nurse leaders*. American Nurses Association. https://www.nursingworld.org/globalassets/ana/innovations-roadmap-english.pdf.

Deutscher Pflegerat. (2014). *DPR Fokus: Ältere Mitarbeiter in den Pflegeberufen und im Hebammenwesen*. Deutscher Pflegerat. https://deutscher-pflegerat.de/wp-content/uploads/2020/02/focus-dpr_position_aeltere-Mitarbeiter-in-der-Pflege-300315.pdf. Zugegriffen: 20. Mai. 2024.

Friehs, B., & Gabriele, M. (2021). Methoden und Techniken in der systemisch-lösungsorientierten Beratung. *Essentials*. https://doi.org/10.1007/978-3-658-34614-0.

Grawe, K., Donati, R., & Bernauer, F. (2001). *Psychotherapie im Wandel. Von der Konfession zur Profession*: Hogrefe.

Guanci, G., & Medeiros, M. (2018). *Shared governance that works*. Creative Health Care Management.

Hater, J. J., & Bass, B. M. (1988). Superiors' evaluations and subordinates' perceptions of transformational and transactional leadership. *Journal of Applied Psychology, 73*(4), 695–702. https://doi.org/10.1037/0021-9010.73.4.695

Isfort, M., & Weidner, F. (2007). *Pflege-Thermometer 2007. Eine bundesweite repräsentative Befragung zur Situation und zum Leistungsspektrum des Pflegepersonals sowie zur Patientensicherheit im Krankenhaus*. Deutsches Institut für angewandte Pflegeforschung e. V. (dip) (Hrsg.). https://www.dip.de/fileadmin/data/pdf/material/Pflege-Thermometer2007.pdf. Zugegriffen: 20. Mai. 2024.

Kreipe, V., Katsaragakis, S., Kaitelidou, D., & Prezerakos, P. (2018). Transformational leadership and its evolution in nursing. *Progress in Health Sciences, 8*(1), 189–194. https://doi.org/10.1111/j.1365-2834.2010.01134.x

Kremer, B. N., Mayberry, D. L., & Reading, B. L. (2024). Shared governance: A new age. *Nurse Leader, 22*(1), 85–88. https://doi.org/10.1016/j.mnl.2023.09.002

Kyytsönen, M., Tomietto, M., Huhtakangas, M., & Kanste, O. (2020). Research on hospital-based shared governance: A scoping review. *International Journal of Health Governance, 25*(4), 371–386. https://doi.org/10.1108/ijhg-04-2020-0032

Martin, J., McCormack, B., Fitzsimons, D., & Spirig, R. (2014). The importance of inspiring a shared vision. *International Practice Development Journal, 4*(2). http://www.fons.org/Resources/Documents/Journal/Vol4No2/IPDJ_0402_04.pdf.

Maucher, H., Hepp, B., Keller, S., & Grässer, G. (2022). Shared governance: Alle Potenziale nutzen. *Pflegezeitschrift, 75*(4), 10–13.

McKnight, H., & Moore, S. M. (2022). *Nursing shared governance*. Stat Pearls. https://www.ncbi.nlm.nih.gov/books/NBK549862/.

Moore, S. C., & Hutchison, S. A. (2007). Developing leaders at every level. *The Journal of Nursing Administration, 37*(12), 564–568. https://doi.org/10.1097/01.nna.0000302386.76119.22

Muckenhuber, J., Janschitz, G., & Kleber, T. (2022). Pflege 2.0? Ausgestaltung und Auswirkungen der Digitalisierung auf die Arbeitsbedingungen und die Art der Tätigkeiten im Bereich der Pflege. In U. Rußmann, F. Aubke, D. Ortiz, I. Pezenka, A.-C. Schulz, & C. Schweiger (Hrsg.), *Zukunft verantwortungsvoll gestalten: Forschungsforum der österreichischen Fachhochschulen 2021* (S. 185–197). Springer Gabler.

Oldhafer, M., & Nolte, F. (2022). Change-Management in der Pflege. In G. Lux & D. Matusiewicz (Hrsg.), *Pflegemanagement und Innovation in der Pflege* (S. 161–171). Springer FOM-Edition. https://doi.org/10.1007/978-3-658-35631-6_13.

Pauldrach, S., Büchler, M., & Wittland, M. (2023). Innovatives Personalmanagement im Krankenhaus – eine Studie zu Chancen und Grenzen der transformationalen Führung in der Pflege. In J. Klauber, J. Wasem, A. Beivers, & C. Mostert (Hrsg.), *Krankenhausreport 2023* (S. 119–135). Springer. https://doi.org/10.1007/978-3-662-66881-8_8.

Pelz, W. (2016). Transformationale Führung – Forschungsstand und Umsetzung in der Praxis. In C. v. Au (Hrsg.), *Wirksame und nachhaltige Führungsansätze – System, Beziehung, Haltung und Individualität* (S. 93–112). Springer. https://doi.org/10.1007/978-3-658-11956-0_5.

Pflegeberufegesetz – PflBG. (2017). In Bundesgesetzblatt: Vol. I (49). Bundesanzeiger. https://www.gesetze-im-internet.de/pflbg/ Zugegriffen: 20. Mai. 2024.

Porter-O'Grady, T. (2001). Is shared governance still relevant? *JONA: The Journal of Nursing Administration, 31*(10), 468–473. https://doi.org/10.1097/00005110-200110000-00010.

Porter-O'Grady, T. (2009). *Interdisciplinary shared governance: Integrating practice, transforming health care* (2. Aufl.). Jones & Bartlett.

Porter O'Grady, T., & Clavelle, J. T. (2021). Transforming shared governance: Toward professional governance for nursing. *The Journal of Nursing Administration, 51*(4), 206–211. https://doi.org/10.1097/NNA.0000000000000999

Pundt, A., & Nerdinger, F. W. (2012). Transformationale Führung – Führung für den Wandel? In *Die Zukunft der Führung* (S. 27–45). Springer. https://doi.org/10.1007/978-3-642-31052-2_2.

Rankin, V. L., & Rose, R. V. (2020). President of nursing staff: Reinvigorating shared governance. *Nurse Leader, 18*(6), 547–551. https://doi.org/10.1016/j.mnl.2020.08.009

Sander, K. (2009). *Profession und Geschlecht im Krankenhaus: Soziale Praxis der Zusammenarbeit von Pflege und Medizin*. UVK.

Schermuly, C. (2024). *New Work – Gute Arbeit gestalten* (4. Aufl.). Haufe.

Siegel, S. M., & Kaemmerer, W. F. (1978). Measuring the perceived support for innovation in organizations. *Journal of Applied Psychology, 63*(5), 553–562. https://doi.org/10.1037/0021-9010.63.5.553

Snow, F. (2019). Creativity and innovation: An essential competency for the nurse leader. *Nursing Administration Quarterly, 43*(4), 306–312. https://doi.org/10.1097/NAQ.0000000000000367.

Speroni, K. G., Wisner, K., Ober, M., Haines, F., Walters, C., & Budhathoki, C. (2021). Effect of shared governance on nurse-sensitive indicator and satisfaction outcomes by Magnet® recognition status. *The Journal of Nursing Administration, 51*(7/8), 379–388. https://doi.org/10.1097/NNA.0000000000001033

Spreitzer, G. M. (1995). Psychological empowerment in the workplace: Dimensions, measurement, and validation. *Academy of Management Journal, 38*(5), 1442–1465.

Swihart, D. (2006). *Shared governance – A practical approach to reshaping professional nursing practice,* ANCC.

Toll, K., Sharp, T., Reynolds, K., & Bradfield, Z. (2024). Advanced midwifery practice: A scoping review. *Women and Birth, 37*(1), 106–117. https://doi.org/10.1016/j.wombi.2023.10.001

Ukirde, K. S., & Singh, S. (2022). Transformational leadership in nursing: Current perspectives. *International Journal of Science and Research, 11*(9), 1062-1063. https://doi.org/10.21275/SR22925133913

Weberg, D., & Mangold, K. (2023). *Leadership in nursing practice – The intersection of innovation and teamwork in healthcare systems* (4. Aufl.). Jones & Bartlett.

Ystaas, L. M. K., Nikitara, M., Ghobrial, S., Latzourakis, E., Polychronis, G., & Constantinou, C. S. (2023). The impact of transformational leadership in the nursing work environment and patients' outcomes: A systematic review. *Nursing Reports, 13*(3), 1271–1290. https://doi.org/10.3390/nursrep13030108

# Effektives Pflegemanagement für die Zukunft der Pflege

## Politische Entwicklungen und innovative Strategien zur Bewältigung aktueller Herausforderungen in der Gesundheitsversorgung

Julia Mayer, Franziska Berghoff, Hannah Duffner, Maria Kitzmantel, Andrea Ellermeyer, Jan Baron, Laura Gerken, Esther Pausch und Franziska Praxenthaler

Dieses Kapitel befasst sich mit der Gestaltung eines effektiven Pflegemanagements und dessen zentraler Bedeutung für eine nachhaltige Zukunft im Gesundheitswesen. Der Integration einer Shared-Governance-Struktur in die Managementaufgaben kommt nachfolgend besondere Beachtung zu. Zu Beginn werden die relevanten gesetzlichen Grundlagen zur Personalausstattung sowie die pflegepolitischen Bestrebungen erläutert. Anschließend wird auf die Finanzierungsstruktur im Gesundheitswesen und die Relevanz für die Pflege eingegangen. Ein weiterer wichtiger Punkt ist die Pflegepersonalbemessung im Krankenhaus, die unter Einbezug des Shared-Governance-Konzepts und eines Trainee- und Learneeprogramms analysiert und exemplarisch dargestellt wird. Darüber hinaus werden

---

**Ergänzende Information** Die elektronische Version dieses Kapitels enthält Zusatzmaterial, auf das über folgenden Link zugegriffen werden kann https://doi.org/10.1007/978-3-662-70410-3_3.

---

J. Mayer (✉)
Pflegedirektion, Universitätsmedizin Mannheim, Mannheim, Deutschland
E-Mail: newworkinnursing@gmail.com

F. Berghoff
Berlin, Deutschland

L. Gerken · E. Pausch · F. Praxenthaler · H. Duffner · M. Kitzmantel · A. Ellermeyer
München, Deutschland

J. Baron
Tampa, USA

© Der/die Autor(en), exklusiv lizenziert an Springer-Verlag GmbH, DE, ein Teil von Springer Nature 2025
J. Mayer et al. (Hrsg.), *New Work im Krankenhaus*, https://doi.org/10.1007/978-3-662-70410-3_3

Best-Practice-Beispiele zum Dienstplan- und Ausfallmanagement vorgestellt, die im Rahmen von Shared Governance auch bei Integration eines Shared-Governance-Trainee- und Learneeprogramms umgesetzt werden können. Es werden innovative Ansätze und Methoden vorgestellt, die im Rahmen von Shared Governance eingesetzt werden können. Um den Herausforderungen des Gesundheitswesens heute und morgen zu begegnen, sind Kommunikationswege und -formate neu zu denken und zu gestalten. Abschließend wird ein Blick auf zukunftsfähige Strategien und Instrumente geworfen, die beispielsweise mithilfe eines Shared-Governance-Dashboards und eines Shared-Governance-Forschungsregisters entwickelt und umgesetzt werden können. Diese Instrumente ermöglichen eine vorausschauende Planung und Steuerung, was für eine nachhaltige Entwicklung des Versorgungsmanagements unerlässlich ist.

## 3.1 Personalausstattung – gesetzliche Grundlagen und pflegepolitische Bestrebungen

Zur Ermittlung der erforderlichen Anzahl an Pflegepersonal in einem definierten Bereich ist die Feststellung des tatsächlichen Bedarfs mithilfe eines geeigneten Instruments erforderlich. Dabei ist es essenziell, dass dieses Instrument den aktuellen und zukünftigen Entwicklungen im Gesundheitswesen gerecht wird. Im Zuge dessen sind neben sozialen, personalbezogenen und gesamtgesellschaftlichen Entwicklungen auch planungsrelevante Aspekte des Pflegemanagements zu beachten. Dazu zählen neben der Personaleinsatzplanung auch pflegepädagogische und pflegewissenschaftliche Kriterien (z. B. die praktische Begleitung im Rahmen von Aus-, Fort- und Weiterbildung, die Sicherstellung evidencebasierter Weiterentwicklung der pflegerischen Versorgung).

Finanzierungsbezogene Regelungen zur Personalausstattung haben in Deutschland aufgrund fehlender oder erst in der Einführung befindlicher Instrumente einen zu hohen Stellenwert. So kommt eine Analyse der Entwicklung der Personalausstattung in den Jahren 1991 und 2005 von Simon (2007) zu dem Ergebnis, dass die damals geltende Regelung zur Budgetdeckelung zu einem massiven Abbau von Pflegestellen geführt hatte. Dieser wurde durch die Einführung der DRG-Finanzierung (DRG: diagnosis-related groups = Fallpauschalen) und den dadurch anwachsenden wettbewerblichen und wirtschaftlichen Druck weiter verschärft. Daraus folgten wiederum interne Strukturveränderungen in den Kliniken.

Seit 2008 ist ein stetiger Anstieg des Pflegepersonals zu verzeichnen. Dieser Anstieg wird jedoch in der Zukunft nicht ausreichen, da die Zahl der Teilzeitbeschäftigten aufgrund der gestiegenen Arbeitsbelastung, des Personalmangels und der daraus resultierenden geringeren Freizeit, des vermehrten Stresses, schlechterer Arbeitsorganisation und gesundheitlicher Einschränkungen stetig zunimmt (Stand 2020: 49 %) (Auffenberg et al., 2022; Destatis, 2022). Eine bedarfsorientierte Personalbemessung auf Basis der PPR (Pflegepersonal-Regelung) von

1993 ergab einen zusätzlichen Bedarf an Pflegefachpersonen von bis zu 143.000 Vollzeitkräften (VK) (Simon, 2018) bei einer 20 %-igen Leistungssteigerung in Deutschland (Differenz zwischen 1993 und 2016). Die Leistungssteigerung ist u. a. bedingt durch ansteigende Fallzahlen und komplexere Versorgungsbedarfe aufgrund zunehmender Hochaltrigkeit und Multimorbidität, sinkender Verweildauern sowie zunehmender diagnostischer und therapeutischer Maßnahmen. Die Pandemie hatte diese Entwicklung jedoch unterbrochen, sodass viele Kliniken seither darum kämpfen, das Vorkrisenniveau zu erreichen und wettbewerbsfähig zu bleiben, was den Druck auch auf das Pflegepersonal weiter erhöht. Nicht nur aus pflegepolitischer Sicht ist der Gestaltung einer angemessenen Personalausstattung erhöhte Aufmerksamkeit zu widmen. Auch für die Arbeitsfähigkeit der Bevölkerung und die Entwicklung der Gesundheitsausgaben in den nächsten Jahren und Jahrzehnten hat eine personzentrierte und bedarfsgerechte Versorgungsstruktur im Hinblick auf einen ressourcenschonenden Einsatz des Gesundheitspersonals, bestenfalls sektorenübergreifend, einen erheblichen Einfluss.

Eine bedarfsgerechte Versorgung erfordert Investitionen sowie systemische und organisatorische Veränderungen. Daher ist der Versorgungsbedarf auf organisatorischer Ebene zu evaluieren und sind die vorhandenen quantitativen und qualitativen Personalressourcen kontinuierlich und individuell zu erheben. Darüber hinaus kommt in diesem Zusammenhang der Entwicklung innovativer stationsbezogener Konzepte eine besondere Bedeutung zu.

Aufgrund anhaltender berufspolitischer Forderungen nach einer Verbesserung der Personalsituation in der Pflege und langjähriger erfolgloser Verhandlungen zwischen der Deutschen Krankenhausgesellschaft (DKG) und der Gesetzlichen Krankenversicherung (GKV) wurden Anfang der 1990er-Jahre von zwei Expert*innengruppen Instrumente zur Personalbemessung für den psychiatrischen (Psych-PV) und den somatisch-normalstationären Bereich (PPR) entwickelt. Mit der Festlegung verpflichtender Maßnahmen zur Qualitätssicherung im § 136 SGB V wurde die Psych-PV durch die Richtlinie zur Personalausstattung in der Psychiatrie und Psychosomatik (PPP-RL) des Gemeinsamen Bundesausschusses (G-BA) abgelöst (s. auch § 136a Abs. 2 SGB V). Dabei handelt es sich nicht um ein Personalbemessungsverfahren, sondern um eine Qualitätsrichtlinie, deren Minutenwerte in etwa denen der Psych-PV entsprechen. Die Psych-PV bezieht sich auf alle therapeutischen Berufe, die PPR ausschließlich auf die pflegerische Personalausstattung in der Erwachsenen- und Kinderkrankenpflege. Beide Instrumente wurden im Hinblick auf die notwendigen Budgetverhandlungen entwickelt. Die PPR wurde bereits nach drei Jahren wieder abgeschafft (Aussetzung: 1996; Aufhebung: 1997). Begründet wurde dies mit den zu erwartenden steigenden Ausgaben aufgrund des ermittelten zusätzlichen Personalbedarfs (Simon, 2014; Simon, 2022).

**Auf dem Weg zur PPR 2.0**
Mit dem Ziel einer bedarfsgerecht finanzierten Pflegepersonalausstattung gab das Bundesministerium für Gesundheit (BMG) in Vorbereitung der Einführung von

Personaluntergrenzen ein Gutachten in Auftrag. Dieses sollte den Zusammenhang zwischen Pflegepersonalquotienten (Verhältnis von Pflegekräften zu Patient*innen) und pflegesensitiven Ergebnisparametern in Deutschland ermitteln. Als pflegesensitiv gelten „im Sinne des Gesetzgebers Bereiche, in denen aus Sicht des Patientenschutzes sowie der Versorgungsqualität ein Zusammenhang zwischen der Anzahl der Pflegekräfte und dem Auftreten unerwünschter Ereignisse besteht, […]" (GKV-Spitzenverband [GKV-SV, 2018, S. 9]).

Auf Grundlage des Gutachtens von Schreyögg und Milstein (2016) wurden 15 Fachabteilungen als pflegesensitiv festgelegt, in denen es aus Sicht der Autor*innen bei Unterbesetzung zu unerwünschten Ereignissen (z. B. Dekubitus, Harnwegsinfektionen, Thrombosen, Sepsis, Wundinfektionen) kommen kann. Der Deutsche Pflegerat (DPR) sieht alle Fachbereiche als pflegesensitiv an (DPR, 2018). Der vom Gesetzgeber verwendete Begriff „pflegesensitiv" ist von seiner pflegewissenschaftlichen Bedeutung zu unterscheiden. Aus pflegewissenschaftlicher Sicht bezeichnet „pflegesensitiv" den Zusammenhang zwischen pflegerischer Intervention und Pflegeergebnis/Outcome (Sim et al., 2018). In diesem Kapitel wird „pflegesensitiv" jedoch im Sinne der Definition des Gesetzgebers nach Schreyögg und Milstein (2016) verwendet.

Im Jahr 2019 wurden die Pflegepersonaluntergrenzen (PpUG) eingeführt. Die Festsetzung der Untergrenzen sowie die jährliche Auswahl weiterer betroffener Bereiche im Krankenhaus sollten durch die Selbstverwaltungspartner DKG und den Spitzenverband Bund der Krankenkassen (GKV-SV) erfolgen. Da jedoch keine Einigung in Bezug auf die Ausgestaltung erzielt werden konnte, legte das Bundesministeriums für Gesundheit (BMG) erstmals für das Jahr 2019 und auch für die Folgejahre jeweils pflegesensitive Bereiche fest.

Für die pflegesensitiven Bereiche sollten unterschiedliche Personaluntergrenzen gelten, insbesondere auch normative Quoten für die Anrechnung von Pflegehilfspersonal. Grundlage für die Festlegung der Untergrenzen war das oben genannte Gutachten und die darin enthaltene Methodik des Dezil- und Quartilsansatzes der zu diesem Zeitpunkt vorhandenen Personalbesetzung, d. h. die 10 bzw. 25 % der Kliniken mit der schlechtesten Personalbesetzung (Simon, 2018). Darüber hinaus spielten die Häufigkeit von PKMS-Fällen (Pflegekomplexmaßnahmen-Scores), Mortalitätsraten, Daten aus der externen Qualitätssicherung und Expert*innenbefragungen eine Rolle bei der Bestimmung der pflegesensitiven Bereiche, wobei nicht zu allen Aspekten valide Daten ermittelt werden konnten.

Wesentliche Kritikpunkte an den Personaluntergrenzen sind die fehlende pflegewissenschaftliche Evidenz zur Begründung der Untergrenzen sowie die Nichtberücksichtigung des tatsächlichen Bedarfs und der vorhandenen Qualifikationen (GKV-SV, 2018). Auch der Ergebnisbericht zur Pflegepersonaluntergrenzen-Verordnung (PpUGV), der vonseiten der DKG und des GKV-SV im Februar 2024 veröffentlicht wurde, verdeutlicht erneut, welche negativen Entwicklungen sich in der Personalplanung, Patient*innenversorgung und Dienstplangestaltung durch die PpUGV ergeben haben (DKG & GKV-SV, 2024). Es werden ca. 93,5 % aller Fachdisziplinen durch die PpUGV abgedeckt (BMG, 2023).

Um die Personalausstattung bedarfsorientiert zu gestalten, haben DPR, DKG und die Gewerkschaft ver.di im Rahmen der „Konzertierten Aktion Pflege" (KAP) des BMG Eckpunkte für eine bedarfsgerechte Personalausstattung und schließlich die PPR 2.0 entwickelt (BMG, 2022a; DPR, DKG & ver.di, 2019). Nach einem Pretest im Jahr 2019 wurde die PPR 2.0 dem BMG mit dem Ziel vorgelegt, sie rechtsverbindlich einzuführen und in der Folge die PpUGV abzulösen. Mit Inkrafttreten des Pflegeentlastungsgesetzes im Dezember 2022 erfolgte die gesetzliche Verankerung zur Einführung der PPR 2.0. Nach einer Erprobungsphase und Inkrafttreten einer entsprechenden Rechtsverordnung wurde die PPR 2.0 verbindlich eingeführt wobei die Einhaltung noch nicht definierter Erfüllungsgrade perspektivisch sanktioniert werden soll (BMG, 2022b). Neben dem § 137k SGB V, der diesen Prozess und auch die Einführung eines Instruments für den Intensivbereich beschreibt, sieht § 137l SGB V die Weiterentwicklung des Instruments vor. Inhalte sind z. B. die Abbildung des Qualifikationsmixes (je nach Ausschreibung der Bedarf an Pflegehilfspersonen, Pflegefachpersonen sowie Pflegefachpersonen mit akademischem Abschluss), die Ausweitung auf Notaufnahmen und eine bundeseinheitliche Standardisierung sowie digitale Anwendung. Wenn ein Mehrbedarf an Personal begründet werden muss, dieser sich aber ausschließlich auf die PpUGV bezieht, kann die Versorgungsqualität nicht nachhaltig gesichert werden. Die Untergrenzen sind als rote Linie zu verstehen und spiegeln nicht den unterschiedlichen Versorgungsbedarf der Fachabteilungen und Stationen wider. Trotz der Notwendigkeit einer bedarfsgerechten Personalbemessung und der Festlegung von zu erreichenden Erfüllungsgraden flankiert die PpUGV dennoch eine notwendige Untergrenze.

Die Frage, warum Personal abgebaut wird, muss im bestehenden System und auch im Hinblick auf eventuell zu erwartende Veränderungen in der Ausgestaltung des Pflegebudgets immer vor dem Hintergrund finanzieller Einsparungen gestellt werden. Die Forderung nach einem Mehrbedarf an Personal über die Regelungen von Personalbemessungsinstrumenten hinaus sollte daher in erster Linie mit dem Mehrwert für die Versorgungsqualität begründet werden. Dabei müssen neben weiteren personalbezogenen Kennzahlen, wie z. B. Fluktuation oder Fehlzeiten, auch Daten zu pflegerischen Qualitätsindikatoren herangezogen, zeitgemäße Organisations- und Führungsstrukturen wie Shared Governance mitgedacht und Innovationsmöglichkeiten erschlossen werden.

## 3.2 Wandel der Finanzierungsstrukturen in der akutstationären Versorgung

Die Finanzierungssystematik der Krankenhausversorgung erfolgt seit 2004 über Fallpauschalen, die bis 2020 das gesamte Leistungsspektrum der akutstationären Versorgung, insbesondere die Pflegepersonalkosten, abdeckten. Die bis 2020 initiierten Gesetzgebungsverfahren zur Aufstockung des Pflegepersonals (z. B. Pflegestellenförderprogramm) sind wesentlich auf diese Finanzierungsstruktur zurückzuführen. Sie verstärkten den Anreiz zum Personalabbau in der Pflege, ohne die tatsächlichen Kosten der vorhandenen Personalressourcen in der Pflege und eine bedarfsgerechte Anpassung zu berücksichtigen (s. Abschn. 3.1).

Die im DRG-System ausgewiesenen pflegerischen Personalkosten lagen im Jahr 2013 bei 20,4 % des Gesamt-DRG-Budgets und verzeichneten somit einen Rückgang im Vergleich zum Wert von 21,6 % bei Einführung des DRG-Systems im Jahr 2004 (Augurzky et al., 2016).

Die in Deutschland bis heute anhaltende Diskussion darüber, wie viel und welches Pflegepersonal für eine individuelle und qualitativ hochwertige Versorgung der Patient*innen notwendig sei, die Validierung eines entsprechenden Instruments zur Personalbedarfsermittlung und auch die Etablierung eines finanzierten pflegerischen Leistungsbereichs verschärften bereits im Jahr 2010 bei steigenden Fallzahlen die Personalsituation. Die Einführung des Pflegekomplexmaßnahmen-Scores (PKMS) sollte dieser Entwicklung entgegenwirken, indem hochkomplexe Pflege über ein Zusatzentgelt abgebildet wurde. Ebenso sollte dies einen Anreiz für Kliniken schaffen, Patient*innen mit erhöhtem Pflegebedarf unabhängig von der Intensität der medizinischen Versorgung zu behandeln. Unter bestimmten Voraussetzungen (z. B. Mindestverweildauer von vier Tagen und erforderliche Punktzahl) konnten Zusatzentgelte ausschließlich für die Normalstation (Operationen- und Prozedurenschlüssel [OPS] 9-20) generiert werden, die über die A3-Einstufung der PPR hinausgingen. Der vom DPR entwickelte Score wurde insbesondere aufgrund des hohen Dokumentationsaufwands stark kritisiert und mit der Ausgliederung der gesamten Pflegepersonalkosten aus dem DRG-System im Jahr 2020 und der Einführung des Pflegebudgets wieder abgeschafft (Augurzky et al., 2016; InEK, 2011).

Das Pflegepersonalstärkungsgesetz (PpSG, 2018) spielt für die Berufsgruppe der Pflegenden eine wesentliche Rolle hinsichtlich struktureller Entwicklungen und Anforderungen, was etwa die Etablierung von Mindeststandards durch die PpUGV und die Finanzierung von Pflegepersonalkosten nach dem Selbstkostendeckungsprinzip beinhaltet. Durch den sog. DRG-Split, also die Ausgliederung der pflegerischen Personalkosten aus dem DRG-System, sollten bettenführende Bereiche der akutstationären Versorgung nun durch das Pflegebudget finanziert werden. Dabei ist ebenfalls im Rahmen der Pflegepersonalkostenabgrenzungsverordnung konkret geregelt, welche Pflegepersonalkosten durch das Pflegebudget gedeckt sind.

Das Institut für das Entgeltsystem im Krankenhaus (InEK) legt jährlich angepasst, fallspezifisch und tagesbezogen eine Bewertungsrelation für jede DRG fest. Diese soll die Kliniken dabei unterstützen, möglichst liquide zu bleiben. Die tagesbezogenen Bewertungsrelationen für jede DRG beschreiben den durchschnittlichen Personalkostenanteil der Kalkulationshäuser. Sie wurden unter Berücksichtigung der mittleren Verweildauer pro Tag für die jeweilige Pauschale festgelegt. Diese sind im Pflegelastkatalog (auch Pflegeerlöskatalog oder Katalog zur Risikoadjustierung für Pflegeaufwand) einzusehen. Die Höhe des Pflegebudgets wird für das jeweilige Jahr durch die Kliniken mit den Krankenkassen verhandelt.

Basis hierfür sind die gesamten Personalkosten der vorangegangenen Periode. Anschließend wird das individuell festgelegte Pflegebudget durch die voraussichtliche Summe der Bewertungsrelationen der Klinik geteilt. Daraus ergibt sich ein krankenhausindividueller Pflegeentgeltwert, durch dessen Multiplikation mit den jeweiligen Bewertungsrelationen die Finanzierung der Personalkosten der Pflege festgelegt wird (Fachgesellschaft – Profession Pflege e. V., 2018). Basis für die Festlegung des krankenhausindividuellen Pflegeentgeltwertes ist das Jahr 2020. Bis zur Verhandlung dessen gilt ein vorläufiger Entgeltwert, der in den letzten Jahren (von 2021 bis 2023) einen Zuwachs von rund 40 % erfuhr und im Rahmen des anstehenden Krankenhaustransparenzgesetzes auf 250 € (ab März 2024) erhöht wurde.

In einer Analyse zur Umsetzung des Pflegebudgets von Hentschker et al. (2023) wurde festgestellt, dass bis Ende November 2022 für alle Kliniken in Deutschland bereits 911 Budgets für das Jahr 2020 nachträglich verhandelt wurden. Im Oktober 2023 berichtete die DKG zur Evaluation der Regelungen des Krankenhaustransparenzgesetzes, dass lediglich 20 % der Kliniken noch kein Budget verhandelt hätten und diese Zahl im Laufe des Jahres 2024 gegen Null tendieren werde (DKG, 2023).

Das InEK berechnet den Personalquotienten nach § 137j SGB V auf Basis der Angaben zum vorhandenen Pflegepersonal in der Patient*innenversorgung im bettenführenden Bereich und dem auf Basis des Pflegelastkatalogs ermittelten je Krankenhaus. Der Begriff Pflegeaufwand, der hier im Kontext der Pflegebewertungsrelationen verwendet wird, entspricht also nicht dem tatsächlichen, mit einem standardisierten Erfassungsinstrument gemessenen, auf pflegefachlichen/pflegewissenschaftlichen Erkenntnissen basierenden Aufwand an Pflegeleistungen, sondern ist (s. o.) eine je DRG pauschaliert angegebene Größe.

Der Personalschlüssel gibt an, wie viele pflegerische Bewertungsrelationen innerhalb eines Jahres auf eine Pflegeperson entfallen (GKV-Spitzenverband, 2023). Eine pflegerische Bewertungsrelation von 1,0 entspricht einer durchschnittlich aufwendigen Fallschwere. Ein Personalquotient von z. B. 55 bedeutet dementsprechend, dass eine Pflegeperson (Angabe in VK; Pflegefachpersonen werden vollständig eingerechnet; Pflegehilfspersonen und andere Fachkräfte, die unterstützend tätig sind, nur zu einem Anteil – s. § 21 Krankenhausentgeltgesetz [KHEntgG]) über ein Jahr in einer Klinik 55 durchschnittlich aufwendige Patient*innen betreut. Der Personalquotient als einzelner Datensatz, ohne Vergleich mit anderen Kliniken sowie deren Versorgungs- und Organisationsstrukturen, kann jedoch keine gesicherte Aussage zum Belastungsgrad von Pflegepersonen bzw. dem pflegerischen Versorgungsaufwand, geschweige denn der Pflegequalität geben – zumal er auch keine Differenzierung unterschiedlicher Fachbereiche zulässt und nicht auf pflegefachlichen oder pflegewissenschaftlichen Erfahrungen und Erkenntnissen beruht. Hierbei handelt es sich ausschließlich um einen vom InEK ermittelten Wert auf Basis des Pflegelastkatalogs (Ausgliederung der Personalkosten aus dem DRG-System) und der Personaldaten nach § 21 KHEntgG. Welche pflegerischen Leistungen bei der Versorgung von Patient*innen benötigt werden und wie viele Pflegende mit welcher Qualifikation erforderlich sind, benötigt die Anwendung eines Personalbemessungsverfahrens, das den Personal- und/oder Pflegebedarf abbilden kann (Evers, 2021). Inwieweit der Personalquotient zukünftig eine Aussage über den Pflegebedarf treffen kann, auch im Zuge eines Vergleichs mit zu etablierenden bzw. etablierten Personalbedarfsbemessungsinstrumenten, kann nur im Rahmen pflegewissenschaftlicher Forschung und Evaluation erfolgen.

Shared Governance ermöglicht und fördert eine mitarbeiterorientierte und partizipative Führungskultur, die die Ebenen Pflegemanagement, Pflegepädagogik und Pflegefachlichkeit zusammenführt. Von Interesse ist hier zum einen die Evaluation, wie sich der Qualifikationsmix durch die Implementierung von Shared Governance verändert hat. Zum anderen verändert sich der Personalschlüssel unter Berücksichtigung einer ggf. differenzierteren qualifikatorischen Personalplanung und eines quantitativen Personalaufbaus durch attraktive Karrierewege. So können auch hochkomplexe Versorgungsbedarfe besser bewältigt werden. Die sich daraus ergebenden Erkenntnisse bilden die Grundlage für die Gestaltung der Personalausstattung in den Expertisebereichen Pflegemanagement, Pflegepädagogik und Pflegewissenschaft / Pflegefachlichkeit, die dadurch im Sinne einer zukunftsfähigen pflegerischen Krankenversorgung gestärkt werden (s. Abschn. 2.2).

Mit der angestoßenen Veränderung der Finanzierungsstruktur im Rahmen der Krankenhausstrukturreform (Krankenhausversorgungsverbesserungsgesetz – KHVVG) erfolgt die Vergütung der Leistungen nicht mehr ausschließlich im Rahmen des DRG-Systems, sondern insbesondere durch Vorhaltepauschalen, die an festgelegte Leistungsgruppen gekoppelt sind. Letztere können nur erbracht werden, sofern unterschiedliche Qualitätskriterien erfüllt werden. Die Vorhaltevergütung soll dazu dienen, eine mengenorientierte Vergütungsstruktur zu reduzieren und die Versorgungsqualität u. a. durch die einzuhaltenden Qualitätskriterien je Leistungsgruppe zu erhöhen. Das Vorhaltebudget wird max. 60 % des Erlösvolumens ausmachen und das Pflegebudget Teil dieses Budgets sein. Obwohl das Pflegebudget von den Regelungen unangetastet bleiben soll (Stand Mai 2024), wird vielfach diskutiert, ob und wann es zu einer Deckelung kommen wird. Sollte dies der Fall sein, rückt die Notwendigkeit einer pflegefachlichen und pflegewissenschaftlichen Begründung für die angemessene pflegerische Personalausstattung in den Vordergrund. Insbesondere die Refinanzierung der unterschiedlich qualifizierten Pflegefachpersonen, wie die hochschulisch ausgebildeten Pflegefachpersonen inklusive deren klinischer Ausbildung und Einarbeitung sind miteinzubeziehen.

Das Wissen um die Finanzierungsstruktur ermöglicht es, politische und organisationale Entscheidungen besser zu verstehen bzw. sie auch zu hinterfragen. Im Rahmen einer Finanzierung, die auch auf Qualitätsaspekten beruht, wie sie mit dem KHVVG geplant ist, braucht es neben berufspolitischen Forderungen auch eine pflegebedarfs-, pflegemanagementbezogene, pflegepädagogische, pflegewissenschaftliche, sozial- und personalbezogene Bewertung der Bedarfe in der Versorgungspraxis. Im Fokus der Argumentation sollte vorrangig die Verbesserung bzw. Darstellung der Versorgungsqualität stehen.

## 3.3 Pflegerische Personalbemessung im Krankenhaus

Vorab ist eine Abgrenzung der Begriffe Personalbemessung und Personalbedarfsermittlung notwendig, um diese den Instrumenten richtig zuordnen zu können. So steht Personalbemessung für alle Bemessungsverfahren, unabhängig davon, ob sie normativ festgelegt (z. B. PpUGV) oder bedarfsorientiert ermittelt werden. Der Begriff Personalbedarfsermittlung bezieht sich demgegenüber auf die Ermittlung des Personalbedarfs anhand der Bedarfe der Patient*innen (DPR, 2023; Simon, 2019). Anknüpfend an die Ausführungen zur PpUGV, die den Schweregrad bzw. den individuellen Pflegebedarf nicht berücksichtigt, wird im Folgenden verstärkt auf die PPR 2.0 als Instrument der Personalbedarfsermittlung Bezug genommen.

Bei der PPR 2.0 handelt es sich um ein Verfahren, bei dem durch Einstufung der Patient*innen in die Pflegekategorien der allgemeinen und speziellen Pflege (A/S) der durchschnittliche Personalbedarf ermittelt wird. Aufgrund der Systematik, dass die für die Einstufung herangezogenen Indikatoren der jeweiligen Leistungsbereiche, wie z. B. Körperpflege, Ernährung oder Leistungen im Zusammenhang mit der medikamentösen Versorgung, nicht alle zutreffen, sondern nur teilweise vorliegen müssen (Oder-Bedingungen), kann mit der PPR 2.0 derzeit kein individueller Pflegebedarf ermittelt werden. Letzteres bedürfte einer ausführlicheren Erfassung der individuellen Bedarfe der Patient*innen im Rahmen des Versorgungsprozesses. Die PPR 2.0 in der aktuellen Ausrichtung dient dazu, die Einstufung zur Ermittlung des durchschnittlichen Personalbedarfs möglichst einfach und bürokratiearm zu gestalten.

Für jede Pflegekategorie (z. B. A2/S2) sind Minutenwerte hinterlegt. Nach Einstufung des*r Patient*in werden zu den jeweiligen Minutenwerten noch Minutenwerte im Rahmen eines Pflegegrundwertes, eines erweiterten Pflegegrundwertes im Rahmen einer (Umkehr-)Isolation, eines Fallwertes (Aufnahme von Patient*innen) und ggf. der Versorgung eines Neugeborenen bei Aufnahme der Mutter addiert. Für teilstationäre Patient*innen und am Entlassungstag sind nur halbe Minutenwerte anzusetzen. Der sich daraus ergebende Minutenwert wird in VK angegeben (Soll-VK-Bedarf für den Tagdienst). Derzeit gilt die PPR 2.0 nur für den Tagdienst von 6 bis 22 Uhr. Somit ist für die Zeit von 22 bis 6 Uhr die PpUGV anzuwenden. Sofern keine PpUGV für den jeweiligen Fachbereich formuliert ist, gilt eine Pflegepersonal-Patient*innen-Ratio von 1:20. Auch hier erfolgt eine Umrechnung in VK (Soll-VK-Bedarf des Nachtdienstes). Nach Errechnung des Soll-VK-Bedarfs sind für je 50 Pflegefachpersonen, zwischen der Leitung des Pflegedienstes (z.B. einer*einem Pflegedirektor*in mit Personalverantwortung als Vorstand oder Geschäftsführung) und einer Stationsleitung, eine übergeordnete Stelle und Ausfallzeiten zu berücksichtigen.

Diesem Soll-VK-Personalbedarf wird der Ist-VK-Personalbestand inkl. genannter Ausfallzeiten gegenübergestellt. Dabei werden im Rahmen der PPR 2.0 für Erwachsene folgende Qualifikationen angerechnet: Pflegefachpersonen (dreijährig-examiniert) und Pflegehilfspersonen (landesrechtliche Assistenz- oder Helferausbildung mindestens einjährig, landesgeregelte Ausbildung in der Krankenpflegehilfe oder Altenpflegehilfe mindestens einjährig, Krankenpflegehelfer*in auf Grundlage des Krankenpflegegesetzes von 2003). Als anzurechnende Pflegehilfspersonen gelten beispielsweise folgende Personengruppen: Medizinische Fachangestellte, Anästhesietechnische Assistent*innen und Notfallsanitäter*innen. In geburtshilflichen Abteilungen können auch Hebammen angerechnet werden.

Zur Erreichung des Erfüllungsgrades (Gegenüberstellung Ist-Personalbestand und Soll-Personalbedarf) können – Stand Mai 2024 – gemäß PPR 2.0 für Erwachsene 20 % Pflegehilfspersonen angerechnet werden sowie 5 % Auszubildende, die sich im zweiten oder dritten Ausbildungsjahr befinden (BMG, 2024).

Im Rahmen der Weiterentwicklung der PPR 2.0 (s. Abschn. 3.1) besteht das Ziel, auch über die bisher anzurechnenden Qualifikationen hinaus den Bedarf von Pflegefachpersonen mit akademischem Abschluss in die PPR 2.0 einzubeziehen sowie den Qualifikationsmix zu evaluieren und zu bewerten. Durch die PPR 2.0 und speziell durch deren Weiterentwicklung ergibt sich demnach perspektivisch auch die Argumentationsgrundlage für die Refinanzierung der Personalkosten. Insbesondere gilt das für akademische Pflegefachpersonen mit Aufgabenbereichen wie Literaturrecherchen, das Einbringen pflegewissenschaftlicher Erkenntnisse in den Versorgungsprozess und die Schulung von Mitarbeitenden, sofern das Pflegebudget mittel- oder langfristig eine Deckelung erfährt.

Durch die Etablierung eines Shared-Governance-Modells mit einem entsprechenden Trainee- und Learneeprogramm (s. Abschn. 2.2, Kap. 7 und Abschn. 5.5) können vielfältige positive Effekte erzielt werden, die zu einer Verbesserung der Versorgungssicherheit und -qualität führen. So werden durch die Stärkung und Etablierung von Pflegeforschung und -wissenschaft in der direkten Versorgungspraxis und im interprofessionellen Kontext die vorhandenen Kompetenzen der Pflegefachpersonen besser genutzt und im Rahmen von Lehr- und Lernmöglichkeiten auf- und ausgebaut (Personalentwicklungsinstrument). Dies hat in weiterer Folge auch positive Auswirkungen auf Komplikationsraten, die Verweildauer der Patient*innen und somit auch auf die Versorgungskosten. Darüber hinaus können durch eine mitarbeiter- und stärkenorientierte Führungskultur mit Entwicklungspotenzial für die Mitarbeitenden Fehlzeiten nachhaltig reduziert, Fluktuation eingedämmt und Kosten, die z. B. durch den Einsatz von Leiharbeit entstehen, gesenkt werden (s. Abschn. 7.3). Durch ein Pflegedashboard (s. Abschn. 3.6) können diese und weitere Aspekte der jeweiligen Fachbereiche aufgezeigt und die Voraussetzungen geschaffen werden, die gewonnenen Datensätze adäquat zu interpretieren und Maßnahmen abzuleiten.

Motivierte und engagierte Pflegefachpersonen werden sich tendenziell eher für einen Arbeitgeber entscheiden, der attraktive Karrierewege (s. Abschn. 1.3) anbietet und der Stellen mit der Qualifikation entsprechenden Aufgaben beschreibt. Diese Aspekte müssen in Debatten zur Finanzierung von Pflegepersonalkosten und auch im Kontext notwendiger Bestrebungen insbesondere zu erweiterten Kompetenzen für Pflegefachpersonen in aktuellen und zukünftigen politischen Gesetzgebungsverfahren beachtet werden.

Aufgrund unterschiedlicher Versorgungsspezifika und Methodik ist an dieser Stelle eine Unterscheidung der PPR 2.0 für Erwachsene und der PPR 2.0 für die Kinderkrankenpflege notwendig. Die Erwachsenen-PPR 2.0 ermittelt den Soll-Personalbedarf, also wie viel Personal anhand der Einstufung für die Versorgung der Patient*innen vorausschauend notwendig ist. Die Kinder-PPR 2.0 hingegen konzentriert sich auf die Ermittlung des Ist-Personalbedarfs mit der Fragestellung, wie viel Personal für die Versorgung der Patient*innen benötigt wurde (DPR, 2023).

**Personalbemessung für die direkte Patient\*innenversorgung**
Als Grundlage für die weiteren Ausführungen zur adäquaten Dienstplangestaltung und Einsatzplanung einer neurochirurgischen 22-Betten-Station (Erwachsenenpflege) am TUM Klinikum Rechts der Isar erfolgt zunächst die Berechnung des notwendigen quantitativen Personalbedarfs für die patient*innennahe Pflege anhand der PPR 2.0. Anschließend wird der notwendige Personalbedarf sowohl nach Anzahl als auch nach Qualifikation für das Traineeprogramm herausgearbeitet und addiert. Die PPR 2.0 wird im Rahmen dieses Praxisbeispiels lediglich als Hinweis für den notwendigen quantitativen Personalbedarf herangezogen und addiert. Der Fokus liegt auf der qualifikatorischen Personalplanung zur Umsetzung der Shared Governance. Da die Personalbemessungsverordnung zum Zeitpunkt der beispielhaften Erfassung noch nicht rechtskräftig war, erfolgte die Einstufung im Rahmen einer temporären Erfassung in einem Zeitraum von rund drei Wochen (22 Tagen) gemäß den Anwendungsvorschriften des DPR, der DKG und ver.di (2019). Im Erhebungszeitraum wurden 435 Einstufungen vorgenommen. Mit Blick auf die Verteilung der Patient*innen an den jeweiligen Tagen entspricht dies einer durchschnittlichen Belegung von 20,14 Betten. Durch Addition der Minutenwerte mittels Einstufung in die Pflegekategorien (z. B. A2/S2), des Pflegegrundwertes usw. ergibt sich ein Personalbedarf im Tagdienst von fünf Pflegefachpersonen im Frühdienst und vier Pflegefachpersonen im Spätdienst. Unter Berücksichtigung der PpUGV für eine neurochirurgische Normalstation wird ein Personalbedarf von zwei Pflegefachpersonen pro Nacht festgesetzt. Daraus lässt sich ein Personalbedarf von ungefähr 16 Vollzeitkräften ableiten. Mit Beachtung von Abwesenheiten durch Krankheit, Urlaub durch einen exemplarischen Wert von 25 % und zwei Fortbildungstagen je Mitarbeitenden im Jahr ergibt sich ein Personalbedarf im Monat von knapp 21 Vollzeitkräften (20,96).

**Personalbemessung für das Trainee- und Learneeprogramm bei einer Shared-Governance-Struktur**
Eine Shared-Governance-Führungsstruktur mit qualifizierten Pflegenden in den Führungsbereichen Pflegemanagement, Qualitäts-, Risiko- und Chancenmanagement, Pflegepädagogik und Pflegefachlichkeit stärkt die Profession Pflege. Für die Wahrnehmung der Führungsaufgaben sind entsprechende Freiräume und Zeitkontingente zu schaffen. Durch die Shared-Governance-Struktur mit den spezifischen Expertisen soll die Pflegequalität verbessert und die Mitarbeiter*innenzufrieden-

heit erhöht werden (Speroni et al., 2021). Da in Deutschland eine systematische Shared-Governance-Struktur noch wenig verbreitet ist, bedarf es innovativer Personalentwicklungskonzepte wie der in diesem Buch vorgestellten Trainee- und Learneeprogramme (s. Kap. 7 und Abschn. 5.5). In diesen Programmen werden die anspruchsvollen Aufgaben und Entwicklungsmöglichkeiten von Shared Governance „on the job" vermittelt. Trainee- und Learneeprogramme sind jedoch nur dann wirksam, wenn sie verlässlich durchgeführt werden (Mayer, 2022; Schmidt-Rumposch & Hosters, 2022). Aufgabe der Manager*in ist es, die Ressourcen zu planen und die notwendige Zeit für die Shared-Governance-Führungsaufgaben zu allokieren sowie das entsprechende Budget aus den zur Verfügung stehenden Finanzmitteln zur Verfügung zu stellen.

**Personalbemessung für eine Shared-Governance-Struktur**
Während die traditionelle All-in-One-Stationsleitung das gesamte Portfolio an Führungsaufgaben allein und in der Regel ohne spezifische pflegepädagogische und pflegefachliche Expertise umsetzt, werden in der Shared Governance die Aufgaben auf mehrere Führungspersonen mit entsprechender Expertise verteilt, um die Patient*innenversorgung zu verbessern. Diese Verteilung der Verantwortungsbereiche führt zu einem nur minimal erhöhten Personalaufwand im Vergleich zu einer traditionellen Stationsleitungsstruktur. Der zusätzliche Personalbedarf liegt im Durchschnitt bei weniger als 5 % und wird durch die Vorteile der Shared Governance (z. B. erhöhte Patient*innensicherheit, bessere Patient*innenversorgung sowie erhöhte Mitarbeiter*innenzufriedenheit [Speroni et al., 2021]) mehr als kompensiert.

Der Personalbedarf in den vier Shared-Governance-Bereichen ist u. a. abhängig vom Fachbereich, der Größe der Station und damit der Pflegebereiche, der Komplexität der Patient*innenfälle sowie dem Aufgabenumfang der Führungspositionen. Der Zeitaufwand für Führungsaufgaben variiert über das Jahr. So gibt es täglich bis wöchentlich wiederkehrende Aufgaben, aber auch Tätigkeiten, die quartalsweise, halbjährlich oder nur einmal im Jahr anfallen. Für eine adäquate Personalbemessung müssen diese patient*innenfernen „Führungstage" auf das Gesamtjahr hochgerechnet werden, um entsprechende Durchschnittswerte abzubilden. Diese Variabilität setzt eine ausreichende planerische Agilität der Führungspersonen voraus, um flexibel auf Arbeits- und Aufgabenanforderungen reagieren zu können. Ein dogmatischer Umgang mit Zeitressourcen ist weder realistisch noch zielführend. Dennoch ist es wichtig, den Zeitaufwand für die Aufgabenerledigung zu erfassen und in regelmäßigen Abständen zu evaluieren, um den aktuellen Anforderungen und zukünftigen Herausforderungen gerecht zu werden und dies gegenüber den Stakeholdern argumentieren und belegen zu können.

Nachfolgend werden in Tab. 3.1 exemplarisch einige dieser Aufgaben (monatlich wiederkehrende und seltener vorkommende Tätigkeiten) für jeden der vier Bereiche der Shared Governance aufgezeigt.

Ziel der Shared Governance ist es, alle Expertisebereiche so auszuführen, dass sich die Qualität der Pflege erhöht. Gerade in den ersten Jahren nach Einführung einer Shared Governance ist es von großer Bedeutung, dass alle Bereiche ähnli-

**Tab 3.1** Wiederkehrende Aufgaben in den vier Shared-Governance-Bereichen

| Expertisebereich | Monatliche Aufgaben | Aufgaben im Quartal, Halbjahr oder Jahr |
|---|---|---|
| Pflegemanagement | • Dienstplan- und Ausfallmanagement<br>• Wirtschaftlichkeit in Bezug auf Versorgungsmaterialien | • Wirtschaftsprüfungen<br>• Budgetgespräche |
| Qualitäts-, Risiko- und Chancenmanagement | • Erhebung von Qualitätsindikatoren<br>• Überprüfung der Einhaltung von Richtlinien (z. B. Hygienerichtlinien) | • Erarbeitung, Überprüfung und Evaluation von Stationsstandards (z. B. Tagesabläufe, Stationsanalyse – s. Anhang Stationsanalyse)<br>• Aktive Teilnahme an internen und externen Audits<br>• Gestaltung eines „Rooms of Horrors" – einer Form eines Simulationstrainings für interprofessionelle Teams zur Sensibilisierung von Risiken in der Patient*innenversorgung (Zimmermann & Schwappach, 2021) |
| Pflegepädagogik | • Vorbereitung- und Nachbereitung von Praxisanleitungen<br>• Erarbeitung von Lehrmaterialien für die Auszubildenden und Studierenden | • Examensvorbereitung und Abnahmen der Prüfungen von den Pflegeauszubildenden und -studierenden<br>• Erarbeitung und Umsetzung neuer pädagogischer Methoden, um pflegerische Expertisen zu vermitteln |
| Pflegefachlichkeit | • Durchführung von Patient*innenvisiten<br>• Unterstützung bei ethischer Entscheidungsfindung<br>• Unterstützung des pflegerischen Teams bei hochkomplexen Versorgungsbedarfen unter Berücksichtigung aktueller pflegewissenschaftlicher Erkenntnisse<br>• Schulung und Anleitung von Mitarbeitenden und Implementierung von pflegewissenschaftlichen Erkenntnissen | • Erstellung von Informationsmaterialien für Patient*innen<br>• Datenerhebung<br>• Erstellung (interprofessioneller) Leitlinien und Versorgungsstandards in der Organisation<br>• Wissenschaftliche Auswertungen<br>• Systematische Literaturrecherche |

che Zeitressourcen für die Umsetzung der Aufgaben (jeweils auf das Jahr gesehen) wahrnehmen, um eine vergleichbare Entwicklung der jeweiligen Rollen zu erreichen. Die folgenden Grundannahmen für die VK-Berechnung im nachfolgenden Beispiel berücksichtigen weder Feiertage noch Urlaubstage sowie sonstige personelle Ausfälle. Bei der Operationalisierung der jeweiligen VK-Berechnung ist es daher dringend erforderlich, die bundeslandbezogenen Feiertage, die tariflichen Urlaubstage und die klinikbezogenen Ausfallzeiten zu berücksichtigen, um eine genaue Feinplanung zu gewährleisten.

---

**Grundannahmen für die VK-Berechnungen**
5 Arbeitstage/Woche
  × 52 Wochen/Jahr
  = **260 Arbeitstage/Jahr**
  / 12 Monate/Jahr
  = **21,67 Arbeitstage/Monat (entspricht 1 VK)**

---

Der Personalbedarf hängt auch davon ab, ob neben Shared Governance weitere Projekte, wie z. B. ein Trainee- und/oder Learneeprogramm, durchgeführt werden. Für eine Station ohne weitere Projekte wird für jeden Expertisebereich ein Tag pro Woche für Führungsaufgaben empfohlen. Dies ergibt einen Wert von 0,8 VK für reine Führungsaufgaben, die nicht unmittelbar in der direkten Patient*innenversorgung stattfinden.

---

**Annahmen für die VK-Berechnung der Führungsaufgaben ohne Traineeprogramm**
4 Arbeitstage für Führungsaufgaben/Woche
  × 52 Wochen/Jahr
  = **208 Arbeitstage für Führungsaufgaben/Jahr**
  / 12 Monate/Jahr
  = **17,33 Arbeitstage für Führungsaufgaben/Monat**
  / 21,67 Arbeitstage/Monat/VK
  = **0,8 VK (für Führungsaufgaben/Monat)**

---

**Personalbemessung für die Shared-Governance-Führungsaufgaben bei gleichzeitiger Umsetzung eines Trainee- und Learneeprogramms**
Für die Umsetzung einer Shared-Governance-Struktur und eines Trainee- und Learneeprogramms ergibt sich eine Gesamtzahl von durchschnittlich zwölf Tagen pro Monat pro Station (jeweils drei Tage pro Monat pro Shared-Governance-Expertisebereich), was durchschnittlich ca. 0,55 VK entspricht. Dabei wird unter einem Trainee- und Learneeprogramm jeweils ein Programm verstanden, bei dem die Shared-Governance-Rollen (s. Abschn. 7.1) in den vier Expertisebereichen anhand eines Trainings on the job vermittelt werden. Unter dem Begriff Trainee werden Pflegefachpersonen verstanden, die an dem Traineeprogramm teilnehmen. „Learnees" meint Pflegeauszubildende und -studierende. Die zwei Programme werden in Kap. 7 und Abschn. 5.5 genauer beschrieben. Die Personalbemessung für die Umsetzung der Führungsstruktur fällt auf Stationen, die gleichzeitig ein Trainee- und ein Learneeprogramm durchführen, geringer aus. Das liegt an Syn-

ergien, die durch die gemeinsame Nutzung der Zeit der Trainer*innen entstehen, und daran, dass die Trainees bereits eigenständig Führungsaufgaben übernehmen können. Dennoch muss der zusätzliche Aufwand, der durch die Tage der Trainees und Learnees entsteht, separat berücksichtigt werden.

> **Annahmen für die VK-Berechnung der Führungsaufgaben bei gleichzeitiger Umsetzung eines Trainee- und Learneeprogramms**
> 3 Arbeitstage/Monat/Shared-Governance-Expertisebereich
> × 4 Shared-Governance-Expertisebereiche
> **= 12 Arbeitstage für Führungsaufgaben/Monat**
> / 21,67 Arbeitstage/Monat/VK
> **= 0,55 VK für Führungsaufgaben**

**Personalbemessung im Rahmen eines Trainee- und Learneeprogramms**
Ein Shared-Governance-Trainee- und Learneeprogramm (s. Kap. 7 und Abschn. 5.5) stellt eine effektive Möglichkeit dar, um Interessen und Talente zu identifizieren und gleichzeitig die Personalentwicklung voranzutreiben. Die Implementierung eines solchen Programms erfordert jedoch eine zusätzliche Personalbemessung. Der hinzukommende Personalaufwand ist in der Regel höher als der für die eigentlichen Führungsaufgaben im Rahmen der Shared Governance, da für die Personalentwicklung üblicherweise mehr Zeit eingeplant wird. Es können jedoch Synergien entstehen, wenn die Shared Governance parallel zum Trainee- und Learneeprogramm umgesetzt wird. Trainer*innen des Programms sind die Führungspersonen der Shared Governance.

**Trainerinnen und Aufgabenverteilung**
Die Trainer*innen des Programms sind die Führungspersonen der Shared Governance aus den Bereichen Pflegemanagement, Qualitäts-, Risiko- und Chancenmanagement, Pflegepädagogik und Pflegefachlichkeit. In der Praxis hat es sich bewährt, dass pro Shared-Governance-Expertisebereich monatlich zwei bis fünf Trainer*innentage für die Trainees (examinierte Pflegefachpersonen) zur Verfügung stehen (s. Tab. 3.2 und Abschn. 7.1). Für die Learnees (Pflegeauszubildende bzw. Pflegestudierende) werden hingegen vier Trainer*innentage pro Jahr für jeden der vier Shared Governance Bereiche (s. Abschn. 5.5) eingeplant.

**Tab. 3.2** Einsatzplanung der Trainees für das Traineeprogramm in Abhängigkeit von der jeweiligen Arbeitszeit (s. Abschn. 7.1).

| Arbeitszeit (100 % = 1 VK) | 0 bis < 60 % | 60 bis < 80 % | 80 bis 100 % |
|---|---|---|---|
| Tage mit den Trainer*innen/Monat | 2–3 | 3–4 | 4–5 |
| Eigenständige Tage/Monat | 1 | 1 | 1 |
| Hospitationstage/Expertise-Bereich pro Viertel- bis Halbjahr | 3 | 3 | 3 |

**Unterschied zwischen Trainees und Learnees**
Der Grund für die große Diskrepanz im Trainer*innenaufwand zwischen Trainees und Learnees liegt darin, dass der Fokus der Learnees primär auf ihrer klinischen Pflegeausbildung liegt. Das Learneeprogramm bietet über die curricularen Anforderungen hinaus die Möglichkeit, die Rollen innerhalb der Shared-Governance-Führungsstruktur und Entwicklungsmöglichkeiten kennenzulernen. Ziel ist es, die Auszubildenden und Studierenden nachhaltig für den Pflegeberuf zu begeistern. Die Learnees lernen während des ersten Ausbildungsdrittels (im ersten Ausbildungsjahr) jeweils einen Shared-Governance-Führungsbereich an einem Tag kennen (insgesamt vier Tage pro Jahr), wobei dieses Wissen in den späteren Ausbildungsphasen weiter vertieft wird.

Im Gegensatz dazu werden die Trainees gezielt auf die Übernahme von Führungsrollen innerhalb der Shared Governance vorbereitet. Sie werden aktiv in diese Positionen eingeführt und übernehmen schrittweise Verantwortung. Das Training erfolgt dabei als Kombination aus Training on the Job und angeleitetem Lernen an den Trainer*innentagen.

**Personalbemessung und Rechenbeispiel**
Das Rechenbeispiel geht von vier Trainees (einem*einer Trainee pro Shared-Governance-Bereich) aus und basiert auf den nachfolgend genannten Annahmen für die verschiedenen Bereiche. Hier variiert die Arbeitszeit exemplarisch, basierend auf den individuellen Lebensumständen der Trainees (z. B. Teilzeitarbeit wegen eines Studiums, alleinerziehend etc.) und ist nicht systematisch durch den Bereich der Shared Governance bedingt, in der die Trainees tätig sind. Die Anzahl der Trainingstage hängt von der tatsächlichen Arbeitszeit der Trainees ab (s. Abschn. 7.1).

Zusätzlich ist anzumerken, dass Learnees keine zusätzliche Trainer*innenzeit in Anspruch nehmen, solange es Trainees im entsprechenden Shared-Governance-Bereich gibt, da die Zeit der Learnees durch die gleichen Trainer*innentage abgedeckt werden können. Die einzige Ausnahme hierzu besteht, wenn es keine Trainees gibt oder diese nicht anwesend sind (zum Beispiel, weil sie auf einer anderen Station hospitieren) – dann bedarf es eines Trainer*innentages pro Jahr pro Bereich für die Learnees.

**Annahmen für das folgende exemplarische Rechenbeispiel**
**Pflegemanagement-(PM-)Trainee:** Bei einer Arbeitszeit des Trainees von 100 % werden fünf Trainingstage geplant (s. Tab. 3.3 und Kap. 7), was zehn Vollzeittagen entspricht: fünf Tage des*r Trainer*in und fünf Tage der*des Trainees.
**Qualitäts-, Risiko- und Chancenmanagement-(QRCM-)Trainee:** Bei einer beispielhaften Arbeitszeit des Trainees von 80 % werden vier Trainingstage geplant, was acht Vollzeittagen entspricht: vier Tage des*r Trainer*in und vier Tage der*des Trainees.

# 3 Effektives Pflegemanagement für die Zukunft der Pflege

**Tab 3.3** Übersicht Trainee- und Trainer*innentage. PF = Pflegefachlichkeit, PM = Pflegemanagement, PP = Pflegepädagogik, QRCM = Qualitäts-, Risiko- und Chancenmanagement

|        | *Learnee* | *Trainee* | *Traineetage* | *Trainer\*innentage* | *T&T-Tage* | *Kommentar* |
|--------|-----------|-----------|---------------|-----------------------|------------|-------------|
| PM     | 1         | 1         | 5             | 5                     | 10         |             |
| QRCM   | 0         | 1         | 4             | 4                     | 8          |             |
| PP     | 0         | 1         | 3             | 0                     | 3          | Hospitation |
| PF     | 0         | 1         | 2             | 2                     | 4          |             |
| **Gesamt** | **1** | **4**     | **14**        | **12**                | **25**     |             |

**Pflegepädagogik-(PP-)Trainee:** Bei einer beispielhaften Arbeitszeit des Trainees von 50 % werden drei Trainingstage geplant, die in diesem Beispiel für eine Hospitation in der Pflegeakademie verwendet werden; aus diesem Grund werden für die*den Trainee keine Trainer*innen-Tage berechnet, dementsprechend fallen insgesamt nur drei Vollzeittage an.

**Pflegefachlichkeit-(PF-)Trainee:** Bei einer beispielhaften Arbeitszeit von 25 % werden zwei Trainingstage geplant, was vier Vollzeittagen entspricht: zwei Tage des*r Trainer*in und zwei Tage der*des Trainees.

Die genannten Beispiele für die vier Bereiche der Shared Governance ergeben, wie in Tab. 3.3 dargestellt, insgesamt 25 zusätzliche Tage für Trainee und Trainer*innen (T&T-Tage), die zur Personalbemessung herangezogen werden müssen.

Zusätzlich bekommt jede*r Trainee im Rahmen des Traineeprogramms einen Tag pro Monat extra zu den genannten Trainer*innen- und Traineetagen, um die Einsatzaufgabe (definiert und formuliert gemeinsam mit ihren Trainer*innen, s. Abschn. 7.1) zu bearbeiten. Dieser Tag ist dabei unabhängig von der tatsächlichen Arbeitszeit. Die Einsatzaufgabe ist eine Traineeaufgabe für den jeweiligen Shared-Governance-Bereich, die jede*r Trainee individuell wählt, um sich intensiver mit dem Expertisebereich zu beschäftigen. Bei vier Trainees in diesem Beispiel entspricht das einer Personalbemessung von vier weiteren Arbeitstagen, die nicht in der direkten Patient*innenversorgung geplant sind, analog zur Berechnung der Shared-Governance-Führungsstruktur.

> **Annahmen für die VK-Berechnung des Trainee- und Learneeprogramms**
> 25 Trainee- und Trainer*innenarbeitstage/Monat
> + 4 Arbeitstage für die Traineeeinsatzaufgaben/Monat
> = **29 Arbeitstage für das Trainee- und Learneeprogramm/Monat**
> / 21,67 Arbeitstage/Monate/VK
> = **1,34 VK (für Trainee- und Learneeprogramm/Monat)**

Für das Trainee- und Learneeprogramm fallen für den ausgewählten Monat 29 Tage an, ohne Einbezug von Ausfall und Abwesenheit unter den oben genannten Annahmen. Das entspricht durchschnittlich ca. 1,34 VK. Für den Fall, dass in einem Bereich der Shared Governance mehr als ein Trainee gleichzeitig eingesetzt ist, wird empfohlen, alle Trainees einem*r Trainer*in zuzuteilen, sodass die Trainer*innentage des jeweiligen Bereichs so wenig wie möglich bleiben und keine unnötige Trainer*innenkapazität gebraucht wird. Dabei können mehrere Trainees von einem*r Trainer*in gleichzeitig betreut werden. Allerdings muss jeder Traineetag in der Personalbemessung berücksichtigt werden.

Für die Personalbemessung des Trainee- und Learneeprogramms ist ein Durchschnittswert zu berechnen, da die Variablen, die in die Berechnung einfließen (Anzahl der Trainees und Learnees, Arbeitszeit, externe Hospitationen etc.), mit der Zeit fluktuieren.

**Zusammenfassend** folgt ein Überblick über die Personalbemessung nach PPR 2.0 sowie über den zusätzlichen Bedarf der Shared-Governance-Führungsstruktur bei gleichzeitiger Umsetzung eines Trainee- und Learneeprogramms (daher 12 Tage/Monat für Führungsaufgaben), basierend auf den Beispielen der vorangehenden Abschnitte. Wie zuvor beschrieben, müssen dabei die bundeslandspezifischen sowie klinikbezogenen Kriterien, einschließlich Feiertage, Urlaubstage und sonstiger personeller Ausfälle, zwingend in der Feinplanung berücksichtigt werden. Diese Annahmen wurden für die Darstellung exemplarisch vereinfacht.

Für die Personalbemessung gemäß PPR 2.0 auf einer neurochirurgischen Allgemeinstation mit 22 Betten, inklusive 4 Monitorbetten (der Praxisentwicklungsstation am TUM Klinikum Rechts der Isar) sind im Durchschnitt 21 VK erforderlich. Dies wird typischerweise mit einer Besetzung von 5 (Frühdienst) – 4 (Spätdienst) – 2 (Nachtdienst) umgesetzt. Des Weiteren wird für die Umsetzung einer Shared-Governance-Führungsstruktur in Kombination mit dem Trainee- und Learneeprogramm ein Personalaufwand von ca. 0,55 VK für die Führungsaufgaben und ca. 1,34 VK für das Trainee- und Learneeprogramm berechnet:

| Personal gemäß der PPR 2.0: | | 21,00 | VK |
|---|---|---|---|
| Shared-Governance-Führungsstruktur: | + | 0,55 | VK |
| Trainee- und Learneeprogramm: | + | 1,34 | VK |
| Insgesamt: | | **22,89** | **VK** |

Dies zeigt, dass mit einem kreativen und innovativen Führungsansatz sowie mit Personalentwicklungsprogrammen und vergleichsweise geringem finanziellen Mehraufwand (insgesamt 0,55 VK + 1,34 VK = 1,89 VK) viel für die Mitarbeitenden bewirkt werden kann und so die Profession Pflege nachhaltig gestärkt wird. Am TUM Klinikum Rechts der Isar konnten mehrere messbare Vorteile einer Shared-Governance-Struktur und des Traineeprogramms auf der Praxisentwicklungsstation aufgezeigt werden (s. Abschn. 7.3). Die Umsetzung des Shared-Governance-Konzepts und eines Traineeprogramms erzielte eine hohe Anziehungskraft für Pflegefachpersonen. Gleichzeitig erhöhte sich der Anteil an weiterqualifizierten Pflegenden, sowohl durch Pflegende mit einer Weiterbildung oder einem Bachelorstudium als auch mit einem

Masterstudium. Als positiver Nebeneffekt reduzierten sich die Krankheitstage der Pflegenden um bis zu 40 % (s. Abschn. 7.3).

## 3.4 Dienstplan- und Ausfallmanagement im Rahmen der Shared Governance und eines Trainee- und Learneeprogramms

Im Rahmen einer Shared-Governance-Struktur sind die Pflegemanager*innen unter anderem für das Dienstplan- und Ausfallmanagement zuständig. Die Umsetzung einer Shared Governance mit den Bereichen Pflegemanagement, Qualitäts-, Risiko- und Chancenmanagement, Pflegepädagogik und Pflegefachlichkeit zuzüglich eines Trainee- und Learneeprogramms (s. Abschn. 5.5 und Kap. 7) erfordert zusätzliche Zeit sowohl für die Führungsaufgaben als auch für das Training der Trainees und Learnees (s. Abschn. 3.3). Im Folgenden wird das Dienstplan- und Ausfallmanagement am konkreten Beispiel der Praxisentwicklungsstation – einer Station mit 22 Betten inklusive 4 Monitorbetten der Neurochirurgie am TUM Klinikum Rechts der Isar – aufgezeigt.

Wie bereits dargelegt, steht für die Dienstplangestaltung den Pflegemanager*innen im Fall der Praxisentwicklungsstation gemäß PPR 2.0 eine Personalbemessung von 21 VK für die direkte Patient*innenversorgung zur Verfügung, die typischerweise mit einer 5-4-2 Besetzung (Frühdienst – Spätdienst – Nachtdienst) umgesetzt wird. Zusätzlich sind für die Abdeckung der genannten Führungsaufgaben sowie für das Training der Trainees und Learnees im Durchschnitt insgesamt 1,8 VK pro Monat einzuplanen: 0,55 VK für Führungsaufgaben und 1,3 VK für Trainee- und Learneetage (s. Abschn. 3.3).

Des Weiteren sind beim Dienstplan- und Ausfallmanagement die gesetzlichen und tariflichen Vorgaben (Arbeitszeitschutzgesetz, Einhalten der PPR 2.0, Vorgaben von G-BA-Beschlüssen etc.), flexible Arbeitszeiten sowie Vereinbarkeit von Familie und Beruf, der Skill-Grade-Mix, ein vorausschauendes Ausfallkonzept, Fort-/Weiterbildungen, Studientage, Praxisanleiter*innentage etc.) zu berücksichtigen (Albrecht, 2024; Feuchtinger & Schiffer, 2019; Herbold, 2023; Mühle et al., 2022; Träger & Krüger, 2020; Weiner, 2022). Die Einbeziehung dieser Themen ist etablierte Best Practice in der Dienstplangestaltung und wird typischerweise direkt durch zeitgemäße digitale Dienstplangestaltungsprogramme abgebildet. Aus diesem Grund wird hier darauf nicht weiter eingegangen.

**Dienstplangestaltung für die Shared Governance bei gleichzeitiger Umsetzung eines Trainee- und Learneeprogramms**
Bei der Dienstplanung einer Shared Governance mit einem Trainee- und Learneeprogramm für die Bereiche Pflegemanagement, Qualitäts-, Risiko- und Chancenmanagement, Pflegepädagogik und Pflegefachlichkeit ist zu berücksichtigen, dass einige Führungsaufgaben in unterschiedlichen Intervallen aufkommen. Für die Führungsaufgaben werden für jede der vier Führungspersonen jeweils drei Tage pro Monat zusätzlich zur Patient*innenversorgung eingeplant. Dies erfordert bei

vier Bereichen der Shared Governance insgesamt zwölf Tage pro Monat und entspricht ungefähr 0,55 VK (s. Abschn. 3.3).

Die restliche Arbeitszeit der Leader*innen wird je nach Arbeitszeit und Arbeitsmodell im Dreischichtbetrieb verplant. Dabei ist so zu planen, dass idealerweise immer ein*e Leader*in im Tagdienst als Führungsperson anwesend ist. Das Konzept der Shared Governance bildet sich im Dienstplan sowohl bei den Zeiten für die Führungsaufgaben als auch durch die besondere Bedeutung der Schichtleitung ab. Diese kann von allen Pflegefachpersonen, die in der direkten Patient*innenversorgung eingeteilt sind, übernommen werden.

Die Schichtleitungsfunktion spielt bei der Umsetzung und Nachhaltigkeit des Shared-Governance-Konzepts eine wichtige Rolle, da diese nur dann wirksam ist, wenn das gesamte Pflegeteam sowie Mediziner*innen und Therapeut*innen die jeweiligen Rollen kennen und aktiv damit umgehen. Bei der Planung der Schichtleitungen in den Expertisebereichen ist dennoch zu beachten, dass vorzugsweise Trainees oder entsprechend weitergebildete Personen der Schichtleitungsrolle zugeordnet werden. Zum Beispiel übernehmen Praxisanleiter*innen die pädagogische Schichtleitung und Wundmanager*innen die fachliche Schichtleitung. Bestenfalls ist eine komplette Abdeckung der Shared Governance mit den geplanten Pflegefachpersonen zu erreichen, sodass auch nicht weitergebildete Pflegefachpersonen alle Shared-Governance-Schichtleitungen übernehmen können, falls keine weitergebildeten verfügbar sind. Bei der Planung sind Trainees zu bevorzugen, damit diese lernen, Verantwortung zu übernehmen und mit den Rollen der Shared Governance vertrauter zu werden.

Die entsprechenden Schichtleitungsaufgaben und Verantwortlichkeiten der vier Shared-Governance-Bereiche sind nachfolgend exemplarisch dargestellt.

**Aufgaben der Schichtleitung Pflegemanagement**
- Personaleinsatzplanungen, die vom Dienstplan abweichen, unter Berücksichtigung der gesetzlichen Vorgaben (z. B. Mutter- und Jugendarbeitsschutz, PpUGV, PPR 2.0, G-BA-Beschlüsse, personelle Zertifizierungsanforderungen)
- Annahme und Klärung von Krank- und Gesundmeldungen
- Teilnahme an Besprechungen (s. Abschn. 3.5) und Ansprechpartner*in für andere Disziplinen
- Ansprechpartner*in für Bewerber*innen und neue Kolleg*innen
- Ansprechpartner*in auch bei unvorhergesehenen Situationen und Verantwortungsübernahme für die Lösungsfindung/Konfliktmanagement
- Einhaltung wirtschaftlichen Arbeitens

**Aufgaben der Schichtleitung Qualitäts-, Risiko- und Chancenmanagement**
- Einhaltung von Standards, Verwendung/Recherche von QM-Dokumenten und ggf. Schulung von Kolleg*innen
- Einhaltung von Hygienerichtlinien und Arbeitssicherheit sowie ggf. Schulung von Kolleg*innen
- Dokumentationskontrolle und Kontrolle des korrekten Ausfüllens von Protokollen

- Kontrolle der korrekten Beschriftung und Lagerung von Medikamenten (Anbruchs- und Ablaufdatum) und ggf. Schulung von Kolleg*innen zzgl. BTM-Kontrolle
- Erkennen von Risiken und Chancen im Arbeitsalltag und Entwicklung von Lösungen
- Teilnahme an Besprechungen (s. Abschn. 3.5) und Ansprechpartner*in für andere Disziplinen

**Aufgaben der Schichtleitung Pflegepädagogik**
- Zuordnung der Auszubildenden/Studierenden, Umsetzung der geplanten Praxisanleitungen
- Vorbereitung einer Willkommenskultur für die Lernenden
- Führen von Erst-, Zwischen- und Abschlussgesprächen und Dokumentation in Absprache mit den Praxisanleiter*innen
- Ansprechpartner*in für Berufsschulen/Lehrpersonen/zentrale Praxisanleiter*innen oder Integrations- und Anerkennungsmanager*innen
- Hilfestellung bei Lernaufträgen und Prüfungsleistungen
- Teilnahme an Besprechungen (s. Abschn. 3.5) und Ansprechpartner*in für andere Disziplinen

**Aufgaben der Schichtleitung Pflegefachlichkeit**
- Fachliche Begleitung, Beratung und Anleitung von Kolleg*innen, insbesondere in Bezug auf die Einarbeitung neuer Kolleg*innen
- Ansprechpartner*in für andere Professionen bei fachlichen Fragen (z. B. Wundexpert*in, ärztliches Personal, Physiotherapie, Ernährungsberatung etc.) und Weitergabe der Infos an das Team
- Auswahl und Durchführung von Assessments sowie Auswahl geeigneter Pflegeinterventionen
- Literaturrecherche zu fachlichen Fragestellungen und Kommunikation der Infos im Team
- Feststellung des Wissensstandes und der Kompetenz neuer Kolleg*innen und entsprechende Gestaltung der Einarbeitung
- Teilnahme an Besprechungen (s. Abschn. 3.5) und Ansprechpartner*in für andere Disziplinen

**Dienstplangestaltung für das Trainee- und Learneeprogramm**
Bei der Dienstplangestaltung sind die Trainingstage von Trainer*innen (Shared-Governance-Führungspersonen), Trainees (Pflegefachpersonen), und Learnees (Pflegeauszubildende und -studierende) explizit zu berücksichtigen. Den Trainees werden je nach Arbeitszeit zwei bis fünf Tage mit den Trainer*innen außerhalb der Patient*innenversorgung zur Verfügung gestellt (s. Abschn. 3.3), die bei der Dienstplangestaltung berücksichtigt werden. Zusätzlich erhalten die Trainees einen Tag pro Monat für die Bearbeitung der Einsatzaufgabe im Rahmen des Traineeprogramms, unabhängig von der Zeit für Patient*innenversorgung. Learnees hingegen bekommen nur einen Tag pro Ausbildungsjahr mit den jeweiligen Trainer*innen der Shared-Governance-Bereiche. Wird das Trainee- und Learnee-

programm auf einer Station umgesetzt, kann der*die Learnee an einem Trainer*innentag der*des Trainees teilnehmen, was Synergien bündelt und den Aufwand des*r Trainer*in reduziert.

Die Trainees lernen jeden der vier Expertisebereiche der Shared Governance für sechs Monate im Traineeprogramm kennen. Die Schichtleitungsrolle in den vier Bereichen ist prädestiniert, um die gelernten Inhalte mit den Trainer*innen in der Praxis anzuwenden und zu üben.

**Ausfallmanagement für die Shared Governance bei gleichzeitiger Umsetzung eines Trainee- und Learneeprogramms**

In der Patient*innenversorgung kommt es ungeplant zu Ausfällen von Pflegenden aufgrund von Krankheit, Arbeitsunfähigkeit etc. Die Aufgabe der Pflegemanager*innen ist es, im Rahmen des Ausfallmanagements adäquaten Ersatz für Ausfälle zu finden, um eine qualitativ hochwertige pflegerische Versorgung zu gewährleisten. Aufgrund des Mangels an Pflegefachpersonen ist das Ausfallmanagement häufig zeitaufwendig, kann oftmals zu Frustration führen und von anderen Aufgaben in der Managementfunktion und der Patient*innenversorgung ablenken. Laut einer Studie der Techniker Krankenkasse waren Pflegefachpersonen 2023 durchschnittlich 29,8 Tage pro Jahr krankgeschrieben. Im Vergleich dazu lag der Schnitt über alle Beschäftigungsgruppen für das gleiche Jahr bei 18,6 Tagen für alle Versicherten der Techniker Krankenkasse. Der Grund für die überdurchschnittliche Anzahl an Krankheitstagen bei den Pflegenden wurde in der Studie auf die hohen physischen und psychischen Belastungen zurückgeführt (Techniker Krankenkasse, 2024).

Ein effektives Ausfallmanagement soll die Patient*innenversorgung gewährleisten, die Arbeitsbelastung der Pflegenden durch den Ausfall nicht erhöhen und dadurch die Mitarbeiter*innenzufriedenheit erhalten (Träger & Krüger, 2020). Es ist ein dreistufiges, progressives Ausfallkonzept zu empfehlen, um Ausfallfluktuationen effektiv begegnen zu können, die durch die Variabilität der Krankmeldungen und des Ausmaßes des Mangels an Pflegenden hervorgerufen werden.

**Empfehlung für die Umsetzung eines dreistufigen Ausfallmanagements**

Die Ausfallmanagementstrategien variieren dabei abhängig vom Einzugsbereich: Station, Bereich oder Klinikum. So werden in der ersten Stufe, der Station, die Ausfallzeiten bei der Berechnung der Personalstellen und in der Dienstplanung durch Zwischendienste bereits berücksichtigt. In der zweiten Stufe, bei der Kompensierung der Ausfälle durch den Bereich, ist ein Same Day Council zu empfehlen. Als Same Day Council werden in diesem Buch Besprechungen für die Pflegefachpersonen verstanden, die zur geplanten Zeit im Dienst sind, um aktuelle Themen im Rahmen der Shared Governance zu besprechen (s. Abschn. 3.5) und eine bereichsweite Kompensierungsstrategie zu entwickeln. Des Weiteren kann ein Same Day Council dazu genutzt werden, sich funktionsübergreifend über die vier Bereiche der Shared Governance abzustimmen. In der dritten Stufe, der klinikumweiten Kompensierung, sind Poollösungen oder besser vergütete Dienste zu empfehlen. Wichtig ist, dass jede Pflegefachperson umfassend mit dem Ausfallkonzept vertraut ist, um in Zusammenarbeit mit dem ganzen Pflegeteam angemessen auf Ausfälle reagieren zu können.

Die Einführung der Shared Governance und die Umsetzung des Traineeprogramms führten auf der Praxisentwicklungsstation des TUM Klinikums Rechts der Isar zu einer deutlichen Reduzierung der durchschnittlichen Krankheitstage um bis zu 40 % (s. Kap. 7). Dies erleichtert das Ausfallmanagement, da im Durchschnitt mehr Dienste wie geplant gearbeitet werden.

**Empfehlung für die Umsetzung eines Ausfallmanagements im Rahmen der Shared Governance und des Trainee- und Learneeprogramms**

Das Ausfallmanagement bei Shared Governance und Umsetzung eines Trainee- und Learneeprogramms (s. Abschn. 5.5 und Kap. 7) stellt eine zusätzliche Herausforderung dar. So muss das Ausfallmanagement nicht nur die zu besetzenden Schichten in der direkten Patient*innenversorgung kompensieren, sondern es müssen auch die Shared-Governance-Führungstage und die Tage für das Trainee- und Learneeprogramm ermöglicht werden. Für die Kompensierung der Tage des Trainee- und Learneeprogramms ist zu beachten, dass die Trainer*innen in einer Beziehung zu den Trainees und Learnees stehen. Deshalb sind sowohl die Trainer*innentage als auch die Trainee- und Learneetage im Ausfallmanagement zu berücksichtigen. Ausfälle in der direkten Patient*innenversorgung sind nicht durch die Tage für die Führungsaufgaben der Shared Governance oder Trainingstage der Trainee- und Learneeprogramme zu kompensieren. Zeitgemäße Führungsstrukturen, wie die Shared Governance und innovative Programme, wie das Trainee- und Learneeprogramm, sind nur dann funktionsfähig, wenn sie zuverlässig umgesetzt werden.

Nachfolgend werden in Tab. 3.4 vier potenzielle Ausfallszenarien, inklusive zweier Kombinationen von Trainer*innen und Trainee/Learnee, sowie mögliche Optionen zur Kompensierung exemplarisch aufgezeigt.

**Tab 3.4** Ausfallszenarien und Lösungsmöglichkeiten

| Ausfallszenarien | Kompensation: Option 1 | Kompensation: Option 2 |
|---|---|---|
| Ausfall einer *Trainer\*in* an einem *Trainee- und Learnee-Trainings*tag | Der*die Trainee bearbeitet selbstständig die Einsatzaufgabe (ohne den*die Trainer*in) | Hospitationstage der*des Trainees oder Learnees können vorgezogen werden |
| Ausfall eines *Trainees oder Learnees* an einem *Trainer\*innen*tag | Prüfung eines Tauschs des Trainer*innentages mit einem Tag für Führungsaufgaben | Identifizierung eines alternativen Trainingstages im gleichen Monat |
| Ausfall eines*einer *Kolleg\*in\*in mit Schichtleitung* in einem der vier Shared-Governance-Bereiche | Der Verantwortungsbereich der ausgefallenen Schichtleitung wird auf die diensthabenden Pflegenden aufgeteilt | – |
| Ausfall einer *Pflegefachperson* in der direkten Patient*innenversorgung | Kompensierung durch dreistufiges Ausfallmanagement | – |

Zusätzliche Faktoren, wie zum Beispiel Praxisanleiter*innentage oder Fort- und Weiterbildungstage sind im Ausfallmanagement zu berücksichtigen, worauf hier aber nicht gesondert eingegangen wird.

## 3.5 Modernes Leadership – Kommunikation neu denken

Das Berufsfeld Pflege steht vor der Herausforderung, trotz knapper Personalressourcen und ständigen Zeitdrucks dringend benötigte Zeit für „patient*innenferne Tage" und Besprechungen einzuplanen und zu ermöglichen.

Bei der Einführung von Shared Governance können zusätzlich nötige zeitliche Ressourcen eine signifikante Barriere bei der Akzeptanz darstellen. Erfahrungen aus dem englischsprachigen Raum zeigen jedoch, dass Mitarbeitende in Shared-Governance-Teams zwar besonders zu Beginn der Veränderung mehr Zeit für Besprechungen aufbringen, sich jedoch die Besprechungszeit pro VK (Vollzeitäquivalent) insgesamt im Verlauf der Implementierung reduziert (Al-Ruzzieh et al., 2022; DeBaca et al., 1993). Ungeachtet dessen sind diese Bedenken ernst zu nehmen und Kommunikationsstrukturen zu etablieren, die sich gut in den oft prozessgesteuerten Krankenhausalltag integrieren lassen.

Darüber hinaus wird deutlich, dass die Einführung von Shared Governance neben den erforderlichen strukturellen Anpassungen eine Veränderung der Denkweise hin zu einer flexiblen, ermächtigenden Mentalität erfordert (s. Abschn. 2.4). Das dafür geeignete Führungsmodell lebt von Transparenz, gegenseitigem Vertrauen und Respekt, um eine Kultur zu leben, die Innovation, Kreativität und Zusammenarbeit fördert. Ziel ist es, eine agile und ermächtigende Arbeitsumgebung zu schaffen, die sowohl Flexibilität als auch Selbstständigkeit fördert.

Die Rolle der Führungspersonen entwickelt sich dabei von einem*r „Entscheidenden" hin zu einem*r „Impulsgebenden". Eine Kernaufgabe der Leader*innen ist es hierbei, aufkommende Impulse sinnvoll zu steuern. Solche Anregungen können durch die Praxis motiviert sein, beispielsweise durch Entwicklung einer neuen Standard Operating Procedure (SOP), oder extern bedingt sein, z. B. durch Digitalisierungsprojekte oder die Einführung neuer Personalbemessungsinstrumente. Shared Governance und Agilität ermöglichen eine schnelle Reaktion auf sich stetig verändernde Anforderungen und mehr Raum für Innovation als in klassisch hierarchischen Strukturen.

Um den Wandel zu Shared Governance erfolgreich und nachhaltig umzusetzen, braucht es demnach neue, flexible und dennoch verbindliche Strukturen. Die Einführung hierarchie- und berufsgruppenübergreifender „Councils" (s. Abschn. 2.2) ist ein wesentliches strukturelles Element der Shared Governance (Al-Ruzzieh et al., 2022; Hess et al., 2020a; Maucher et al., 2022).

**Die Bedeutung von Kommunikation für erfolgreiches Leadership**
Ein grundsätzlicher Unterschied zwischen klassisch-hierarchischen Führungsstrukturen in der Pflege und Shared Governance liegt in der Anzahl an Personen, die Führungsverantwortung übernehmen. Um einen reibungslosen Informations-

austausch zu gewährleisten, liegt demnach ein besonderes Augenmerk auf (teilweise tagesaktueller) transparenter und klarer Kommunikation. Relevante Inhalte müssen durch alle Shared-Governance-Bereiche (Pflegemanagement, Qualitäts-, Risiko- und Chancenmanagement, Pflegepädagogik und Pflegefachlichkeit) verständlich aufbereitet und einfach zugänglich gemacht werden. Nur so können der notwendige Austausch und Transparenz gelingen und die Motivation und das Engagement im ganzen Team langfristig bestehen bleiben. Auch „heikle" Themen, die erwartbar negative Reaktionen auslösen könnten, sind zuverlässig zu kommunizieren, um das Vertrauen der Teammitglieder zu bewahren. Eine Mischung aus festgelegten und flexiblen Kommunikationswegen ist die Grundlage, um im Rahmen der Shared Governance zu managen und Mitarbeitende langfristig zu empowern.

Bei aktuellen Themen, die intensivere Zusammenarbeit benötigen, werden zusätzliche Arbeitsgruppen gebildet. Hier haben nicht nur Führungspersonen der Bereiche Pflegemanagement, Qualitäts-, Risiko- und Chancenmanagement, Pflegepädagogik und Pflegefachlichkeit, sondern alle interessierten Kolleg*innen die Möglichkeit zur Gestaltung und Mitentscheidung. In der englischsprachigen Literatur zu Shared Governance und im Zusammenhang mit Magnet®-Kliniken werden diese Treffen als „Councils" bezeichnet (s. Abschn. 2.4) (Al-Ruzzieh et al., 2022; Hess et al., 2020a; Maucher et al., 2022). Um jeden Tag in kurzer Zeit die wichtigsten Informationen und Anliegen für den Tag auszutauschen, bieten sich sog. Huddles an, auf die in Abschn. 4.1 näher eingegangen wird. Ein weiteres Tool zur Sicherstellung wechselseitigen Austauschs sind Besprechungen in Präsenz, als Hybrid- oder Online-Format (Text und Video). Dies ermöglicht eine maximale Beteiligung aller Mitarbeiter*innen, unabhängig von Berufsgruppe, Dienstzeit und persönlichen Verpflichtungen.

**Neue Kommunikationswege: Etablierung eines Councils für die Shared-Governance-Führungspersonen einer Station**
Zur Etablierung der neuen Führungsstrukturen ist es besonders zu Beginn notwendig, Meetings der Shared-Governance-Bereiche fest im Dienstplan zu berücksichtigen, um den Austausch in und zwischen den vier Expertisebereichen sicherzustellen. Für eine effiziente Kommunikation ist es Voraussetzung, dass sich die Mitglieder des Führungsteams einmal in der Woche mit ihrer Rolle und den zugehörigen Aufgaben auseinandersetzen (s. Abschn. 2.2 und 7.1). Folgender beispielhafter Ablauf eines 30-minütigen Meetings hat sich in der Praxis, besonders bei Einführung von Shared Governance, bewährt:

1. Themensammlung
2. Themenzuordnung zu den jeweiligen Shared-Governance-Bereichen
3. Schnittstellen zu anderen Bereichen identifizieren
4. Nächste Ziele definieren
5. Nächste Schritte im jeweiligen Shared-Governance-Bereich planen (wenn hilfreich, unter Einbeziehung des PDCA-Zyklus, engl.: Plan, Do, Check, Act; s. Abschn. 7.2)

In der Anfangsphase kann diese Form der Zusammenkunft ungewohnt sein und daher mehr Zeit in Anspruch nehmen als später. Sie sollte jedoch gerade in der Startphase beibehalten werden, da sie die Rollenentwicklung der einzelnen Führungspersonen stärkt und gleichzeitig das Verständnis für die jeweils anderen Expertisebereiche fördert. Ein iteratives Vorgehen ist hier von Vorteil. Ziel ist es, sukzessive Fortschritte zu machen, Feedback zu integrieren und flexibel auf veränderte Anforderungen oder Erkenntnisse zu reagieren. Darüber hinaus ist es sehr hilfreich, wenn eine (moderationstechnisch geschulte) Person (s. Abschn. 2.4) an den Sitzungen teilnimmt und bei Bedarf unterstützt. Shared-Governance-Besprechungen brauchen eine Kultur des konstruktiven Feedbacks unter den Führungspersonen und ein gelebtes Chancenmanagement. Nur so ist es möglich, flexibel zu reagieren, Sicherheit zu vermitteln und Berechenbarkeit zu ermöglichen. Die so geschaffene Transparenz führt zu Risikominimierung, Planbarkeit, Inklusion und Motivation (Skarbek et al., 2022).

**Neue Kommunikationswege: Etablierung eines Same Day Councils als tägliches, stationsübergreifendes Informations- und Kommunikationstool**
Klassische, transaktionale Führungs- und Kommunikationsstrukturen einer All-in-One-Stationsleitung (ohne Shared Governance) bringen einige Nachteile mit sich. So kommen Mitarbeitende ohne Anwesenheit ihrer Führungsperson seltener selbstständig zu Problemlösungen und Entscheidungsfindungen, da das notwendige Wissen und die Verantwortungsübernahme eher zufällig gefordert sind und durch die Abwesenheit der ansonsten als zuständig und verantwortlich wahrgenommenen Person nur eine kurzfristige Motivation besteht. Probleme und ihre Lösungen werden dadurch ganztägig und möglicherweise unstrukturiert einzeln an führende Mitarbeiter*innen und Fachexpert*innen weitergeleitet. Dies bindet viel Arbeitszeit, führt zu häufigen Unterbrechungen und zu Schriftverkehr (ebenso Telefonanrufen, E-Mails etc.) und hat nicht selten zeitverzögerte, unvollständige Lösungen und Unzufriedenheit zur Folge.

Termine, die ausschließlich in Präsenz stattfinden, besonders fach- und stationsübergreifende Meetings, führen häufig zu Absagen oder geringer Teilnehmerzahl aufgrund verschiedener Tagesabläufe und Prioritätensetzung (Hess et al., 2020a; Maucher et al., 2022; Skarbek et al., 2022). Die Etablierung eines niederschwelligen, virtuell angesetzten Same Day Councils, an dem die Pflegefachpersonen teilnehmen, die zum Terminzeitpunkt im Dienst sind und ein gemeinsam zu lösendes Thema ansprechen wollen, ermöglicht hingegen die Wahrnehmung der Verantwortung durch jedes Teammitglied, das Erlernen von Lösungsstrategien und die Erfahrung, dass jede Pflegefachperson zu Lösungen beitragen kann.

**Vorgehensweise**
Ein*e Kolleg*in jeder Station nimmt täglich, auch an Wochenenden und Feiertagen, an dieser digitalen Frühbesprechung, dem Same Day Council, teil. Die niederschwellige Teilnahmemöglichkeit führt zu einer verlässlichen Teilnahme jeder Station, zu einem täglichen stationsübergreifenden Austausch zwischen den verschiedenen Expertisebereichen und zu konstruktiven Lösungen der anliegenden

Themen. Zusätzlich können bei Bedarf, z. B. bei aktuellen spezifischen Themen, weitere Personen des Pflegemanagements, des Qualitäts-, Risiko- und Chancenmanagements, der Hygiene, der Pflegepädagogik/zentralen Praxisanleitung und der Pflegefachlichkeit teilnehmen. Dies ist besonders in der Anfangsphase günstig und fördert den Implementierungsprozess (s. Abschn. 2.3).

Die Uhrzeit und die Dauer der Besprechung werden von den Teilnehmenden selbst festgelegt. Am TUM Klinikum Rechts der Isar hat sich eine Besprechungszeit wochentags um 10:00 Uhr für die Fachbereiche Neurochirurgie, Neurologie, Gefäßchirurgie, HNO, Strahlentherapie, Nuklearmedizin und Innere Medizin II und an Wochenenden/Feiertagen um 12:30 Uhr bewährt. In der Besprechung wird zunächst ein*e Moderator*in festgelegt, anschließend werden alle Themen der Shared-Governance-Bereiche besprochen und gemeinsam Lösungen erarbeitet. Die Gesprächsleitung ermutigt dabei die Kolleg*innen, selbst Lösungen zu entwickeln und Verantwortung zu übernehmen, was im Gespräch mit anderen oft besser gelingt.

Der Same Day Council soll unter dem Leitsatz „Wachse, indem du andere wachsen lässt" stattfinden. Das bedeutet, dass Pflegende wachsen, indem sie den Beteiligten Raum geben, sich zu entwickeln. Hilfreiche Fragen, angelehnt an die lösungsorientierte Beratung (s. Abschn. 2.4), könnten sein: Welche Lösungsideen gibt es? Was hat in der Vergangenheit gut funktioniert? Wie können wir gemeinsam zu einer Entscheidung kommen? Wobei genau wird Unterstützung benötigt? Diese selbst organisierte Zusammenarbeit verbessert den Zusammenhalt untereinander, fördert die persönliche Entwicklung und Arbeitszufriedenheit und ermöglicht es, Potenziale und Talente von Mitarbeitenden zu identifizieren.

**Beispielhaft werden nachfolgend einige typische tagesaktuell relevante Themen und Probleme aus den Shared Governance-Bereichen genannt:**
**Pflegemanagement:** Auslastung, Pflegeaufwand, Personalbesetzung/Personalausfall, Einhaltung gesetzlicher Vorgaben – zum Beispiel G-BA-Beschlüsse, Materialversorgung

**Qualitäts-, Risiko- und Chancenmanagement:** Skill-Grade-Mix je nach Pflegeaufwand, Risiken, z. B. Unklarheiten zu Hygienerichtlinien bei seltenen Infektionen

**Pflegepädagogik:** Einhaltung der geplanten Praxisanleitung für die Auszubildenden und Studierenden, Angebote von Praxisanleitungen

**Pflegefachlichkeit/Pflegewissenschaft:** Fachliche Themen, Pflegeprobleme, besondere Pflegephänomene

**Beispiele für Lösungsansätze zu den oben genannten, tagesaktuell relevanten Themen und Problemen**
**Pflegemanagement:** Personalausfälle können durch andere Stationen, in denen jemand zusätzlich eingeplant oder die Auslastung sehr gering ist, kompensiert werden und/oder auf aktuelle Arbeitsspitzen kann flexibel reagiert werden.

**Qualitäts-, Risiko- und Chancenmanagement:** Durch einen Personalausfall kann es dazu kommen, dass manche Stationen an einem Tag eine fachlich sehr gute Besetzung aufweisen und andere Stationen weniger. In der Besprechung kann dies geäußert werden, um eine qualitativ hochwertige Versorgung aller teilnehmenden Bereiche zu gewährleisten. Des Weiteren können Chancen und Risiken angesprochen werden, wie zum Beispiel das Nichteinhalten von Hygienerichtlinien wegen hohen Aufwands und knapper Besetzung.

**Pflegepädagogik:** Ein Dienstausfall eines*r dezentralen Praxisanleiter*in an diesem Tag kann durch eine*n andere*m, dezentrale*n oder zentrale*n Praxisanleiter*in übernommen werden oder es können durch eine für diesen Tag neu zu planende Gruppenanleitung Synergien geschaffen werden, um den Auszubildenden die Praxisanleitung trotz des Personalausfalls zu ermöglichen.

**Pflegefachlichkeit/Pflegewissenschaft:** Pflegefachliche Problemstellungen, Fragestellungen oder aufgetretene/auftretende Pflegephänomene können angesprochen werden – möglicherweise wurden vergleichbare Themen in einem anderen Bereich bereits gelöst; zudem kann eine Pflegefachperson mit einer passenden Weiterqualifizierung, z. B. ein*e Wundexpert*in für eine schwierige Wundversorgung, auf einer Station im Dienst sein, die aushelfen kann; oder das Thema wird an eine pflegefachliche Leitung weitergegeben, um im Rahmen des Wissensmanagements, z. B. mittels orientierender Literaturrecherche, einen angemessenen Umgang der jeweiligen Pflegefachperson der Station zum problematischen Thema einzuleiten.

Dieses tägliche Kommunikationsformat wird als Council (s. Abschn. 2.2) eingeordnet, da es durch die gemeinsame Entscheidungsfindung charakterisiert ist – daher auch der Name Same Day Council. Dabei besteht zwischen Same Day Council und Huddle (s. Abschn. 4.1) eine Verbindung, da beide Formate kurze, regelmäßige und effiziente Besprechungen sind, bei denen eine New-Work-Fehler- und -Führungskultur vorgelebt werden soll. Im Idealfall wird die Huddlemethode in die verschiedenen Councils integriert.

> Für eine transparente und erfolgreiche Kommunikation wird eine Kommunikationsmatrix empfohlen, die passend im Dienstplan geplant werden soll. Dabei ist die durchgängige Kommunikation von der höchsten Hierarchieebene bis hin zur jedem*jeder Mitarbeitenden darzustellen und eine verlässliche Vertretungsregelung von großer Bedeutung. Die Gestaltung der Kommunikation soll dem New-Work-Ansatz (s. Abschn. 1.1) mit den Ideen von Selbstständigkeit und Autonomie, Perspektive, Sinn und Teilhabe folgen. Im Anhang werden zwei Kommunikationsmatrizes dargestellt. Die erste Kommunikationsmatrix zeigt beispielhaft die Kommunikationswege einer gelebten Shared Governance in Universitätskliniken. Die zweite Kommunikationsmatrix stellt die Praxisentwicklungsstation dar, in welcher die Kommunikationsbedarfe des Traineeprogramms in die Shared-Governance-Führungsstruktur integriert sind.

## 3.6 Der Zukunft voraus mittels Shared-Governance-Dashboard und Pflegeforschungsregister

Ein evidencebasierter, datengesteuerter Ansatz in der Pflege kann direkt zu besseren Patient*innenergebnissen, einer erhöhten Effizienz und einem positiven Arbeitsumfeld beitragen. Durch die Nutzung von Daten in Kombination mit evidencebasierten Leitlinien können Pflegende fundierte Entscheidungen treffen, die die Qualität der Patient*innenversorgung verbessern. Dies kann nicht nur zu kürzeren Genesungszeiten und weniger Komplikationen, sondern auch zu einer insgesamt besseren Erfahrung für die Patient*innen und deren Angehörigen führen.

Pflegedashboards und Wissensmanagement spielen in diesem Kontext eine zentrale Rolle, indem sie aussagekräftige Key Performance Indicators (KPIs) bereitstellen. Diese helfen Kliniken und Pflegeeinrichtungen auf allen Führungsebenen, ihre Effektivität und Versorgungsqualität zu steigern, indem sie ihre langfristige Unternehmensstrategie sowie auf deren Grundlage die schnelle operative Strategie kontinuierlich anpassen und optimieren. Durch die regelmäßige Analyse dieser KPIs können Schwachstellen identifiziert und gezielt Maßnahmen zur Verbesserung der Pflegequalität ergriffen werden. Dadurch wird nicht nur die Patient*innenversorgung verbessert, sondern auch das Vertrauen in die Pflege gestärkt und die Autonomie der Pflegefachpersonen gefördert (Neugebauer & Stausberg, 2016; Kuchel et al., 2022; Kurtzman et al., 2008; Piech et al., 2021).

Für die langfristige Unternehmensstrategie relevante KPIs könnten beispielsweise die Patient*innenzufriedenheit, die Wiederaufnahmequoten und die Mortalitätsraten umfassen. Operativ relevante KPIs basieren typischerweise auf kürzeren Intervallen und beziehen sich häufig auf tägliche und wöchentliche Messgrößen, wie die Anzahl der behandelten Patient*innen, die durchschnittliche Behandlungsdauer und die Auslastung der Betten. Durch eine sorgfältige Analyse dieser KPIs und passende strategische Maßnahmen können Krankenhäuser sowohl ihre langfristigen Ziele erreichen als auch ihre täglichen Prozesse optimieren (Dowding et al., 2015; Kuchel et al., 2022).

Realtime-KPIs können jedoch nur wirksam genutzt werden, wenn Strukturen über alle Hierarchieebenen bestehen (z. B. Besprechungen oder entscheidungsbefugte Councils), die es erlauben, lösungsorientiert, konstruktiv und kreativ vorzugehen (Al-Ruzzieh et al., 2022; Hess et al., 2020a; Maucher et al., 2022). Beispiele hierfür sind ein wöchentlicher Shared-Governance-Führungscouncil einer Station für grundsätzliche, sich aus den KPIs ergebende Themen. In diesen Besprechungen werden wichtige Leistungskennzahlen wie Patient*innenzufriedenheit, Fehlerquoten und Personalengagement analysiert. Im Same Day Council, einer täglichen Frühbesprechung für Pflegende im Dienst (s. Abschn. 3.5), werden akut auftretende oder zu bearbeitende Themen, die sich aus den Informationen und Kennzahlen des Pflegedashboards zur zeitnahen Bearbeitung ergeben, besprochen und gemeinsam entschieden.

Durch die regelmäßige Überprüfung der Indikatoren können Führungspersonen und Mitarbeitende frühzeitig auf potenzielle Probleme reagieren und gezielte

Maßnahmen ergreifen. Dies fördert nicht nur eine kontinuierliche Verbesserung der Patient*innenversorgung, sondern stärkt auch das Vertrauen der Mitarbeitenden und ihre Motivation, da ihre Arbeit und ihre Entscheidungen unmittelbar zur Verbesserung der Patient*innenergebnisse beitragen. Zusätzlich fördern diese Besprechungen eine Kultur des offenen Dialogs und der gemeinsamen Verantwortung. Wenn alle Beteiligten regelmäßig über die Leistungskennzahlen informiert sind und die Möglichkeit haben, ihre Perspektiven und Vorschläge einzubringen, wird die Zugehörigkeit und Zusammenarbeit im Team nachhaltig gestärkt. So können innovative Ideen schneller umgesetzt und die Pflegeprozesse effektiver und effizienter gestaltet werden. Letztendlich profitieren sowohl die Patient*innen als auch das Pflegepersonal von einer solchen integrativen und datenunterstützten Arbeitsweise.

**Unternehmensstrategie**
Die Unternehmensstrategie ist für das Management handlungsleitend, was die Ziele und Vorgaben zur Erreichung langfristiger Ziele in verschiedenen Bereichen umfasst. Im Gesundheits- und Pflegesektor bedeutet dies typischerweise, dass Strategien entwickelt werden, um die Patient*innenversorgung zu verbessern, das Krankenhaus- und Pflegemanagement zu optimieren, die klinische Pflegepädagogik und -lehre zu fördern sowie die interprofessionelle und pflegerische Forschung voranzutreiben. Diese strategischen Ziele sind darauf ausgerichtet, nachhaltige Verbesserungen und Innovationen im Gesundheitswesen zu schaffen (Deerberg-Wittram, 2019).

Die Umsetzung einer Unternehmensstrategie wird anhand von Daten und Ergebnissen beurteilt. Einerseits wird die Wirksamkeit der ergriffenen Maßnahmen und andererseits werden Erfolgsfaktoren analysiert. Neben dem Wettbewerb als Gesundheitsdienstleister – und bei einem Universitätsklinikum als Forschungsstandort – spielt die Gewinnung und Bindung von Mitarbeitenden eine zentrale Rolle. In einem Umfeld, das von Fachkräftemangel und hohen Anforderungen geprägt ist, gilt es, qualifizierte Mitarbeiter*innen zu gewinnen und langfristig an das Unternehmen zu binden. Dies wird durch attraktive Arbeitsbedingungen, Weiterbildungsmöglichkeiten und ein unterstützendes Arbeitsumfeld erreicht (Boston-Leary & Stone, 2022).

**Operative Strategie:** Die operative Strategie hingegen konzentriert sich auf die Umsetzung der Unternehmensziele im täglichen Betrieb. Wesentlich für die operative Strategie ist die Sicherstellung einer effektiven Ressourcenallokation. Dies bedeutet unter anderem, dass Personal, finanzielle Mittel und Materialien so eingesetzt werden, dass eine exzellente und reibungslose Patient*innenversorgung gewährleistet ist. Dabei müssen Ressourcen effizient genutzt und optimal verteilt werden, um Engpässe zu vermeiden und die Qualität der Versorgung zu maximieren (Porter, 1996; Porter, 2008).

Die Fähigkeit, schnell, effektiv und kompetent auf Notfall- und Krisensituationen reagieren zu können ist ein weiterer zentraler Punkt der operativen Strategie. Dies erfordert gut durchdachte Notfallpläne, ein robustes Ausfallmanagement, regelmäßige Schulungen des Personals und eine flexible Organisationsstruktur, die es ermöglicht, rasch auf unvorhergesehene Ereignisse zu reagieren. Die kontinuierliche Forschung und Weiterentwicklung im medizinischen und pflegerischen Bereich trägt dazu bei, die Qualität der Versorgung zu verbessern und innovative Behandlungsmethoden zu entwickeln (Hess et al., 2020b).

**Notwendigkeit eines Shared-Governance-Pflegedashboards**
Ein Pflegedashboard, das in der Shared Governance auf die Informationsbedürfnisse der Führungspersonen und des gesamten Teams ausgerichtet ist, bietet erhebliche Vorteile bei der Steuerung der Pflege- und Versorgungsprozesse. Durch eine Reduktion der Komplexität und die Bereitstellung relevanter und systematisch erhobener, d. h. hochwertiger Daten können Führungspersonen fundierte Entscheidungen treffen und rasch auf Veränderungen reagieren. Die Teammitglieder haben dabei ebenso Einsicht und erleben die in der Shared Governance so wichtige Transparenz. Hier sind einige Anwendungsbeispiele für die jeweiligen Führungsbereiche:

**Pflegemanagement:** Ein Pflegedashboard kann wichtige Personalkennzahlen wie Ein- und Austrittsdaten, Altersstrukturen, Skill-Grade-Mix, Krankheitstage und Überstunden anzeigen. Diese Daten helfen Manager*innen, Personalplanung und -entwicklung besser zu steuern. Gleichzeitig kann die Relation des Pflege- und Versorgungsaufwands zur Personalsituation, auch im Vergleich zu anderen Stationen, dargestellt werden, wodurch die Belegung sinnvoll gesteuert werden kann. Zudem können gesetzlich vorgeschriebene Kennzahlen und mögliche Abweichungen ausgeleitet und überwacht sowie Maßnahmen daraus abgeleitet werden, um die Einhaltung von Regelungen sicherzustellen. Budgetkennzahlen wie die Auslastung von Stationen oder Funktionsbereichen, Kosten und Teilkosten für nicht durch das Pflegebudget abgedeckte Personen, Materialverbrauch sowie Belegungs- und Beköstigungstage bieten eine umfassende Einsicht in die finanzielle Situation und Ressourcennutzung.

**Qualitäts-, Risiko- und Chancenmanagement:** Ein Dashboard für diesen Bereich könnte die Erhebung und Überwachung von Pflegequalitätsindikatoren wie Dekubitus- und Sturzraten umfassen. Ebenso wichtig ist die Übersicht zu nosokomialen Infektionen, Medikationsfehlern und Patient*innenbeschwerden. Durch die Integration von Chancen- sowie Risikoanalysen und -bewertungen können potenzielle Gefahren frühzeitig identifiziert und entsprechende Maßnahmen ergriffen werden, um die Pflege- und Versorgungsqualität sowie die Patient*innensicherheit zu verbessern.

**Pflegepädagogik und klinische Ausbildung:** Hier kann ein Dashboard die Einhaltung der Praxisanleitungsstunden der Auszubildenden und Studierenden überwachen. Auch die Evaluierung der klinischen und theoretischen Ausbildung sowie die Überprüfung und Teilnahme an Kompetenzentwicklungs- und Schulungsmaßnahmen können hier erfasst werden. Dies stellt sicher, dass die klinische Ausbildung eine hohe Qualität erreicht, den gesetzlichen Anforderungen entspricht und kontinuierlich weiterentwickelt wird.

**Pflegefachlichkeit/Pflegewissenschaft:** In diesem Bereich kann ein Dashboard einen Überblick über die Analyse von Forschungsergebnissen und die Umsetzung evidencebasierter Praxis bieten. Es ermöglicht die Bewertung von Pflegeinterventionen, Maßnahmen und deren Ergebnissen. Die systematische Erfassung und Auswertung dieser Daten ermöglicht es den Pflegefachpersonen, die Qualität der Pflege kontinuierlich zu verbessern und die neuesten wissenschaftlichen Erkenntnisse in die Praxis umzusetzen.

Ein gut strukturiertes Pflegedashboard ist somit ein Werkzeug für Führungspersonen der Shared Governance, um eine effektive und qualitativ hochwertige Pflege sicherzustellen. Dieses Dashboard ermöglicht es, wichtige Kennzahlen und Datenpunkte übersichtlich darzustellen und auf dieser Grundlage fundierte Entscheidungen zu treffen. Es erleichtert die Nachverfolgung von Patient*innenergebnissen, die Ressourcenzuweisung und die Identifikation von Bereichen, in denen Maßnahmen für Verbesserungen eingeleitet werden sollten. Durch die kontinuierliche Überwachung und Analyse der Daten können Führungspersonen zeitnah auf Veränderungen reagieren und proaktiv Maßnahmen ergreifen.

**Forschungsregister**
Neben den praktischen Fähigkeiten ist auch Methodenkompetenz im wissenschaftlichen Bereich von Bedeutung. Pflegende sollen Forschungsergebnisse verstehen, sie interpretieren und in die Praxis transferieren. Dies erfordert eine solide Ausbildung in wissenschaftlichen Methoden sowie die Fähigkeit, kritisch zu denken und evidencebasierte Praktiken anzuwenden.

Die Etablierung eines Pflegeforschungsregisters für alle Bereiche der Shared Governance kann dabei unterstützen, dass sich nicht nur ein Teil der Pflege – traditionell die Pflegewissenschaft – mit Forschung beschäftigt, sondern dass ein Verständnis für die wissenschaftliche Fundierung pflegerischen Handelns in allen Expertisebereichen besteht. Ein Pflegeforschungsregister könnte den Austausch von Forschungsergebnissen fördern und dazu beitragen, dass innovative Ansätze und bewährte Verfahren in der gesamten Pflegepraxis implementiert werden. So könnte die Pflege als Disziplin in ihrer Gesamtheit wachsen und sich weiterentwickeln, was letztlich zu einer besseren Patient*innenversorgung führt.

**Notwendigkeit eines Pflegeforschungsregisters**
Für eine konsequent auf Patient*innensouveränität und Verbesserung der Versorgungsqualität ausgerichtete Unternehmensstrategie und ein effektives Management ist es wichtig, dass Entscheidungen auf Basis evidencebasierter, unternehmensinterner und durch Benchmarking vergleichbarer Daten getroffen werden. Dies erfordert eine zentrale Datenspeicherung und den kontinuierlichen Zugriff auf ein Register (Neugebauer & Stausberg, 2016). Dabei müssen alle Aspekte der Patient*innenversorgung, des Managements, der Lehre und der Wissenschaft berücksichtigt werden. Ein Live-Dashboard sowie ein Pflegeforschungsregister zeigen den Weg zu verbesserter Pflegequalität und unterstützen die Pflegenden und ihre Organisation bei einer strategisch angelegten, datenbasierten Planung.

## 3 Effektives Pflegemanagement für die Zukunft der Pflege

Ein Pflegeforschungsregister schafft Transparenz zu Forschungsprozessen sowie zwischen Führungspersonen und Pflegefachpersonen aus dem Pflegeteam sowie anderen Professionen. In Registern können wichtige Informationen, Daten, Forschungsfragen, -hintergründe, -methoden und -ergebnisse klar und übersichtlich dargestellt werden. Diese Transparenz stärkt die jeweiligen Führungs- und Fachbereiche, fördert die Zusammenarbeit an Forschungsschnittstellen, regt Diskussionen an und trägt insbesondere an Universitätskliniken zur Stärkung der Pflegeprofession und der interprofessionellen Zusammenarbeit bei. Tab. 3.5 zeigt Phasen, Elemente und Inhalte eines Versorgungsregisters (Neugebauer & Stausberg, 2016).

Die Implementierung eines solchen Registers würde maßgeblich dazu beitragen, innovative Lösungen für komplexe Pflegeprobleme zu finden. Langfristig gesehen führt dies zu einer umfassenderen und effektiveren Pflege, die den Bedürfnissen der Patient*innen besser gerecht wird und die Profession der Pflege stärkt und weiterentwickelt. Zudem kann eine stärkere Konzentration auf Pflegeforschung und -wissenschaft qualifizierte Pflegende mit dem Wunsch, eine wissenschaftliche Laufbahn einzuschlagen, wieder stärker an Kliniken führen und binden.

**Tab 3.5** Möglichkeiten eines Forschungsregisters (Neugebauer & Stausberg, 2016)

| Phase | Elemente | Inhalte |
|---|---|---|
| Planung | Fragestellungen und Aufgaben | – |
| | Datengrundlage | Zielgrößen, Einflussgrößen, Störgrößen |
| | – | Dokumentationseinheiten: Patient*innen, Maßnahmen, Ergebnisse, Rahmenbedingungen |
| | Zielpopulation, Quellpopulation und Auswertungskollektiv | – |
| | Erhebungsverfahren | Erhebungszentren, Meldeweg, Nachverfolgung, Zeitplanung, Plausibilisierung |
| | Trägerschaft und Verantwortlichkeiten | Organisation, Betrieb, Qualitätsmanagement (QM), Statistik, Finanzierung, Berichterstattung/Publikationen, Datenschutz/rechtliche Fragen |
| Entwurf | Datensatz | Merkmalkatalog |
| | – | Informationsmodell |
| | Meldung und Erfassung | Zeitpunkte, Datenumfang, Erfassungsformulare, Pseudonymisierung |
| | Datenmanagement | – |
| | Datenschutz, Recht und Ethik | – |
| | Analyseplan | Methoden, Zeitpunkte, Berichterstattung |
| | Rekrutierung der Zentren | Identifikation möglicher Melder, Anreizsysteme |
| | Beratungsgremium und Lenkungsausschuss | – |

**Empfehlung zur Umsetzung eines Pflegedashboards und eines Pflegeforschungsregisters**
Die Programmierung von Pflegedashboards und Pflegeforschungsregistern erfordert die direkte Zusammenarbeit von Pflegemanagement, Qualitäts-, Risiko- und Chancenmanagement, Pflegepädagogik und Pflegefachlichkeit mit Start-ups und IT-Unternehmen. Nur durch solch eine Kooperation können maßgeschneiderte Lösungen entwickelt werden, die für alle Beteiligten Vorteile bieten. Es ist von entscheidender Bedeutung, dass Dashboards und Forschungsregister so entwickelt werden, dass sie institutionsübergreifend, beispielsweise von allen Universitätskliniken oder Maximalversorgern, genutzt werden können. Auf diese Weise könnten Synergien genutzt und Vergleiche angestellt werden. Es ist dabei sicherzustellen, dass die Vorgaben der relevanten Datenschutz-Grundverordnung (DSGVO, 2016) eingehalten werden.

In den USA sind Pflege- und Medizininformatiker*innen in Krankenhäusern und Unternehmen der Gesundheitstechnologien in der Funktion als Chief Medical Information Officer (CMIO) und Chief Nursing Information Officer (CNIO) tätig. Die Kompetenzen der Führungspersonen in der Informatik, welche in der grundständigen Pflegeausbildung aktuell nicht regelhaft vermittelt werden, sind in diesem Kontext von besonderer Relevanz. Die Integration von Teilen der Pflegeinformatik in die Pflegeausbildung könnte eine Chance für die Zukunft darstellen (Parker, 2014).

## Literatur

Albrecht, A. (2024). So gelingt eine gute Dienstplanung. *Pflegezeitschrift, 77*(6), 14–16.
Al-Ruzzieh, M. A., Ayaad, O., & Hess, R. G., Jr. (2022). The role of participation in and effectiveness of shared governance councils in the nurses' perception of a professional practice work environment. *The Journal of Nursing Administration, 52*(1), 51–56.
Auffenberg, J., Becka, D., Schleicher, S., & Braun, E. (2022). „Ich pflege wieder, wenn …". Potenzialanalyse zur Berufsrückkehr und Arbeitszeitaufstockung von Pflegefachkräften. https://www.arbeitnehmerkammer.de/fileadmin/user_upload/Downloads/Politik/Rente_Gesundheit_Pflege/Bundesweite_Studie_Ich_pflege_wieder_wenn_Langfassung.pdf. Zugegriffen: 06. Mai. 2024.
Augurzky, B., Bünnings, C., Dördelmann, S., Greiner, W., Hein, L., Scholz, S., & Wübker, A. (2016). Die Zukunft der Pflege im Krankenhaus: Forschungsprojekt im Auftrag der Techniker Krankenkasse. Research Report. RWI Materialien, No. 104. Leibniz-Institut für Wirtschaftsforschung Essen. https://www.econstor.eu/bitstream/10419/141277/1/859784886.pdf. Zugegriffen: 06. 05. 2024.
Augurzky, B., & Finke, S. (2023). Vergütung der Pflege im Krankenhaus: Neue Ansätze. In J. Klauber, J. Wasem, A. Beivers, & C. Mostert (Hrsg.), *Krankenhaus-Report 2023*. Schwerpunkt: Personal. (S. 233–250). Springer. https://doi.org/10.1007/978-3-662-66881-8.
Bundesministerium für Gesundheit (BMG). (2022a). Angemessene Personalausstattung in der Pflege im Krankenhaus. https://www.bundesgesundheitsministerium.de/presse/pressemitteilungen/angemessene-personalausstattung-in-der-pflege-im-krankenhaus. Zugegriffen: 06. Mai 2024.

BMG. (2022b). Krankenhauspflegeentlastungsgesetz (KHPflEG). https://www.bundesgesundheitsministerium.de/ministerium/gesetze-und-verordnungen/guv-20-lp/khpfleg. Zugegriffen: 06. Mai 2024.

BMG. (2023). Referentenentwurf des Bundesministeriums für Gesundheit. Verordnung über die Maßstäbe und Grundsätze für die Bemessung des Personalbedarfs in der stationären Krankenpflege. https://www.bundesgesundheitsministerium.de/fileadmin/Dateien/3_Downloads/Gesetze_und_Verordnungen/GuV/P/RefE_PPBV.pdf . Zugegriffen: 06. Mai 2024.

BMG. (2024). Verordnung des Bundesministeriums für Gesundheit. Verordnung über die Grundsätze der Personalbemessung in der stationären Krankenpflege (Personalbemessungsverordnung – PPBV). https://www.bundesrat.de/SharedDocs/drucksachen/2024/0001-0100/65-24.pdf?__blob=publicationFile&v=2. Zugegriffen: 18. Mai 2024.

Boston-Leary, K., & Stone, B. (2022). The nursing profession circa 2030. *Nursing 2023, 52*(12), 34–39.

Datenschutz-Grundverordnung (DSGVO). (2016) Erwägungsgrund 157 Informationen aus Registern und wissenschaftliche Forschung* https://dsgvo-gesetz.de/erwaegungsgruende/nr-157/#:~:text=Erw%C3%A4gungsgrund%20157%20Informationen%20aus%20Registern%20und%20wissenschaftliche%20Forschung*&text=Durch%20die%20Verkn%C3%BCpfung%20von%20Informationen,Kreislauferkrankungen%2C%20Krebs%20und%20Depression%20erhalten. Zugegriffen: 18. Juni 2024.

DeBaca, V., Jones, K., & Tornabeni, J. (1993). A cost-benefit analysis of shared governance. *The Journal of Nursing Administration, 23*(7), 50–57. https://doi.org/10.1097/00005110-199307000-00014

Deerberg-Wittram,. (2019). Strategie: Pflege- und Medizinstrategie. In J. Prölß, V. Lux, & P. Bechtel (Hrsg.), *Pflegemanagement: Strategien, Konzepte, Methoden* (S. 49–51). MWV.

Destatis (2022). Pressemitteilung Nr. N026 vom 11. Mai 2022. https://www.destatis.de/DE/Presse/Pressemitteilungen/2022/05/PD22_N026_2313.html. Zugegriffen: 06. Mai 2024.

Deutsche Krankenhausgesellschaft (DKG). (2023). Auswirkungsanalyse zur Liquiditätsbeschleunigung im Pflegebudget. https://www.dkgev.de/fileadmin/default/Mediapool/1_DKG/1.7_Presse/1.7.1_Pressemitteilungen/2023/2023-11-20_Anlage_Analyse_Liquiditaet_Pflegebudget_KHTG.pdf. Zugegriffen: 06. Mai 2024.

DKG, DPR & ver.di. (2019). Eckpunkte für ein Gemeinsames Konzept für eine bedarfsgerechte Pflegepersonalausstattung im gesamten Krankenhaus auf allen bettenführenden Stationen. https://gesundheit-soziales-bildung.verdi.de/++file++5d52da48e999fb0cdd6dc790/download/2019-08-07_Gemeinsames%20Konzept%20PPBI_ver.di_DKG_DPR.pdf. Zugegriffen: 06. Mai 2024.

DKG & GKV-SV. (2024). Bericht über die Auswirkungen der Pflegepersonaluntergrenzen gemäß § 137i Absatz 6 SGB V. https://www.gkv-spitzenverband.de/media/dokumente/krankenversicherung_1/krankenhaeuser/pflegepersonaluntergrenzen/2024-01-22_KH_Gem_Bericht_ueb_d_Auswirkungen_d_PpUG_final.pdf. Zugegriffen: 18. Mai 2024.

Dowding, D., Randell, R., Gardner, P., Fitzpatrick, G., Dykes, P., Favela, J., & Currie, L. (2015). Dashboards for improving patient care: Review of the literature. *International Journal of Medical Informatics, 84*(2), 87–100. https://doi.org/10.1016/j.ijmedinf.2014.10.001

Deutscher Pflegerat (DPR). (2018). Stellungnahme des Deutschen Pflegerates e.V. (DPR) zum Referentenentwurf einer Verordnung zur Festlegung von Pflegepersonaluntergrenzen in pflegesensitiven Krankenhausbereichen für das Jahr 2019. https://www.bundesgesundheitsministerium.de/fileadmin/Dateien/3_Downloads/Gesetze_und_Verordnungen/Stellungnahmen_WP19/PpUGV/dpr_bmg_stellungnahme_PpUGV_130918.pdf. Zugegriffen: 06. Mai 2024.

DPR. (2023). Rahmenkonzept – Grundsätze PPR 2.0 für Erwachsene. https://deutscher-pflegerat.de/wp-content/uploads/2023/06/2023_06_23_Rahmenkonzept_Grundsaetze_PPR_2.0.pdf. 06. Mai 2024.

Evers, A. (2021). Ein grober Anhaltspunkt. Pflegepersonalquotient. *Die Schwester Der Pfleger. 2021*(12), (S. 62). https://www.bibliomed-pflege.de/sp/artikel/44422-ein-grober-anhaltspunkt. Zugegriffen: 06. Mai 2024.

Fachgesellschaft – Profession Pflege e. V. (2018). Stellungnahme zum Pflegepersonal-Stärkungs-Gesetz mit dem Fokus auf: Pflegebudgetvereinbarung, Pflegeerlöskatalog, Pflegebedarfsbemessung, Pflegepersonalquotient und einem Konzept zur Pflegepersonalbedarfsmessung. https://www.bundestag.de/resource/blob/571534/788d002361f19e1f9141ef3bcf3aa05e/19_14_0036-3-_fachgesellschaft-profession-pflege-e--v--_-ppsg-data.pdf. Zugegriffen: 06. Mai 2024.

Feuchtinger, J., & Schiffer, H. (2019). Skill- und Grademix in der Pflege im Krankenhaus. In J. Prölß, V. Lux, & P. Bechtel (Hrsg.), *Pflegemanagement: Strategien, Konzepte, Methoden* (S. 253–256). MWV.

GKV-Spitzenverband (GKV-SV). (2018). Pflegepersonaluntergrenzen in Krankenhäusern nach § 137i SGB V. Zwischenbericht des GKV-Spitzenverbandes und der Deutschen Krankenhausgesellschaft e.V. (DKG) an das Bundesministerium für Gesundheit. https://www.gkv-spitzenverband.de/media/dokumente/krankenversicherung_1/krankenhaeuser/pflegepersonaluntergrenzen/2018_01_30_Pflegepersonaluntergrenzen_Zwischenbericht_an_BMG.pdf. Zugegriffen: 06. Mai 2024.

GKV-Spitzenverband. (2023). Pflegepersonalquotient (PpQ). https://www.gkv-spitzenverband.de/krankenversicherung/krankenhaeuser/pflegepersonaluntergrenzen/pflegepersonalquotient/ppq.jsp. Zugegriffen: 06. Mai 2024.

Hentschker, C., Goerdt, G., & Scheller-Kreinsen, D. (2023). Das Pflegebudget der Krankenhäuser im dritten Jahr der Umsetzung: Analyse und Entwicklungen. In J. Klauber, J. Wasem, A. Beivers & C. Mostert (Hrsg.), *Krankenhaus-Report 2023. Schwerpunkt: Personal*. (S. 251–264, 251–266). Springer. https://doi.org/10.1007/978-3-662-66881-8.

Herbold, R. (2023). Personaleinsatzplanung und Ausfallmanagement. In *Moderne Stationsorganisation im Krankenhaus* (S. 75–109). Springer.

Hess, R. G., Jr., Bonamer, J. I., Swihart, D., & Brull, S. (2020a). Measuring council health to transform shared governance processes and practice. *The Journal of Nursing Administration, 50*(2), 104–108.

Hess, R. G., Jr., Weaver, S. H., & Speroni, K. G. (2020b). Shared governance during a pandemic. *Nurse Leader, 18*(5), 497–499.

Institut für das Entgeltsystem im Krankenhaus (InEK). (2011). Abschlussbericht. Weiterentwicklung des G-DRG-Systems für das Jahr 2012. Klassifikation, Katalog und Bewertungsrelationen. Teil 1: Projektbericht. https://www.g-drg.de/aktuelles/abschlussbericht-zur-weiterentwicklung-des-g-drg-systems-2012. Zugegriffen: 06. Mai 2024.

Kuchel, L., Grüssel-Griethe, F., & Vogt, B. (2022). Pflege in Zahlen. *Die Schwester der Pfleger 2022*(7), 58–61. SP_07-2022 (bibliomed-pflege.de). Zugegriffen: 18. Juni 2024.

Kurtzman, E. T., Dawson, E. M., & Johnson, J. E. (2008). The current state of nursing performance measurement, public reporting, and value-based purchasing. *Policy, Politics, & Nursing Practice, 9*(3), 181–191.

Maucher, H., Hepp, B., Keller, S., & Grässer, G. (2022). Shared governance: Alle Potenziale nutzen. *Pflegezeitschrift, 75*(4), 10–13.

Mayer, J. (2022). Personal innovativ entwickeln. *Pflegezeitschrift, 75*(7), 20–22.

Mühle, U., Lampmann, E., & Navarro, C. (2022). Pflegeorganisation und Pflegeprozesse – Harmonisierung von Dienstzeiten und Prozessen in der Pflege. In *Pflegemanagement und Innovation in der Pflege: Wie sich Mensch und Maschine sinnvoll ergänzen* (S. 191–201). Springer.

Neugebauer, E. A. M., & Stausberg, J. (2016). Was Register leisten können und was nicht. *Der Unfallchirurg, 119*(6), 493–500.

Parker, C. D. (2014). Nursing informatics leadership. *Nursing, 44*(12), 23–24. https://doi.org/10.1097/01.nurse.0000456384.48273.a7[18.06.2024]

Piech, L. K., Burke, C., & Johansen, M. L. (2021). Dashboards and report cards: Using staff performance to drive outcomes. *Nursing Management, 52*(3), 10–13.

Porter, M. E. (1996). What is strategy? *Harvard Business Review, 74*(6), 61–78.

Porter, M. E. (2008). *On competition*. Harvard Business School Publishing.

Pflegepersonal-Stärkungsgesetz – PpSG. (2018).In Bundesgesetzblatt: Vol. I (45). 2018. https://www.bgbl.de/xaver/bgbl/text.xav?SID=&tf=xaver.component.Text_0&tocf=&qmf=&hlf=xaver.component.Hitlist_0&bk=bgbl&start=%2F%2F Zugegriffen: 20. Mai. 2024.

Schmidt-Rumposch, A., & Hosters, B. (2022). Innovative und exzellente pflegerische Versorgung – Einsatz von Pflegeexperten und Advanced Practice Nurses im klinischen Kontext. In *Pflegemanagement und Innovation in der Pflege: Wie sich Mensch und Maschine sinnvoll ergänzen* (S. 47–60). Springer.

Schreyögg, J., & Milstein, R. (2016). Expertise zur Ermittlung des Zusammengangs zwischen Pflegeverhältniszahlen und pflegesensitiven Ergebnisparametern in Deutschland im Auftrag des Bundesministeriums für Gesundheit. Universität Hamburg. https://www.bundesgesundheitsministerium.de/fileadmin/Dateien/5_Publikationen/Pflege/Berichte/Gutachten_Schreyoegg_Pflegesensitive_Fachabteilungen.pdf. Zugegriffen: 06. Mai 2024.

Sim, J., Crookes, P., Walsh, K., & Halcomb, E. (2018). Measuring the outcomes of nursing practice: A Delphi study. *Journal of Clinical Nursing, 27*(1–2). https://doi.org/10.1111/jocn.13971.

Simon, M. (2007). Stellenabbau im Pflegedienst der Krankenhäuser. Eine Analyse der Entwicklung zwischen 1991 und 2005. Veröffentlichungsreihe der Evangelischen Fachhochschule Hannover. Blumhardt Verlag. https://f5.hs-hannover.de/fileadmin/HsH/Fakultaet_V/Bilder_Dateien/UEber_uns/Personen/07-001.pdf. Zugegriffen: 06. Mai 2024.

Simon, M. (2014). Personalbesetzungsstandards für den Pflegedienst der Krankenhäuser: Zum Stand der Diskussion und möglichen Ansätzen für eine staatliche Regulierung. Ein Diskussionsbeitrag. Hochschule Hannover. https://f5.hs-hannover.de/fileadmin/HsH/Fakultaet_V/Bilder_Dateien/UEber_uns/Personen/Simon_-_Paper_Personalbesetzungsstandards.pdf. Zugegriffen: 06. Mai 2024.

Simon, M. (2018). Von der Unterbesetzung in der Krankenhauspflege zur bedarfsgerechten Personalausstattung. Eine kritische Analyse der aktuellen Reformpläne für die Personalbesetzung im Pflegedienst der Krankenhäuser und Vorstellung zweier Alternativmodelle. https://www.boeckler.de/fpdf/HBS-006992/p_fofoe_WP_096_2018.pdf. Zugegriffen: 06. Mai 2024.

Simon, M. (2019). Zur geplanten Entwicklung eines neuen Instrumentes für die Personalbedarfsermittlung im Pflegedienst der Krankenhäuser. Hochschule Hannover. https://f5.hs-hannover.de/fileadmin/HsH/Fakultaet_V/Bilder_Dateien/UEber_uns/Personen/Simon__2019__Zur_angekuendigten_Entwicklung_eines_neuen_Instrumentes_fuer_die_Personalbemessung_im_Pflegedienst.pdf. Zugegriffen: 06. Mai 2024.

Simon, M. (2022). Pflegenotstand auf Intensivstationen. Berechnungen zum Ausmaß der Unterbesetzung in deutschen Krankenhäusern. Hans Böckler Stiftung. https://www.boeckler.de/fpdf/HBS-008331/p_study_hbs_474.pdf. Zugegriffen: 06. Mai 2024.

Skarbek, A., Mastro, K. A., Kowalski, M. O., Caruso, J., Cole, D. A., De Cordova, P. B., & Weaver, S. H. (2022). Nursing work environment staffing councils: An alternative to mandatory regulated staffing ratios. *The Journal of Nursing Administration, 52*(7/8), 419–426.

Specchia, M. L., Cozzolino, M. R., Carini, E., Di Pilla, A., Galletti, C., Ricciardi, W., & Damiani, G. (2021). Leadership styles and nurses' job satisfaction. Results of a systematic review. *International Journal of Environmental Research and Public Health, 18*(4), 1552. https://doi.org/10.3390/ijerph18041552.

Speroni, K. G., Wisner, K., Ober, M., Haines, F., Walters, C., & Budhathoki, C. (2021). Effect of shared governance on nurse-sensitive indicator and satisfaction outcomes by Magnet® recognition status. *The Journal of Nursing Administration, 51*(7/8), 379–388.

Techniker Krankenkasse. (2024). Zum Tag der Pflegenden: Krankenstand auf neuem Höchstwert. Die Techniker. https://www.tk.de/presse/themen/pflege/pflegepolitik/krankenstand-bei-pflegekraeften-auf-rekordhoch-2149302. Zugegriffen: 18. Juni 2024.

Träger, J. H., & Krüger, R. (2020). Arbeitszeitstrukturen und Ausfallmanagement neu denken. *Pflegezeitschrift, 73*, 13–15.

Vahs, D. (2009). *Organisation: Ein Lehr- und Managementbuch.* Schäffer-Poeschel.

Weiner, T. (2022). Skill- und Grade-Mix im Kontext des Fachkräftemangels – Praktische Umsetzung und Handlungsempfehlungen für eine erfolgreiche Umsetzung im klinischen Alltag.

In *Pflegemanagement und Innovation in der Pflege: Wie sich Mensch und Maschine sinnvoll ergänzen* (S. 37–45). Springer.

Zimmermann, C., & Schwappach, D. (2021). Interaktives Lernen im Room of Horrors, Manual für Spitäler. Stiftung Patientensicherheit, Zürich. https://patientensicherheit.ch/wp/wp-content/uploads/2023/03/Room_of_Horrors_Manual_Spit_ler_D_V2.pdf. Zugegriffen: 18. Juni 2024.

# 4 Kreatives Qualitäts-, Risiko- und Chancenmanagement

Laura Gerken, Stefanie Reisinger, Andrea Ellermeyer, Regina Weinzierl, Julia Mayer, Nora Kobertz, Elena Wuzel und Ronny Czäczine

Das folgende Kapitel befasst sich mit den Themen eines zukunftsfähigen und kreativen Qualitäts-, Risiko- und Chancenmanagements. Der Abschnitt zum „Room of Horrors" demonstriert eine Möglichkeit, wie die Risikoidentifizierung interprofessionell auf pfiffige und spannende Weise erlernt und geübt werden kann. Eine evidencebasierte Versorgung und Qualität bedingen sich gegenseitig, sodass sich die Frage nach der Darstellung der Pflegequalität stellt. Die Entwicklung aussagekräftiger Indikatoren für Pflegequalität obliegt der Pflegewissenschaft, während die Erhebung diesbezüglicher Daten und der Vergleich des eigenen Zuständigkeitsbereichs mit anderen (also das Benchmarking) eine Aufgabe der Qualitätsmanager*innen ist. Im Folgenden werden die damit verbundenen Führungsaufgaben im Rahmen der Shared Governance aufgezeigt und es wird dargelegt, wie Leadership in den verschiedenen Expertisebereichen die Versorgungsqualität, deren

---

L. Gerken (✉)
Klinik und Poliklinik für Neurochirurgie, TUM Klinikum Rechts der Isar, München, Deutschland
E-Mail: newworkinnursing@gmail.com

S. Reisinger · A. Ellermeyer · R. Weinzierl
München, Deutschland

J. Mayer
Mannheim, Deutschland

N. Kobertz
Köln, Deutschland

E. Wuzel
Berlin, Deutschland

R. Czäczine
Halle (Saale), Deutschland

© Der/die Autor(en), exklusiv lizenziert an Springer-Verlag GmbH, DE, ein Teil von Springer Nature 2025
J. Mayer et al. (Hrsg.), *New Work im Krankenhaus*,
https://doi.org/10.1007/978-3-662-70410-3_4

Abbildbarkeit und Darstellung erreichen kann. Voraussetzung dafür ist eine zeitgemäße Fehlerkultur, die als ein Teil der Arbeitskultur bestimmt ist von der gelebten Führungskultur, also der in den Expertisebereichen gemeinsamen Vorstellung von Leadership.

## 4.1 Fehlerkultur als Leadershipaufgabe

Fehlerkultur kann nicht als einzelne Maßnahme, sondern muss als Teil der Führungskultur gesehen werden. Wie Leadership die nachhaltige Implementierung einer zeitgemäßen Fehlerkultur erreichen kann, soll nachfolgend genauer beleuchtet werden.

Doch was genau macht eine effektive Fehlerkultur aus? Aktuelle Forschungserkenntnisse zeigen, dass eine positive Fehlerkultur bestimmend für die Patient*innensicherheit ist. Sie wirkt sich auf die jeweiligen Outcomes der Patient*innen und zudem auch positiv auf die Zufriedenheit der Mitarbeitenden aus (Alanazi et al., 2022). Eine Vielzahl an Faktoren bestimmt ihre erfolgreiche Umsetzung: die Pflegepersonen selbst, deren Arbeitsumfeld, ihre Einstellung zum Thema Patient*innensicherheit und auch die Führungspersonen (Alanazi et al., 2022; Han et al., 2020; Lee et al., 2018; Stalpers et al., 2015). Die Einstellung zur Patient*innensicherheit wird maßgeblich von einer effektiven Teamarbeit, einer konstruktiven Zusammenarbeit und einem starken Zusammenhalt innerhalb des Pflegeteams beeinflusst. Zudem wird der Umgang der Führungspersonen mit Fehlern als wesentlich genannt (Alanazi et al., 2022; Ausserhofer et al., 2013; Brown & Wolosin, 2013; Han et al., 2020; Hessels et al., 2019; Olds et al., 2017). Angst vor Bestrafung zu haben hat zur Folge, dass Fehler nicht oder weniger gemeldet werden (Olds et al., 2017).

Für eine der Shared-Governance-Arbeitskultur entsprechende Fehlerkultur ist es folglich wichtig, dass mit Fehlern konstruktiv umgegangen und davon ausgegangen wird, dass alle ihr Bestes geben (s. Abschn. 2.2). Dementsprechend sind Fehler als kritischer Hinweis und Anlass für Reflexion und Weiterentwicklung zu sehen. Eine offene Kommunikation und eine präsente Lernkultur im pflegerischen Team unterstützen diese Position zum Umgang mit Fehlern (Taylor et al., 2012). Ein Review von Alanazi et al. (2022) zeigt, dass sich eine von Führungspersonen vorgelebte sanktionsfreie Fehler- und Sicherheitskultur positiv auf Patient*innen in Bezug auf Stürze, das Entstehen von Dekubitalulzera, Medikamentenfehler und die Patient*innenzufriedenheit auswirkt, während ein Fehlen der genannten Faktoren umgekehrt zu schlechteren Outcomes führt (Alanazi et al., 2022; Han et al., 2020).

Daten zu pflegerischen Fehlern in Deutschland sind kaum vorhanden, da dafür zunächst Qualitätskriterien für die Pflege definiert werden müssten (Bauer & Gronemeyer, 2022). Dennoch besteht kein Zweifel, dass Fehler im Gesundheitswesen passieren und dies schwerwiegende Folgen für Patient*innen haben kann (Mohsenpour et al., 2017).

Für eine nachhaltige Implementierung einer effektiven Fehlerkultur sind ein gemeinsames Verständnis von Leadership, Shared Governance (s. Kap. 2) und eine entsprechende Führungsstruktur hilfreich. Regelmäßiger Austausch sowie die Betrachtung von Fehlern aus den verschiedenen Blickwinkeln heraus ermöglichen eine gemeinsame und gleichzeitig differenzierte Herangehensweise, um mit Fehlern konstruktiv umzugehen und sie zukünftig zu vermeiden. So kann das Pflegemanagement beispielsweise die Abläufe und Prozesse einer Station analysieren und die Personaleinteilung evaluieren. Die Aufgabe der Pflegefachlichkeit besteht in der Recherche und Auswertung wissenschaftlicher Literatur zum problematischen Thema, um anschließend eine evidencebasierte Empfehlung zur Fehlervermeidung und Verbesserung der Patient*innenversorgung auszusprechen. Die Pflegepädagogik nutzt dieses neue Wissen, um Kolleg*innen sowie Auszubildende und Studierende zu schulen und anzuleiten. Die Dokumentation der Häufigkeit und der Umstände des Auftretens von Fehlern fallen in den Aufgabenbereich des Qualitäts-, Risiko- und Chancenmanagements. So kann das Führungsteam gemeinsam Strategien entwickeln und Fehler werden als Lernmöglichkeit für das gesamte Team betrachtet. Die Führungspersonen selbst kommunizieren ihre eigenen Fehler offen und leben so einen konstruktiven Umgang damit vor.

Ein wichtiges Tool im Umgang mit Fehlern stellt darüber hinaus die anonyme Meldung von Fehlern gemäß den Vorgaben des Gemeinsamen Bundesausschusses (G-BA) (2016) dar. Demnach sind Krankenhäuser im Rahmen der Qualitätssicherung und des Risikomanagements verpflichtet, ein niederschwellig zugängliches Fehlermeldesystem für freiwillige, anonyme und sanktionsfreie Meldungen vorzuhalten. Die Meldungen sollen einrichtungsintern und auch einrichtungsübergreifend für die Ableitung von Maßnahmen zur zukünftigen Vermeidung gleicher oder gleichartiger Fehler bieten. Ein weitverbreitetes und etabliertes Fehlermeldesystem ist das Critical Incident Reporting System (CIRS: Critical Incident Reporting System, ein anonymes Meldesystem im europäischen Gesundheitswesen für Beinahefehler oder kritische Ereignisse als Teil des Risikomanagements z. B. in einem Krankenhaus). Die Meldung von Fehlern oder Beinahefehlern schützt die meldende Person vor Sanktionen und Patient*innen bestenfalls vor diesen Fehlern. Führungsaufgabe ist dabei nicht die Übernahme der Fehlermeldung, sondern die Etablierung des richtigen Umgangs mit dem Fehlermeldesystem. Die einrichtungsinterne Auswertung der gemeldeten Fehler fällt in den Aufgabenbereich des Qualitäts-, Risiko- und Chancenmanagements, während die Ableitung geeigneter Maßnahmen in Zusammenarbeit mit den pflegewissenschaftlich ausgebildeten Pflegenden erfolgen soll. Im Sinne der Shared Governance eignet sich z. B. ein entsprechender Council (s. Abschn. 2.2) dazu.

Auch die Nutzung von Kommunikationsstrukturen für alle an der Patient*innenversorgung beteiligten Berufsgruppen stellt einen wichtigen Aspekt bei der Schaffung einer konstruktiven Arbeits- und Fehlerkultur dar. Patient*innenversorgung geschieht interprofessionell und rund um die Uhr – daher müssen alle Beteiligten inter- und intraprofessionell die Möglichkeit der Mitsprache und Vernetzung bekommen, beispielsweise auch Kolleg*innen, die häufig nachts arbeiten. Die in Abschn. 2.2 vorgestellten Councils – vergleichbar mit Arbeitsgruppen zu bestimmten Themen – sind eine effektive Möglichkeit, um die Bedürfnisse der Pflegenden und interprofessionellen Versorgungsteams, die täglichen Herausforderungen und konkreten Lernbedarfe zu bearbeiten (Thomas et al., 2022). Durch einen Night-Shift-Council erhalten Pflegende, die sonst eher aus dem alltäglichen Klinikgeschehen herausfallen und nachts mit limitierten Ressourcen arbeiten, die

Möglichkeit, ihre Wünsche und Bedürfnisse einzubringen und ihr spezifisches Arbeitsumfeld zu gestalten. Solche Vernetzungsstrukturen können dazu beitragen, dass mögliche fehlerbegünstigende Umstände frühzeitig erkannt und behoben werden. Ein Beispiel dafür ist die Einführung einer*eines Clinical Nurse Specialist, welche*r nachts arbeitet und Pflegende in den Bereichen Edukation, Versorgung komplexer Patient*innen und bei Notfällen unterstützt (Fischer-Cartlidge et al., 2020).

Ein weiterer Beitrag für die praktische Umsetzung von Fehlerkultur sind sog. Huddles. Huddles bezeichnen kurze, effiziente, auf aktuelle Themen und Prioritäten fokussierte Stand-up-Meetings innerhalb eines Teams oder einer Abteilung. Die Beliebtheit dieser Form der Kommunikation ist insbesondere in agilen und dynamischen Arbeitsumgebungen zu beobachten, die ihre Prozesse an New-Work-Prinzipien ausrichten. Die im Rahmen der Shared Governance vorgesehenen Councils werden üblicherweise als Arbeitsgruppen oder -gremien betrachtet, in denen Themen langfristig behandelt werden (s. Abschn. 2.2). Um Shared Governance mit den Ideen von New Work zu verknüpfen und gleichzeitig eine konsistente Sprache zu fördern, können Huddles in der Shared Governance als Same Day Councils bezeichnet werden.

Diese Kurzmeetings werden häufig morgens im interprofessionellen Team abgehalten und behandeln tagesaktuelle Themen der Patient*innenversorgung ebenso wie aufgefallene Problematiken oder Qualitätsthemen (Goldenhar et al., 2013; Martin & Ciurzynski, 2015; Pimentel et al., 2021). Ein Review von Pimentel et al. (2021) belegt, dass sich Huddles unmittelbar auf die Fehler- und Führungskultur auswirken, dass sie das Sicherheitsklima und das Situationsbewusstsein schärfen sowie Effizienz, Kommunikation, Engagement und Selbstwirksamkeit stärken. Huddles bieten somit eine effektive Möglichkeit, alle Teammitglieder zu informieren, potenzielle Probleme anzusprechen, Teamabsprachen zu treffen und sicherzustellen, dass alle an der Patient*innenversorgung Beteiligten über den gleichen Wissensstand verfügen (Pimentel et al., 2021). Eine interprofessionelle Kurzbesprechung stellt eine Methode dar, welche Fehlerkultur bereits zu Beginn des Tages bewusst macht und welche Transparenz, Vernetzung und gemeinsame Gestaltung fördert.

**Organisationales Lernen**

Aus systemtheoretischer Perspektive ist eine Organisation als lebendiges und lernendes System zu betrachten. Die Organisation muss sich kontinuierlich an komplexe und sich wandelnde Prozesse innerhalb und außerhalb des eigenen Systems anpassen: „Organisationales Lernen bezeichnet einen von der Organisation regulierten, kollektiven Lernprozess, bei dem individuelle und gruppenbezogene Lernerfahrungen in organisationale Routinen, Prozesse und Strukturen überführt werden, die ihrerseits wiederum das zukünftige Lernen einzelner Organisationsmitglieder beeinflussen" (Schilling & Kluge, 2013, S. 235). Organisationales Lernen stellt folglich einen dynamischen Prozess dar, welcher sich gemäß Crossan et al. (1999) in vier Phasen unterteilen lässt. Die erste Phase des organisationalen Lernens, die als Intuition bezeichnet wird, findet auf der individuellen Ebene statt.

Dabei entwickelt ein Individuum eine Idee oder einen Lösungsvorschlag. In der zweiten Phase, der Interpretation, erfolgt eine Diskussion des Vorschlags mit den übrigen Organisationsmitgliedern. In der dritten Phase, der Integration, wird der Vorschlag schließlich in ein gemeinschaftliches, kodiertes Verhalten überführt. In der finalen Phase, der Institutionalisierung, erfolgt die Integration des Verhaltens in die organisationalen Routinen (Crossan et al., 1999).

Der Prozess des organisationalen Lernens ist bei der Entwicklung einer effektiven und sicheren Führungskultur von Bedeutung, da die Entwicklung einer Kultur nur durch die Mitwirkung aller Beteiligten eines Systems gelingen kann. Führungspersonen gehen als Vorbilder voran und entwickeln Ideen für die Umsetzung der neuen Kultur. In der Folge wird dies im Team aufgegriffen, diskutiert, gegebenenfalls modifiziert und erlernt, bis schließlich das Team dieses Verhalten – auch ohne die Anwesenheit der Führungsperson – internalisiert und institutionalisiert hat.

Die praktische Umsetzung von organisationalem Lernen soll an einem Beispiel des Traineeprogramms auf der Praxisentwicklungsstation (s. Kap. 7) verdeutlicht werden. Das Leadershipteam der Praxisentwicklungsstation hatte sich zum Ziel gesetzt, eine Kultur auf der Station zu etablieren, in der das Hinterfragen von Sachverhalten und das Nachfragen bei Unsicherheit oder Unwissenheit als konstruktiv und positiv bewertet wird. Die Bereitschaft, eigene Unkenntnis durch Nachfragen zu überwinden, sollte dazu führen, dass das gesamte Team lernt, pflegerische Maßnahmen sicher und kompetent durchzuführen. Alle Führungspersonen verhielten sich hierbei insofern vorbildlich, als sie demonstrierten, wie der Kulturwandel im pflegerischen Alltag umgesetzt werden kann. Durch Aussagen wie: „Ich weiß nicht, wie man dieses neu eingeführte Medikament appliziert. Lass uns gemeinsam beim Informationsdienst der Apotheke nachlesen, dann können wir es korrekt verabreichen" oder „Das ist eine gute Frage, ich weiß das leider auch nicht. Lass uns doch gemeinsam bei der Pflegewissenschaft nachfragen, ob es dazu neue Forschungsergebnisse gibt", wird dem Team vermittelt, dass das Eingeständnis von Unwissenheit Fehler vermeidet und die Möglichkeit des gemeinsamen Lernens eröffnet. Außerdem wird signalisiert, dass Nachfragen bei Nichtwissen keine Sanktion oder Degradierung zur Folge hat, sondern die Patient*innenversorgung sicherer werden lässt und ein Wissenszuwachs entsteht.

Durch derartige Kommunikationsprozesse im Alltag sowie die Präsenz von Führungspersonen in der Patient*innenversorgung kann diese Kultur etabliert und verstetigt werden und unerwünschte Abweichungen können unmittelbar aufgegriffen und erörtert werden. Beispielhaft sei hier die Frustration eines Mitarbeitenden über die andersartige Vorgehensweise eines neuen Kollegen bei der Wundversorgung angeführt. Die Reaktion der Führungsperson sollte das proaktive Vorgehen des neuen Kollegen herausstellen und sein Nachfragen und Einbringen positiv bewerten: „Ich verstehe, dass es eine negative Reaktion bei dir auslösen kann, dass der neue Kollege die Dinge bei der Wundversorgung ganz anders macht. Kann es sein, dass es für uns hilfreich ist, dass er so proaktiv nachfragt und uns damit auf neue Ideen bringt? Ich vertraue deiner Fachexpertise sehr. Würdest du mit ihm gemeinsam unsere fachliche Leitung nach Literatur zu dem Thema fragen und so klären, welche Wundversorgung hier am geeignetsten wäre? Dann können wir alle etwas Neues lernen." Zur Übung und Reflexion einer angemessenen Gesprächsführung durch die Führungspersonen sollte diese Unterstützung von einer fachlich kompetenten Person angeboten werden (s. Abschn. 2.4).

Beobachtungen zeigen, dass eine Entwicklung des gesamten Teams eintrat, nachdem die Führungspersonen durch wiederholtes Vorleben und eine anhaltende Begeisterungsfähigkeit zu den Themen Fehlerkultur, fachliche Weiterentwicklung und gemeinsames Lernen den Grundstein für eine neue Kultur gelegt hatten. Dies zeigte sich etwa auf der Ebene der Ausbildung, da auch Auszubildende durch das offene und lernbereite Verhalten der pflegerischen Kolleg*innen inspiriert wurden. Der beschriebene Lernprozess wurde schließlich in den monatlichen Stationsbesprechungen institutionalisiert. Im Rahmen dieser Besprechungen wurden etwaige Fehler und CIRS-Fälle offen diskutiert, aufkommende Fragestellungen durch das Shared-Governance-Führungsteam aufbereitet und mit dem Team hinsichtlich ihrer Relevanz und Dringlichkeit evaluiert.

Für das Risikomanagement und die Patient*innensicherheit sind also eine passende Fehlerkultur und diesbezügliches Leadership wichtig. Die Entwicklung dazu bietet gleichzeitig Chancen, die Arbeitsplatz- und Lernkultur auszubauen. Qualitätsentwicklung basiert auf einer positiven Fehler-, Arbeitsplatz- und Lernkultur, auf pflegefachlicher Kompetenz und Managementfähigkeiten. Wie Qualität in Deutschland dargestellt und verglichen werden kann, wird nachfolgend vorgestellt.

## 4.2 Benchmarking und Qualitätsindikatoren in Deutschland

Die Bewertung von Qualität ist ein zentrales Element in der Diskussion über die Verbesserung von Dienstleistungen und Produkten. Sie liefert wertvolle Informationen über die Beschaffenheit und die Erfüllung von Qualitätsstandards. Dabei kommen häufig Qualitätskennzahlen oder -indikatoren zum Einsatz, die komplexe Sachverhalte und Zusammenhänge darstellen (Hensen, 2018). Solche Indikatoren ermöglichen es, nicht unmittelbar wahrnehmbare Aspekte sichtbar zu machen und eine hypothetische Beziehung zwischen messbaren Größen und zugrunde liegenden Variablen herzustellen (Altenhofen et al., 2002; Idvall et al., 1997; Joint Commission on Accreditation of Healthcare Organizations (JCAHO), 1990). Die präzise Messung und Bewertung von Qualität stellt sicher, dass die erforderlichen Standards (das „Soll"-Konzept) klar definiert sind und die tatsächliche Versorgungssituation (das „Ist"-Konzept) erfasst wird. Dies erlaubt eine Beurteilung des Verhältnisses zwischen den geforderten Standards und der tatsächlich erbrachten Leistung – dem „Soll-Ist"-Konzept (Hensen, 2018). Solche Bewertungen sind von grundlegender Bedeutung für handlungsorientierte Entscheidungen innerhalb der Versorgung, für das interne Qualitätsmanagement und die externe Qualitätssicherung.

Ein wichtiges Instrument für die Feststellung und den Vergleich der Pflegequalität ist das Erheben pflegesensitiver Qualitätsindikatoren, insbesondere im Rahmen einer evidencebasierten Versorgung. Die Bezeichnung „pflegesensitiv" wird in der Pflegewissenschaft für Qualitätsindikatoren verwendet, die die Qualität jener Pflegeergebnisse darstellen sollen, zu denen die Pflegefachpersonen mit den in der Praxis durchgeführten Maßnahmen einen maßgeblichen Beitrag leisten (Sim et al., 2018). Pflegesensitive Qualitätsindikatoren gelten als eine verlässliche und gültige Methode, um pflegerische Wirksamkeit und Qualitätsentwicklung darzustellen (Aydin et al., 2004). Diese Indikatoren messen verschiedene Aspekte der Pflegequalität, wie Patient*innensicherheit, Pflegeergebnisse und die Arbeitsumgebung der Pflegefachpersonen. Durch den Vergleich der eigenen Leistungen mit denen anderer Einrichtungen können gezielte Verbesserungsmaßnahmen eingeleitet werden (Institut für Qualitätssicherung und Transparenz im Gesundheitswesen (IQTIG), 2024). Darüber hinaus kann im Sinne des Shared-Governance-Ansatzes auf der Basis von Pflegeergebnissen auch die Personalbedarfsberechnung hinsichtlich der Anzahl von Pflegefachpersonen und des Qualifikationsmixes erfolgen (Twigg et al., 2015).

Das Benchmarking pflegesensitiver Qualitätsindikatoren wird als Ausdruck einer evidencebasierten Versorgung verstanden und ist ein Pflichtelement auf dem Weg eines Krankenhauses hin zu einer Magnet®-Klinik (Kleine et al., 2023).

**Exkurs: Magnet® Hospitals**
In den 1980er-Jahren war es in den Vereinigten Staaten aufgrund ungünstiger Rahmenbedingungen für viele Krankenhäuser schwierig, Pflegepersonal zu rekrutieren. Zu dieser Zeit sahen sich die USA mit einem nationalen Mangel an Pflegepersonal konfrontiert, ähnlich den heutigen Herausforderungen im deutschen Gesundheitssystem. Die Unzufriedenheit beim Pflegepersonal und die Bereitschaft, den Arbeitgeber zu wechseln oder den Beruf aufzugeben, waren hoch. Interessanterweise gab es jedoch einige Krankenhäuser in teilweise sehr unterschiedlichem Kontext – große und kleine, städtische und ländliche, öffentliche und private –, die von diesen Problemen weniger betroffen waren. Die American Academy of Nursing (AAN) erforschte daraufhin, woran das lag. Auf Grundlage der Forschungsergebnisse aus 41 Kliniken konnten 14 charakteristische Faktoren identifiziert werden, die dann als „magnetische Kräfte" bezeichnet wurden und die Grundlage für das heutige Magnet®-Konzept des 1990 dafür gegründeten American Nurses Credentialing Center (ANCC) bilden (McClure, 1983). Für die Beurteilung der Krankenhäuser werden folgende Aspekte herangezogen:

1. Qualität der Führung
2. Organisationsstruktur
3. Managementstil
4. Personalpolitik und Personalentwicklung
5. Professionelle Pflegemodelle
6. Pflegequalität: Ethik, Patient*innensicherheit und qualitativ hochwertige Infrastruktur

7. Qualitätsverbesserung
8. Beratung und Ressourcen
9. Autonomie
10. Vernetzung der Gesundheitseinrichtung mit der Gemeinde/Gesellschaft
11. Pflegende als Lehrende
12. Image der Pflege
13. Interprofessionelle Beziehungen
14. Professionelle/berufliche Weiterentwicklung

Das Magnet®-Konzept verbreitete sich in den letzten Jahrzehnten weltweit und wurde in verschiedenen Gesundheitssystemen erfolgreich implementiert. Die erste Zertifizierung nach diesem Konzept erfolgte im Jahr 1994 in den USA. Seitdem schlossen sich weltweit 620 Krankenhäuser diesem Konzept an. In Ländern wie Belgien, Jordanien, England, Kanada, Australien, Brasilien, Saudi-Arabien, Japan und den Vereinigten Arabischen Emiraten erkannten Gesundheitseinrichtungen, dass das Magnet®-Konzept eine effektive Möglichkeit bietet, die Qualität der Patient*innenversorgung zu verbessern und die Arbeitszufriedenheit der beruflich Pflegenden zu steigern.

Die in den letzten vier Jahrzehnten gesammelte Evidence und Erfahrung zeigt, wie die Umsetzung der Magnet®-Ideen Arbeitsumgebungen und -bedingungen so verändert, dass hochqualifizierte Fachkräfte angezogen und gehalten werden können, während gleichzeitig die Qualität der Patient*innenversorgung verbessert wird. Darüber hinaus werden Magnet®-Krankenhäuser in den USA mit geringeren Burnoutraten, einer insgesamt besseren psychischen Gesundheit des Personals und einer geringeren Mitarbeiter*innenfluktuation in Verbindung gebracht (ANCC, 2022).

**Schlüsselelemente des Magnet®-Konzepts**
Die vierzehn identifizierten, als anziehend erkannten Charakteristika sind fünf zentralen Komponenten des Konzepts zugeordnet (ANCC, 2022):

**Transformationale Führung**
Transformationale Führung (s. Abschn. 2.1) setzt auf einen Führungsstil, bei dem Mitarbeiter*innen aktiv in die strategische Unternehmensausrichtung eingebunden werden. Die Führungspersonen inspirieren und ermutigen die Belegschaft, ihr volles Potenzial zu entfalten, um die Versorgung von Patient*innen kontinuierlich zu verbessern. Der Fokus liegt auf klaren Zielen statt auf Problemen. Führungspersonen agieren vorbildlich und fördern kritisches und kreatives Denken und daraus folgend die Autonomie der Mitarbeitenden. Dies schafft eine positive Arbeitsatmosphäre, unterstützt die Zusammenarbeit sowohl interprofessionell als auch zwischen Abteilungen und fördert eine effizientere und mitarbeiterorientierte Kultur.

**Strukturelles Empowerment**
Strukturelles Empowerment bedeutet, eine unterstützende Arbeitsumgebung zu schaffen, die Mitarbeitenden die Möglichkeit zur Weiterentwicklung und Über-

nahme von Verantwortung gibt. Pflegefachpersonen agieren eigenständig und beteiligen sich aktiv an Verbesserungsprozessen. Magnet®-Krankenhäuser legen großen Wert auf die Einbeziehung von Pflegefachpersonen in Entscheidungsprozesse, was eine Kultur des Engagements fördert und die Qualität der Patient*innenversorgung verbessert.

**Vorbildliche professionelle Pflegepraxis**
Zur Optimierung der Pflegepraxis werden evidencebasierte Ansätze und interprofessionelle Zusammenarbeit benötigt, um die Bedürfnisse der Patient*innen optimal zu erfüllen und positive Gesundheitsergebnisse zu erzielen. Dazu bedarf es neben der evidencebasierten Praxis passender Kommunikationsformate und beruflicher Weiterentwicklung. Teamarbeit wird aktiv gefördert und von der Führungsebene anerkannt.

**Empirische Outcomes**
Mitarbeiter*innen werden systematisch in die Qualitätsentwicklung eingebunden, indem empirisch erhobene Daten eine kontinuierliche Prozessverbesserung und den nationalen Vergleich mit anderen Einrichtungen ermöglichen. Dazu werden Qualitätsindikatoren wie Sturzraten, Anzahl von Infektionen und Druckgeschwüren erfasst. Des Weiteren wird die Zufriedenheit der Mitarbeiter*innen im Pflegedienst und die Patient*innenzufriedenheit gemessen. Diese Kennzahlen werden bis zur Ebene der Station transparent gemacht und sind die Grundlage für qualitätsverbessernde Maßnahmen, die von der Basis proaktiv initiiert werden.

**Neues Wissen, Innovationen & Verbesserungen**
Innovation und Forschung in der Pflege sind Voraussetzung für eine bessere Patient*innenversorgung. Magnet®-Krankenhäuser fördern aktiv die Pflegeforschung. Pflegefachpersonen bewerten und nutzen wissenschaftlich fundierte Erkenntnisse in der Pflegepraxis und sind innovativ – immer mit dem Ziel, die Patient*innenversorgung zu verbessern.

**Magnet4Europe-Studie**
Die Studie „Magnet4Europe" wird von der Europäischen Union im Rahmen des Forschungs- und Interventionsprogramms „Horizon 2020" mit einem Betrag von 4 Mio. € gefördert. Die beteiligten Krankenhäuser werden auf ihrem Pathway to Magnet® von renommierten, zertifizierten Magnet® Krankenhäusern aus den Vereinigten Staaten unterstützt und nehmen an regelmäßigen internationalen Lerngruppen teil, um von bewährten Praktiken und Erfahrungen zu profitieren. Zusätzlich werden sie von einem internationalen Forschungsverbund aus fünf Universitäten begleitet, angeführt von der KU Leuven in Belgien und der University of Pennsylvania School of Nursing in den USA.

Das Hauptziel der Magnet4Europe-Studie besteht darin, die Übertragbarkeit des Magnet®-Konzepts in sechs europäischen Ländern (Belgien, England, Deutschland, Irland, Schweden und Norwegen) an insgesamt 60 Krankenhäusern zu überprüfen und anzupassen. Dies soll dazu beitragen, Arbeitsumgebungen zu schaffen, in denen Gesundheitspersonal sein volles Engagement einbringen kann, um eine hochwertige Versorgung für die Patient*innen sicherzustellen. In Deutschland wird die Studie vom Fachgebiet „Management im Gesundheitswesen" an der Technischen Universität Berlin koordiniert. Insgesamt nehmen 20 Akutkrankenhäuser an 19 verschiedenen Standorten in Deutschland an der Magnet4Europe-Studie teil. Die Umsetzung basiert auf einem evidencebasierten Interventionsansatz, der auf dem erfolgreichen Magnet Recognition Program® beruht, und erstreckt sich von Januar 2020 bis Juni 2024 (Technische Universität Berlin, 2022).

**Was ist bisher erfolgt?**
Die deutschen Krankenhäuser, die an der Magnet4Europe-Studie teilnehmen, ergriffen verschiedene Maßnahmen, um die Arbeitsbedingungen für Pflegefachpersonen und Ärzt*innen zu verbessern und die Qualität der Patient*innenversorgung zu erhöhen. Ein verstärktes Augenmerk wurde darauf gelegt, die berufliche Pflege in Entscheidungsprozesse einzubeziehen. Dies geschieht unter anderem durch die Implementierung von Peer Reviews. Peer-Review-Verfahren dienen der Bewertung wissenschaftlicher Arbeiten durch unabhängige Gutachter*innen desselben wissenschaftlichen Fachgebiets, sog. Peers (engl.: Gleichrangige, Ebenbürtige). Es gilt als das Standardverfahren in der Qualitätsprüfung von Beiträgen vor deren Veröffentlichung in wissenschaftlichen Zeitschriften (Universitätsbibliothek der Humboldt-Universität, 2023). Um die Kontinuität in der Führung sicherzustellen, wurden Workshops zur Förderung der Führungskräfteentwicklung, Mentoringprogramme sowie die Nachfolgeplanung für Führungspositionen durchgeführt. Zudem wird die interprofessionelle Zusammenarbeit gefördert. Pflegefachpersonen haben mehr Möglichkeiten, öffentlich aufzutreten und in Projekten eine aktive Rolle zu übernehmen.

Des Weiteren wird die Akademisierung der Pflege unterstützt, indem finanzielle Förderung und Zeit für das Studium angeboten werden. Es wird angestrebt, besser bezahlte Positionen für Pflegefachpersonen mit akademischem Abschluss zu schaffen. Die Verbindung von Theorie und Praxis wird durch Kooperationen mit Hochschulen gefördert, um aktuelle Erkenntnisse in die praktische Arbeit zu integrieren (Czączine et al., 2022).

Neben der Magnet4Europe-Studie wurde die Benchmarkinitiative Pflege ins Leben gerufen. Das Hauptziel dieser Initiative besteht darin, die Qualität der Pflege in Deutschland zu steigern, indem sie pflegesensitive Indikatoren erfasst, vergleicht und bewertet. Dieser Prozess ermöglicht es, bewährte Praktiken zu teilen und kontinuierliche Verbesserungen in der Pflege zu fördern (Institut für Qualität & Patientensicherheit (BQS), 2022). Die Benchmarkinitiative Pflege bietet in diesem Zusammenhang wichtige Unterstützung, indem sie Richtlinien und Best Practices für das Benchmarking bereitstellt (Benchmarkinitiative Pflege, 2024). Durch den Austausch von Erfahrungen und Daten können die Kliniken voneinander lernen und gemeinsam an der Verbesserung der Pflegequalität arbeiten. Letztlich trägt dies zu einer Verbesserung der Versorgungsqualität in Deutschland bei.

**Entstehung der Benchmarkinitiative Pflege (B•IN Pflege)**
Die Benchmarkinitiative Pflege (B•IN Pflege) zeigt, wie die Zusammenarbeit und der Austausch von Wissen zwischen verschiedenen Krankenhäusern und Institutionen gelingen und konstruktiv genutzt werden kann. Sie entstand mit den Initiativkliniken BG Klinikum Bergmannstrost Halle, Deutsches Herzzentrum Berlin, Klinikum Bremerhaven-Reinkenheide, Kreiskliniken Reutlingen und den Universitäts- und Rehabilitationskliniken Ulm, die in Zusammenarbeit mit dem BQS-Institut für Qualität und Patientensicherheit, Hamburg, die ersten Datendefinitionen und Kriterien erarbeiteten. Im weiteren Verlauf schlossen sich Expert*innen aus 20 weiteren Kliniken der Initiative an, um die Qualitätskennzahlen weiterzuentwickeln und zu vergleichen. Die Qualitätsindikatoren, z. B. Anzahl von Dekubitus, von Stürzen und MRE (multiresistenten Erregern), können sowohl nach den Magnet®-Kriterien als auch unabhängig davon nach der B•IN-Definition erhoben werden, um einen umfassenden Vergleich (Benchmark) darzustellen.

Im Sinne des Shared-Governance-Ansatzes werden die Pflegenden der direkten Patient*innenversorgung in die Datenerhebung eingebunden und dadurch gestärkt, was die Transparenz sowie die Bereitschaft zum Wissensaustausch fördert. Verbesserte Patient*innenergebnisse sind die bedeutendsten klinischen Auswirkungen einer Shared-Governance-Struktur in der Pflege. Dies konnte in zahlreichen Studien gezeigt werden und betrifft katheterassoziierte Harnwegsinfektionen, Dekubitus, Stürze mit Verletzungen und zentralvenöse katheterassoziierte Sepsen (Kneflin et al., 2016; Kutney-Lee et al., 2016; Speroni et al., 2021).

Jede teilnehmende Klinik entsendet regelmäßig ihre Expert*innen zu den Onlinetreffen, um sich mit anderen Kliniken auszutauschen und die effektivsten Erhebungsmethoden sowie praktische Tipps zu teilen. Diese Ergebnisse werden dann intern in den Kliniken kommuniziert und weiterverarbeitet. Der kontinuierliche Austausch, die gemeinsame Entwicklung qualitätsrelevanter Kennzahlen und Methoden sowie die Ableitung von Maßnahmen führen zu einer nachhaltigen Verbesserung der Versorgungsstruktur der teilnehmenden Kliniken und werden sich grundsätzlich auf die Qualitätsanforderungen der akutstationären Patient*innenversorgung auswirken.

## 4.3 Benchmarking und Qualität in der akutstationären Versorgung

Das Konzept des Benchmarkings wurde in das Gesundheitswesen aus der Industrie übernommen, wo es seit Ende der 1970er-Jahre als strukturierter Ansatz zur Qualitätsmessung und Verbesserung von Dienstleistungen verwendet wird. Dieser Prozess war wettbewerbsorientiert und die Unternehmen strebten danach, mit dem Besten gleichzuziehen oder ihn zu übertreffen. In Großbritannien wurde Benchmarking im pflegerischen Kontext erstmals mit der Gründung des Benchmarking Clubs, gesponsert von der NHS Management Executive (NHS: National Health Service), im Januar 1991 eingeführt (Royal College of Nursing & Royal College of Paediatrics and Child Health, 2017). Der Club konzentrierte sich jedoch zunächst auf das Benchmarking von organisatorischen und nicht von klinischen Aspekten, wie z. B. die Verringerung der Zahl der abgebrochenen Operationen oder der Nichtteilnehmer*innen an ambulanten Behandlungen.

Benchmarking basiert auf Leistungsvergleichen sowie der Identifizierung von Lücken und Veränderungen im Managementprozess (Royal College of Nursing & Royal College of Paediatrics and Child Health, 2017), wodurch es ein wesentliches Instrument im modernen Management ist, das Organisationen hilft, ihre Leistung durch den Vergleich mit anderen zu bewerten und zu verbessern (Codling, 1995). Der Prozess beginnt innerhalb der Organisation mit der Identifikation von Schlüsselbereichen, die einer Verbesserung bedürfen. Diese Bereiche werden dann mit denen von Wettbewerbern oder branchenführenden Unternehmen verglichen, um Best Practices und überlegene Leistungsstandards zu identifizieren (Royal College of Nursing & Royal College of Paediatrics and Child Health, 2017). Durch diesen Vergleich können Organisationen ihre eigenen Stärken und Schwächen klarer erkennen und gezielte Maßnahmen zur Leistungssteigerung ergreifen.

Ein zentraler Aspekt des Benchmarkings ist die systematische Datenerhebung und -analyse. Organisationen sammeln relevante Daten, um eine objektive Basis für den Vergleich zu schaffen. Durch die Auswertung dieser Daten können spezifische Bereiche identifiziert werden, in denen Verbesserungen erforderlich sind. Die gewonnenen Erkenntnisse dienen als Grundlage für die Entwicklung und Implementierung von Optimierungsstrategien. Letztendlich zielt Benchmarking darauf ab, kontinuierliche Verbesserungen zu fördern und die Organisation wettbewerbsfähiger zu machen (Kastenholz et al., 2011). Indem Unternehmen sich an den Besten der Branche orientieren, regelmäßig ihre Leistung überprüfen und passende Maßnahmen zur Verbesserung ergreifen, können sie nicht nur ihre Effizienz und Produktivität steigern, sondern auch eine höhere Kundenzufriedenheit, eine stärkere Marktstellung und langfristigen Erfolg erzielen. Benchmarking kann also ebenso ein unverzichtbares Werkzeug für die Qualitätssicherung im Gesundheitswesen sein (Kastenholz et al., 2011; Royal College of Nursing & Royal College of Paediatrics and Child Health, 2017).

Die dauerhafte Erhebung von Qualitätsindikatoren in Kliniken sowie die nachhaltige Nutzung der Ergebnisse aus dem Benchmarking werden im Rahmen der Shared Governance gemeinsam von den Expertisebereichen geleistet, wie dies auch im Magnet®-Konzept gefordert ist. Die Veröffentlichung der Daten führt zu Transparenz unter allen Beteiligten in Bezug auf die Qualität der Versorgung. Das geteilte Wissen, auch „Shared Knowledge" genannt, ist ein entscheidender Faktor für die Stärkung und das Empowerment der Pflegefachpersonen.

Die unmittelbare Einflussnahme der Pflegefachpersonen setzt eine Counciloder vergleichbare Struktur voraus (s. Abschn. 2.2), in der die Pflegefachpersonen ihre Fachlichkeit und Expertise einbringen können. Dies ermöglicht beispielsweise die Benchmarkinitiative B•IN Pflege, indem die beteiligten Expert*innen ihr Wissen, ihre Daten sowie ihre Best- und Worst-Practice-Erfahrungen in regelmäßigen Treffen austauschen. So können das Wissen aus der Initiative und der Austausch zwischen den Expert*innen zu einem gemeinsamen Verbesserungsprozess führen.

Ein charakteristisches Merkmal der Shared Governance ist die Möglichkeit der direkten Einflussnahme, indem die Ideen der Mitarbeitenden direkt gehört und umgesetzt werden können. Dies fördert nicht nur die Motivation und Zufriedenheit der Pflegefachpersonen, sondern auch die kontinuierliche Weiterentwicklung und Verbesserung der Versorgungsqualität insgesamt. In der Konsequenz ermöglicht die Verbindung von Erhebung der Qualitätsindikatoren, Benchmarking und einer unterstützenden Organisationsstruktur die optimale Nutzung der Fachkompetenz und des Engagements der Pflegefachpersonen, wodurch eine Verbesserung der Versorgung der Patient*innen erreicht werden kann.

Die Definition und Entwicklung weiterer Kennzahlen in der Initiative benötigen allerdings nach diesem Ansatz, wenn dazu in Councils gearbeitet wird, deutlich mehr Zeit als eine Top-down-Anweisung. Dennoch ist davon auszugehen, dass sich auf diese Weise das Outcome der Patient*innen nachhaltig verbessert (Arbeitsgruppe B•IN Pflege & BQS Institut für Qualität und Patientensicherheit GmbH [BQS Institut], 2022).

Die Gründung der B•IN Pflege ist eine Initiative zur Qualitätsentwicklung und zum Qualitätsvergleich in der Pflege in Deutschland – Aktivitäten, die vorher z. B. bereits seit 2001 vom Institut für Gesundheits- und Pflegewissenschaft der Charité – Universitätsmedizin Berlin über viele Jahre im Rahmen der Qualitätsdatenerhebungen „Pflegeprobleme in Deutschland" für Krankenhäuser und Pflegeheime (Lahmann et al., 2016) durchgeführt wurden. Die Schwierigkeit des Benchmarkings liegt darin, dass Definitionen und Standards nicht immer einheitlich gehandhabt werden. Ein typisches Beispiel ist die Uneinigkeit darüber, wie Verletzungen nach Stürzen klassifiziert werden sollten. Diese Problematik erstreckt sich auch auf andere wichtige Kennzahlen, was einen systematischen Vergleich und in der Folge die Verbesserung der Pflegequalität erheblich erschwert.

Obwohl in Deutschland zwölf Expertenstandards veröffentlicht sind, fehlt es an einer praktischen Messbarkeit und einheitlichen Umsetzung dieser Standards in den Kliniken. Die bloße Existenz evidencebasierter Leitlinien reicht ebenso wenig aus, um eine konsistente und vergleichbare Pflegequalität zu gewährleisten, wie Benchmarking, das nicht verpflichtend ist. Die B•IN initiierte eine neue Diskussion und begann mit der Erarbeitung systematischer und messbarer Qualitätsindikatoren. Die Einführung der B•IN zeigt ebenso wie die genannte vorherige Initiative der Charité – Universitätsmedizin Berlin, wie Qualitätsindikatoren in einem strukturierten System implementiert und fortentwickelt werden. Die Benchmarkinitiative erarbeitet zu ausgewählten Qualitätsindikatoren Definitionen und misst deren Umsetzung in den beteiligten Kliniken. Krankenhäuser und Pflegeeinrichtungen können so den pflegerischen Anteil der über Indikatoren messbaren Leistungen abbilden, bewerten, vergleichen und gezielt Maßnahmen ergreifen, um Schwachstellen zu beseitigen.

Das von der B•IN entwickelte Verfahren basiert auf einer „partizipativen Qualitätskultur" (Arbeitsgruppe B•IN Pflege & BQS Institut für Qualität und Patientensicherheit GmbH [BQS Institut], 2022, S. 9). Die Auseinandersetzung mit den Daten, die Bereitschaft zur Transparenz und der Austausch über die Daten innerhalb der Kliniken führen zu einem erweiterten Verständnis für die pflegesensitiven Indikatoren und auf dieser Grundlage zu einer Veränderung und Verbesserung in der direkten Patient*innenversorgung. So konnte am Deutschen Herzzentrum der Charité seit 2020, nach der Gründung der Initiative und der intensiven Beschäftigung des Managements mit den Daten, eine Reduktion der Dekubitusinzidenzen um 28 % (unveröffentlichte hausinterne Ergebnisse, Deutsches Herzzentrum der Charité) beobachtet werden. Diese Entwicklung ist nicht allein auf die Teilnahme am Benchmarking oder auf die Teilnahme an Magnet-4Europe zurückzuführen, wird jedoch insbesondere mit der gesteigerten Sensibilität für Daten und mit den daraus hervorgegangenen Projekten innerhalb der praktischen Versorgung assoziiert.

Aufgrund der deutlichen Ergebnisse, die am Herzzentrum insgesamt sowie im Speziellen auf den Intensivstationen beobachtet wurden, wurde ein umfassendes Projekt initiiert, das sich mit der Prophylaxe von Dekubitus bei immobilen und instabilen Patient*innen mittels Mikropositionierungen befasst (Deutsches Herzzentrum der Charité, 2024). Im Rahmen dessen wurde insbesondere Wert auf Schulungen und praktische Tipps sowie Mobilisationsmöglichkeiten gelegt. Im BG Klinikum Bergmannstrost Halle führte die intensive Auseinandersetzung und Aufbereitung der Pflegequalitätsindikatoren durch die B•IN zur Etablierung eines verbesserten Pflegecontrollings. Die Teilnahme an der Initiative führte somit nicht nur zu einem Nutzen im Rahmen der Bereitstellung aktueller Daten mittels Dashboards, sondern auch zu einer kontinuierlichen Kommunikation in die Bereiche und Stationen hinein sowie zu einem Monitoring zur langfristigen Verbesserung der Versorgungsqualität.

## 4.4 Erhebung von Qualitätsindikatoren in den Alltag der stationären Versorgung integrieren

Während die Datenerhebung des Instituts für Gesundheits- und Pflegewissenschaft der Charité –Universitätsmedizin Berlin (Lahmann et al., 2016) Daten zu Pflegeabhängigkeit, Mobilität, Inkontinenz, Schmerzen, Ernährung, Sturz, Hautpflege, Dekubitalulzera und kognitiven Einschränkungen erhob und verglich, erfasst und vergleicht die B•IN Pflege bisher im Krankenhaus erworbene Dekubitalulzera, Stürze, MRE und deviceassoziierte Dekubitalulzera durch medizinische Hilfsmittel wie Sauerstoffbrillen oder Magensonden für die stationäre Versorgung (Benchmarkinitiative Pflege, 2024).

Die aktuelle Auswahl der Indikatoren der B•IN Pflege entspricht einem Teil der pflegesensitiven Indikatoren aus dem Magnet®-Konzept. Da in den Expert*innenrunden die im Magnet®-Konzept festgelegten Kriterien als nicht weitreichend genug befunden wurden, hat die B•IN Pflege für die Bereiche Dekubitus, Stürze und MRE in der Zwischenzeit alternative und verbesserte Indikatoren entwickelt (Benchmarkinitiative Pflege, 2024). Aus diesem Grund wird in diesen drei Bereichen eine Unterscheidung zwischen den Indikatoren nach Magnet® und den Indikatoren nach B•IN Pflege vorgenommen. Damit kann Krankenhäusern, die eine Zertifizierung nach Magnet® anstreben, ein Benchmarking der Magnet®-Indikatoren ermöglicht werden. Gleichzeitig können die Indikatoren von B•IN Pflege, die unter pflegewissenschaftlichen Gesichtspunkten weiterentwickelt wurden, für ein alternatives bzw. ergänzendes Benchmarking herangezogen werden (Benchmarkinitiative Pflege, 2024).

Die Dokumentation der Daten aus den beteiligten Kliniken erfolgt gemäß einem gestuften Verfahren. Um den Aufwand und die Belastung für das Pflegepersonal und deren Einrichtungen so gering wie möglich zu halten, wurde eine äußerst kompakte Dokumentation für das zentrale Benchmarking entwickelt. Die übermittelten und gespeicherten Daten sind aggregiert und erlauben keine Rückschlüsse auf einzelne Personen. Aus datenschutzrechtlicher Perspektive sind die Datenlieferungen daher unbedenklich. Die Daten zu den Indikatoren werden in Form von CSV-Dateien (CSV: Comma-separated Values) übermittelt und einer formalen Korrektheitsprüfung unterzogen. Für den Fall, dass eine größere Anzahl an Teilnehmer*innen involviert ist, ist die Einrichtung eines Portals für die Datenuploads vorgesehen (Benchmarkinitiative Pflege, 2024).

Zur Erfassung der im Krankenhaus erworbenen Dekubitus werden alle Patient*innen mit mindestens einem neu entstandenen Dekubitus gezählt. Die Selektionskriterien für die Zählung eines Patient*innenfalls differieren je nach Konzept (Magnet® oder B•IN Pflege, s. oben). Die Erhebung erfolgt mittels Dokumentenanalyse aus der Patient*innendokumentation sowie der elektronischen Patient*innenakte. Diese umfasst in der Regel Fotos des betroffenen Hautareals sowie einen standardisierten Wunddokumentationsbogen. Das zweite Indikatorenset umfasst Stürze. Es wird zwischen zwei Arten von Stürzen unterschieden: einem Sturz nach dem B•IN-Konzept, bei dem Patient*innen stürzen, und einem Sturz nach Magnet®-Konzept, bei dem Patient*innen mit sichtbarer Verletzungsfolge stürzen, wie z. B. einer Schnittwunde oder dem Verlust von Zu- und Ableitungen (Blasendauerkatheter, periphere Venenverweilkanüle o. Ä.) (Benchmarkinitiative Pflege, 2024).

Patient*innen am TUM Klinikum Rechts der Isar erhalten bei Aufnahme eine Einschätzung ihres Sturzrisikos. Im Falle eines Sturzes wird dieser mithilfe des Sturzprotokolls erfasst und eine Kopie der Risikoeinschätzung sowie des Sturzprotokolls an das interne Qualitätsmanagement weitergegeben. Ergänzend wird eine Sturzstatistik geführt, die die Zeit des Sturzes (6–14 Uhr, 14–22 Uhr und 22–6 Uhr), die Feststellung des Sturzrisikos (ja/nein), den Bewusstseinszustand des*r Patient*in beim Auffinden direkt nach dem Sturz (nicht bei Bewusstsein, bei Bewusstsein und nicht auskunftsfähig, bei Bewusstsein und auskunftsfähig) sowie das Alter der Patient*innen (18–59 Jahre, 60–80 Jahre, über 80 Jahre) erfasst. Zudem wird die Anzahl der gestürzten Patient*innen mit Mobilitätsstörung, kognitiven Einschränkungen/Sedierungen und einer Medikation, die das Sturzrisiko erhöht, dokumentiert (Benchmarkinitiative Pflege, 2024). Ein Problem, das insbesondere auf neurochirurgischen und neurologischen Abteilungen auftritt, ist das vermehrte Stürzen von Patient*innen, die bereits vor dem Sturz desorientiert sind, sodass eine Differenzierung von prä- und poststurzbedingter Desorientierung schwierig ist. Diese Desorientierung kann auf verschiedene Ursachen wie neurologische Erkrankungen, Medikamente oder postoperative Zustände zurückzuführen sein.

Der dritte Indikator bezieht sich auf MRSA-Abstriche (MRSA: Methicillin-resistenter Staphylococcus aureus). Hierbei werden jeweils die Anzahl der gescreenten Patient*innen, die Anzahl der positiven Patient*innen bei Aufnahme (positive Fälle beim primären Screening) und die während des Klinikaufenthaltes erworbene Besiedelung (positive Fälle, bei denen ein negativer Abstrich vorausging) erfasst. Standardmäßig werden Patient*innen gescreent, die aus Pflegeheimen oder anderen Kliniken aufgenommen werden, sowie alle Übernahmen in ein Überwachungszimmer (Intermediate Care). Die Abstriche werden dezentral auf den Stationen durchgeführt und die Ergebnisse über die Mikrobiologie unabhängig vom Befund an die Klinikhygiene gemeldet, die die Daten somit zentral für das Haus erfasst. Quartalsweise werden dann die abteilungsspezifischen Ergebnisse auf Anfrage ausgegeben.

Zuletzt werden auch die deviceassoziierten Dekubitalulzera erfasst. Darunter fallen all jene Druckgeschwüre, die durch anhaltenden Druck, Reibung oder Scherkräfte von medizinischen oder anderen Geräten/Hilfsmitteln entstehen. Die resultierende Hautschädigung bildet in der Regel das Muster oder die Form des Geräts ab (Pittman & Gillespie, 2020). Die Erfassung dieses Qualitätsindikators erfolgt analog zu den im Krankenhaus erworbenen Dekubitalulzera.

Die systematische Erfassung von Qualitätsindikatoren dient der Darstellung und der objektiven Bewertung der erbrachten Leistungen von Krankenhäusern und weiteren Gesundheitseinrichtungen sowie deren Vergleichbarkeit untereinander. In diesem Kontext ist eine evidencebasierte Versorgung von Relevanz, welche sicherstellt, dass klinische Entscheidungen auf den besten verfügbaren wissenschaftlichen Erkenntnissen beruhen. Die Integration von Qualitätsindikatoren und evidencebasierter Versorgung führt zu einer Erhöhung der Patient*innensicherheit sowie zu einer nachhaltigen Verbesserung der Behandlungsqualität.

## 4.5 Qualität im Rahmen evidencebasierter Versorgung

Patient*innen erwarten bei der Aufnahme in ein Krankenhaus eine zeitgemäße, also evidencebasierte und qualitativ hochwertige Versorgung. Während im ärztlich-medizinischen Verantwortungsbereich davon ausgegangen wird, dass Krankenhausbehandlungen nach aktuellem Wissensstand erfolgen, stellt sich die Frage, wie dies bei der pflegerischen Versorgung aussieht. Wird dies erwartet? Und wenn ja, von wem?

„Evidence based Nursing", kurz EbN, ist ein international bereits seit den 1970er-Jahren etabliertes Vorgehen zur pflegerischen Versorgung von Patient*innen auf Grundlage wissenschaftlicher Erkenntnisse unter Einbezug klinischer Erfahrung und individueller Bedürfnisse von Patient*innen. Es ist Behrens und Langer (2021) zu verdanken, dass seit Ende der 1990er-Jahre auch in Deutschland die Prinzipien von EbN bekannt wurden und inzwischen als pflegerische Anforderung in der Versorgung gelten. Aber wie werden Pflegefachpersonen dem gerecht?

Es besteht ein Zusammenhang zwischen der Art der Pflegeausbildung und der Erschließung aktueller wissenschaftlicher Erkenntnisse. Pflegenden, die in ihrer berufsfachschulischen Ausbildung nicht gelernt haben, mit wissenschaftlicher Literatur umzugehen, fällt dies auch später nicht leicht. Das beginnt bei der Literaturrecherche und betrifft das Wissen um den Zugang zu wissenschaftlicher Literatur ebenso wie das verstehende Lesen wissenschaftlicher Artikel. Eine gute Möglichkeit, den Umgang mit wissenschaftlicher Literatur zu erlernen und zu üben, stellt die regelmäßige Teilnahme an einem Journal Club (s. Abschn. 6.6) dar. Hinzu kommt, dass die Ausbildung der Pflegenden in Deutschland vor 2004 gesetzlich (gemäß Krankenpflegegesetz (KrPflG), 1985) noch nicht den Anspruch einer wissenschaftsbasierten Versorgung beinhaltete. Die Ausbildung war stark handwerklich ausgerichtet und inhaltlich neben pflegerischen noch mit ärztlich-assistierenden Aufgaben beschrieben.

Im Jahr 2004 wurde mit Inkrafttreten des Krankenpflegegesetzes (2003) zum ersten Mal die pflegewissenschaftliche Grundlage pflegerischen Handelns festgehalten. Das 2020 in Kraft getretene Pflegeberufegesetz (PflBG, 2017) legt nun erstmals auch eine grundständige hochschulische Pflegeausbildung fest mit Ausbildungszielen, die über die Ziele der weiterhin möglichen berufsfachschulischen Ausbildung hinaus ein „vertieftes Wissen über Grundlagen der Pflegewissenschaft" nennen. Evidence based Nursing wird mit weiteren Ausbildungszielen beschrieben: „sich Forschungsgebiete der professionellen Pflege auf dem neuesten Stand der gesicherten Erkenntnisse erschließen und forschungsgestützte Problemlösungen wie auch neue Technologien in das berufliche Handeln übertragen" sowie „sich kritisch-reflexiv und analytisch sowohl mit theoretischem als auch praktischem Wissen auseinandersetzen und wissenschaftsbasiert innovative Lösungsansätze zur Verbesserung im eigenen beruflichen Handlungsfeld entwickeln und implementieren […] und an der Entwicklung von Qualitätsmanagementkonzepten, Leitlinien und Expertenstandards mitzuwirken" (PflBG, 2017, § 37). Insofern hat sich der berufliche Anspruch an akademisch ausgebildete Pflegefachpersonen enorm erhöht. Sie sollen in der Lage sein, Fragestellungen aus der Praxis wissenschaftsbasiert zu erarbeiten und in die Praxis zu implementieren.

Dabei sind die Akzeptanz und Einstellung der Pflegenden von entscheidender Bedeutung. Es ist davon auszugehen, dass die studierten Pflegefachpersonen ihr Wissen aus dem Studium einsetzen wollen. Nicht zu unterschätzen ist allerdings, wie schwierig es ist, erfahrene Pflegende davon zu überzeugen, dass nicht ausschließlich ihre individuelle empirische Erfahrung zählt, sondern diese um Erkenntnisse aus Studien unter Einbezug der Vorstellungen der Patient*innen zu ergänzen ist. Mangelndes Verständnis, das aus fehlendem Wissen zu Evidence based Nursing resultiert, ist eine Schwierigkeit in Zusammenhang mit EbN in der Patient*innenversorgung (Scott & McSherry, 2009). Die weiteren Hürden sind die dafür nötigen zeitlichen und strukturellen Ressourcen zur Implementierung der Evidence in die Praxis. Für die Recherche und gegebenenfalls weitere Bearbeitung zu einem aktuellen klinischen Thema bzw. einer Fragestellung wird in erster Linie Zeit benötigt. Zweitens sind auch ein Zugang zu wissenschaftlichen Journals, sowie drittens genügend EbN-begeisterte Pflegefachpersonen im Team vonnöten, die gemeinsam in der täglichen Praxis beraten, erinnern und umsetzen. Diese Anforderungen sind zunächst im tradierten Setting Pflege nicht vorgesehen und müssen von allen Beteiligten, einschließlich den Vorgesetzten und der Organisation, als notwendig erkannt werden.

Die Implementierungswissenschaft zeigt, dass die Pflegenden in der Patient*innenversorgung ein Verständnis dafür entwickeln müssen, was Evidence based Nursing bedeutet (Scott & McSherry, 2009), und dass eine nachhaltige Umsetzung von EbN-Projekten einen Zeitraum von zwei bis vier Jahren benötigt (Nelson-Brantley & Chipps, 2021). Einzelne Maßnahmen sind hingegen schneller umzusetzen, erfordern aber gleichermaßen die wissenschaftliche Vorarbeit und Integration in die bestehenden Prozesse.

Qualität in der Pflege hängt entscheidend vom Einbezug der vorhandenen Evidence (s. Abschn. 1.2) in das pflegerische Handeln ab und ist Ausdruck eines professionellen Berufsverständnisses. Leitlinien und Expertenstandards führen den aktuellen Wissensstand zu Versorgungsthemen zusammen und sind einfach zugänglich. In der Praxis treten jedoch berufsgruppenübergreifend immer wieder Situationen auf, in denen sich die Frage nach dem aktuell richtigen Vorgehen stellt und für die es keine Leitlinie gibt. Die Erschließung solcher Fragestellungen führt im besten Fall zu einem interprofessionellen Dialog und die Ableitung einer evidencebasierten Empfehlung zur bestmöglichen Versorgung.

Auf einer neurochirurgischen Station bestehen unterschiedliche Vorstellungen zum Umgang mit Systemen zur externen Ableitung von Nervenwasser (Liquor) zwischen (erfahrenen) Pflegenden und (unerfahrenen) Assistenzärzt*innen. Die zuständige APN (Advanced Practice Nurse, eine erfahrene Pflegefachperson mit wissenschaftlichem Mastergrad in der direkten Patient*innenversorgung) bearbeitet deshalb das Thema „Umgang mit Liquorableitenden Systemen" und erstellt im Dialog mit den leitenden Ärzt*innen aus Neurochirurgie und Neurologie eine für das Krankenhaus interprofessionell und interdisziplinär verbindliche, evidencebasierte Verfahrensanweisung.

Für die Verankerung und systematische Umsetzung einer evidencebasierten Versorgung bedarf es entsprechender Strukturen: In den Pflegeteams sind akademisch ausgebildete Pflegefachpersonen für die Erschließung der Evidence zuständig, denen entsprechende zeitliche Ressourcen und der Zugang zu wissenschaftlicher Literatur zur Verfügung stehen.

## 4.6 Interaktiv Lernen im Room of Horrors

Die Patient*innensicherheit als Teil der Aufgaben im Qualitäts-, Risiko- und Chancenmanagement stellt in allen Bereichen der Gesundheitsversorgung einen wichtigen Schulungs- und Anleitungsgrund dar. Die Weltgesundheitsorganisation WHO fordert in Bezug auf Patient*innensicherheit, „ein[en] Rahmen organisierter Aktivitäten, Kulturen, Prozesse, Verfahren, Verhaltensweisen, Technologien und Umgebungen in der Gesundheitsversorgung [zu] schaffen, welche beständig und nachhaltig Risiken senken, das Auftreten vermeidbarer Schäden reduzieren, Fehler unwahrscheinlicher machen und die Auswirkungen von eintretenden Schäden verringern" soll (Bundesministerium für Gesundheit, 2021, S. 5).

In Zusammenhang mit Risikomanagement und Patient*innensicherheit wird von „Human Factors" gesprochen – physische, psychische und soziale Aspekte des Menschen, welche sich auf soziotechnische Systeme auswirken (Hofinger, 2013). Unter einem soziotechnischen System wird die Zusammenarbeit von Menschen (eines Teams) unter Nutzung technischer Möglichkeiten (z. B. Geräten) verstanden; in einer Akutklinik findet dies in vielfältiger Weise statt, wenn Patient*innen versorgt werden. Diese Systeme spielen eine wesentliche Rolle für die effektive und sichere Gestaltung von Arbeitsprozessen und Situationen. Der Ansatz kann auf verschiedenen Ebenen stattfinden: der des Individuums, auf Teamebene, auf Organisationsebene, bei der Arbeitsplatzgestaltung, den Arbeitsmitteln, in Zusammenhang mit Prozessen etc. Bei bis zu 80 % der vermeidbaren unerwünschten Ereignisse werden Human Factors als Ursache genannt (Hofinger, 2013). Dabei sind unter Human Factors nicht nur menschliche Schwächen, wie mangelnde Konzentration, Müdigkeit, zu wenig Training etc., zu verstehen, sondern auch eine menschenunfreundliche Gestaltung von Arbeitsweisen, Abläufen oder Geräten.

Aus den Erkenntnissen der Human-Factor-Forschung lassen sich für ein sicheres Arbeitsumfeld in der Gesundheitsversorgung Konsequenzen wie Standardisierung und Sensibilisierung ableiten. Standards und Standardisierung schaffen Verlässlichkeit, Prozessstabilität und ein Mindestqualitätsniveau sowohl bei Arbeitsprozessen und Vorgehensweisen als auch im technischen Bereich.

1. Eine Übergabe nach SBAR-Schema (s. Abschn. 1.1) ist ein im Gesundheitswesen erprobtes, einheitliches und standardisiertes Vorgehen für interprofessionelle sowie intraprofessionelle Übergaben. Dadurch werden die Informationen zu Patient*innen strukturiert und umfassend, gleichzeitig auf das Wesentliche fokussiert, weitergegeben.
2. Leitlinien und Expertenstandards empfehlen für bestimmte Patient*innensituationen und Problemstellungen Vorgehensweisen, die nach aktueller Forschungslage empfohlen werden.
3. Reanimationstrainings verfolgen das Ziel der Einübung strukturierter Abläufe nach evidencebasierten Algorithmen.

Die Identifikation von Risiken und eine entsprechende Sensibilisierung gilt als die andere Säule im Risikomanagement. Neben Prozessrisiken bestehen in der akutstationären Krankenversorgung auch unterschiedlichste Situationsrisiken, die zum Teil typischerweise und/oder häufig vorkommen. Ein hohes Maß an Aufmerksamkeit für Risiken in der Patient*innenversorgung und damit einhergehend eine Sensibilisierung lässt die Beteiligten der unterschiedlichen Berufsgruppen frühzeitig auf potenzielle Gefahren oder Gefährdungen reagieren bzw. beugt ihnen vor. Dazu ist eine offene Kommunikationskultur notwendig, indem wertschätzend interprofessionell zu Bedenken und potenziellen Risiken kommuniziert wird und der gemeinsame Wille besteht, eine sichere Patient*innenversorgung zu leisten.

**Simulation als Lern- und Übungsangebot**
Ein nachhaltiger Schulungsansatz, um Kolleg*innen aller Berufsgruppen der Gesundheitsversorgung für die Patient*innensicherheit zu sensibilisieren, ist Lernen und Üben mittels Simulation, was in den USA schon länger und inzwischen auch in Deutschland ein wichtiger Bestandteil der Aus- und Fortbildung bei Gesundheitsberufen ist. Die International Nursing Association for Clinical Simulation and Learning (INASCSL) stellt auf ihrer Website einige Studien zur Wirksamkeit und Methodik von Simulationsübungen und Schulungen zur Verfügung und beschreibt Simulation als Lehrmethode, „welche spezielle Situationen aus dem Leben kreiert oder repliziert, um Herausforderungen aus dem alltäglichen Leben möglichst realitätsnah zu imitieren" (2024).

In der Lehre an Berufsfachschulen, Hochschulen und Universitäten wird im „Skills Lab" oder „Sim Lab" geübt, also in Räumlichkeiten, in denen Szenarien als Gesamtsituation kreiert werden können. Eine große Realitätsnähe (Radl et al., 2022) kann erreicht werden, z. B. durch den Einsatz von zuvor geschulten Schauspielpatient*innen (Steinacker, 2022) oder Übungspuppen, die realitätsnah Symptome und Krankheitsbilder abbilden und auf Maßnahmen reagieren können. Eine möglichst aktuelle technische Ausstattung von Übungspuppen, Material und Räumlichkeiten leistet dabei einen wertvollen Beitrag. Darüber hinaus können Kommunikation und Interaktion, interprofessionelle Prozessabläufe sowie komplexe Versorgungssituationen durch Beteiligung verschiedener Berufsgruppen im Skills Lab besonders effektiv geübt werden. Vor allem Berufsanfänger*innen haben dabei die Möglichkeit, die eigenen Aufgaben zu üben, die eigene Rolle zu entwickeln und die Kommunikation mit anderen Berufsgruppen zu trainieren. Zum Beispiel kann die Visite als täglich wiederkehrende, interprofessionelle Situation im Krankenhaus in einem Skills Lab geübt werden.

**Room of Horrors**
Eine spezielle Form der Simulation findet im sog. Room of Horrors statt, wo die Kolleg*innen der versorgenden Berufsgruppen, möglichst im interprofessionellen Team, die Sensibilisierung für Risiken der Patient*innensicherheit trainieren (Zimmermann & Schwappach, 2021). Dabei wird zum kritischen Denken angeregt und die Beobachtungsfähigkeit sowie die Erfassung der Gesamtsituation werden geschult, bestenfalls in der interprofessionellen Zusammenarbeit. Unter einem Room of Horrors wird ein Skills Lab oder ein dafür präparierter Raum verstanden, in dem ein Szenario kreiert wird, in das Fehler und/oder Risiken für die Patient*innensicherheit integriert sind. Die Teilnehmenden sollen diese Fehler und Gefährdungen entdecken, sie dokumentieren und reflektieren.

Eine gute Hilfe für die Konzeption und Durchführung eines Rooms of Horrors ist das Manual der Stiftung Patient*innensicherheit Schweiz (Zimmermann & Schwappach, 2021). Es zeigt anhand genauer Beschreibungen (z. B. aus Innerer Medizin, Orthopädie, Herzchirurgie, Geriatrie, Pädiatrie, Richteraum Medikamente), wie ein Room of Horrors jeweils umgesetzt werden könnte.

Die kreierte Situation im Room of Horrors orientiert sich in Art und Schwierigkeit der Fehler an der Zielgruppe. Eine Ausbildungsklasse Pflege mit homogenen

Erfahrungen und Wissen zur Patient*innenversorgung benötigt ein anderes Szenario als eine multiprofessionelle Gruppe mit unterschiedlichem beruflichem Fokus und diverser Erfahrung. Der Ablauf kann aufgrund von Ressourcen (Personal, Räume, Übungspuppen) stark variieren. Von einem präparierten und frei zugänglichen Raum, in welchem Einzelpersonen Fehler suchen, bis zu einer moderierten Gruppenanleitung sind viele Varianten möglich, wobei der Lerneffekt durch eine Moderation und Nachbesprechung verstärkt wird.

Die klassische Umsetzung des Room of Horrors als moderierte Gruppenintervention sollte mit maximal zehn Personen erfolgen und findet in drei Abschnitten statt:

Im *Briefing* (Einweisung/Information) stellt sich die moderierende Person vor. Vorab werden Regeln wie der respektvolle Umgang miteinander, die Vertraulichkeit in Bezug auf im Training gemeinsam Erlebtes und in Bezug auf Gesprächsinhalte festgelegt. Außerdem werden wichtige Hinweise zur Durchführung gegeben, z. B. wie viele Fehler versteckt sind, dass Fehler nicht korrigiert, sondern dokumentiert werden sollen, dass Teamarbeit ausdrücklich erwünscht ist usw. Dieser Teil dauert abhängig von der Gruppengröße ca. 15 min.

Im Durchführungsabschnitt *Acting* (Durchführung, Dauer 10–30 min) suchen die Teilnehmenden die Fehler und dokumentieren sie. Acting kann auch mit einer vorab festgelegten Zeitvorgabe stattfinden. Bei begrenzter Zeit sind die Teilnehmer*innen auf Teamarbeit angewiesen, es besteht jedoch die Gefahr, dass nicht alle Fehler gefunden werden.

Im *Debriefing* (Nachbesprechung, Dauer 15–20 min) werden die gefundenen Fehler und Gefährdungen aufgelöst, reflektiert und bei Bedarf mit Informationen durch die Moderation ergänzt. Eine Diskussion über die Fehler und Risiken – wie ihnen vorgebeugt, wie sie entdeckt oder unterlassen werden können – ist hier erwünscht und trägt zum Lerneffekt bei. Die moderierende Person sollte deshalb in wertschätzender Kommunikation geübt sein und Sicherheit vermitteln können. Die Gespräche innerhalb der Gruppe sind respektvoll und vertraulich zu führen.

**Vorbereitung eines Rooms of Horrors**
Passend zur Zielgruppe wird zunächst eine konkrete, für die Zielgruppe relevante Situation überlegt. Inspiration dazu können Fehlererfahrungen der Zielgruppe, typische Risiken und problematische Ereignisse im Krankenhaus oder auch CIRS-Fälle sein. Der Fehler- und Risiken-Ideenpool ist groß – von klassischen Fehlern und Gefahren über raffinierte bis zu lustigen Fehlern ist vieles möglich. Es wird ein geeigneter Raum benötigt und das für eine realitätsnah wirkende Situation erforderliche Equipment zusammengestellt. Die Anzahl der im Room of Horrors installierten Fehler und Gefahren kann bei einer Suche in Teamarbeit höher sein als bei einer Einzelsuche. Auch bei einer zeitbegrenzten Suche sollte die Zahl der Fehler geringer sein: Je nach Umsetzung sind zehn bis 25 Fehler sinnvoll.

**Lerneffekte durch Simulation**
Je besser die Realitätsnähe simuliert wird, umso bessere Lerneffekte können durch Training im Skills Lab erreicht werden. Der Room of Horrors stellt eine span-

nende und abwechslungsreiche Form simulationsbasierter inter- und intraprofessioneller Lehre dar. Im realitätsnahen und gleichzeitig geschützten Rahmen können Fachwissen, Fertigkeiten und praktisches Handeln, Entscheidungsvermögen, Kommunikation und Teamfähigkeit geübt werden, was darüber hinaus die Reflexionsfähigkeit, die Lernmotivation und das Selbstvertrauen der Übungsteilnehmer*innen verbessern kann (Strzys, 2023).

## Literatur

Alanazi, F. K., Sim, J., & Lapkin, S. (2022). Systematic review: Nurses' safety attitudes and their impact on patient outcomes in acute-care hospitals. *Nursing Open, 9*(1), 30–43. https://doi.org/10.1002/nop2.1063

Altenhofen, L., Brech, W., Brenner, G., Geraedts, M., Gramsch, E., Kolkmann, F.-W., Krumpaszky, H. G., Lorenz, W., Oesingmann, U., Ollenschläger, G., Rheinberger, P., Selbmann, H.-K., von Stillfried, D., Strobawa, F., & Thole, H. (2002). Beurteilung klinischer Messgrößen des Qualitätsmanagements – Qualitätskriterien und -Indikatoren in der Gesundheitsversorgung. Konsenspapier von BÄK, KBV und AWMF. *Zeitschrift Für Ärztliche Fortbildung Und Qualitätssicherung, 96*(5), 2–15.

American Nurses Credentialing Center (2022). Magnet Model – Creating a Magnet Culture, https://www.nursingworld.org/organizational-programs/magnet/magnet-model/. Zugegriffen: 01. Aug. 2024.

Arbeitsgruppe B•IN Pflege & BQS Institut für Qualität und Patientensicherheit GmbH [BQS Institut]. (2022). Benchmarkinitiative Pflege: Konzept 1.0. In bqs.de. https://www.bqs.de/default-wAssets/docs/BI-N-Pflege_Konzept_v1-0_2022-11-02p.pdf. Zugegriffen: 13. Juni 2024.

Ausserhofer, D., Schubert, M., Desmedt, M., Blegen, M. A., de Geest, S., & Schwendimann, R. (2013). The association of patient safety climate and nurse-related organizational factors with selected patient outcomes: A cross-sectional survey. *International Journal of Nursing Studies, 50*(2), 240–252. https://doi.org/10.1016/j.ijnurstu.2012.04.007

Aydin, C. E., Bolton, L. B., Donaldson, N., Brown, D. S., Buffum, M., Elashoff, J. D., & Sandhu, M. (2004). Creating and analyzing a statewide nursing quality measurement database. *Journal of Nursing Scholarship, 36*(4), 371–378. https://doi.org/10.1111/j.1547-5069.2004.04066.x

Bauer, S. H., & Gronemeyer, S. (2022). Nachweis verbesserter Patientensicherheit in Deutschland. *Das Gesundheitswesen, 84*(10), 926–934. https://doi.org/10.1055/a-1335-4813

Behrens, J., & Langer, G. (2021). *Evidence-based Nursing and Caring: Methoden und Ethik der Pflegepraxis und Versorgungsforschung* (5. Aufl.). Hogrefe.

Benchmarkinitiative Pflege. (Hrsg.). (2024). Benchmarkinitiative Pflege – Konzept 2.0 [Report]. Benchmarkinitiative Pflege. https://www.bqs.de/default-wAssets/docs/BI-N-Pflege_Konzept_2-0_2024-06-14.pdf. Zugegriffen: 14. Juni 2024.

Brown, D. S., & Wolosin, R. (2013). Safety culture relationships with hospital nursing sensitive metrics. *Journal for Healthcare Quality, 35*(4), 61–74. https://doi.org/10.1111/jhq.12016

Bundesministerium für Gesundheit. (2021). Globaler Aktionsplan für Patientensicherheit 2021–2030. Auf dem Weg zur Beseitigung vermeidbarer Schäden in der Gesundheitsversorgung. Berlin https://www.bundesgesundheitsministerium.de/fileadmin/Dateien/3_Downloads/P/Patientensicherheit/WHO_Global_Patient_Safety_Action_Plan_2021-2030_DE.pdf . Zugegriffen: 24. Febr. 2024.

Codling, S. (1995). *Best practice benchmarking: A management guide*. Gower Publishing.

Crossan, M. M., Lane, H. W., & White, R. E. (1999). An organizational learning framework: From intuition to institution. *The Academy of Management Review, 24*(3), 522. https://doi.org/10.2307/259140

Czäczine, R., Wuzel, E., & Veit, C. (2022). Interventionsstudie Magnet4Europe: Sich dem Vergleich stellen. *Die Schwester Der Pfleger*, 2022(10). https://www.bibliomed-pflege.de/sp/artikel/46497-sich-dem-vergleich-stellen.

Deutsches Herzzentrum der Charité (DHZC). (2024). Der Weg zur Magnet®-Klinik. Das DHZC auf einer spannenden Reise. Berlin. https://www.dhzb.de/pflege/magnet-klinik. Zugegriffen: 03. Sept. 2024.

Fischer-Cartlidge, E., Arenas, E., Ogbuagu, L., Remondini, C., & Murphy, J. (2020). Clinical Nurse specialists on the night shift. *Clinical Nurse Specialist, 34*(2), 70–74. https://doi.org/10.1097/NUR.0000000000000505

Gemeinsamer Bundesausschuss (G-BA). (2016). Bestimmung von Anforderungen an einrichtungsübergreifende Fehlermeldesysteme. In *Bundesanzeiger (BAnz AT vom 4. Juli 2016 B3)*. Gemeinsamer Bundesausschuss (G-BA). https://www.g-ba.de/downloads/62-492-1209/Bestimmung_ueFMS_2016-03-17_iK-2016-07-05.pdf. Zugegriffen: 16. Aug. 2024.

Gesetz über die Berufe in der Krankenpflege – KrPflG. (1985). In Bundesgesetzblatt Teil I (26). S. 893. Bundesanzeiger. https://www.bgbl.de/xaver/bgbl/start.xav#__bgbl__%2F%2F*%5B%40attr_id%3D%27bgbl185s0893.pdf%27%5D__1718654380173. Zugegriffen: 20. Mai 2024.

Gesetz über die Berufe in der Krankenpflege – KrPflG. (2003). In Bundesgesetzblatt Teil I (36). S. 1442. Bundesanzeiger. https://www.bgbl.de/xaver/bgbl/start.xav#__bgbl__%2F%2F*%5B%40attr_id%3D%27bgbl103s1442.pdf%27%5D__1718659344953. Zugegriffen: 20. Mai 2024.

Goldenhar, L. M., Brady, P. W., Sutcliffe, K. M., & Muething, S. E. (2013). Huddling for high reliability and situation awareness. *BMJ Quality & Safety, 22*(11), 899–906. https://doi.org/10.1136/bmjqs-2012-001467

Han, Y., Kim, J.-S., & Seo, Y. (2020). Cross-sectional study on patient safety culture, patient safety competency, and adverse events. *Western Journal of Nursing Research, 42*(1), 32–40. https://doi.org/10.1177/0193945919838990

Hensen, P. (2018). Qualität und Qualitätsmessung in der Pflege – Theoretische Grundlagen und methodische Zugänge. In K. Jacobs, A. Kuhlmey, S. Greß, J. Klauber, & A. Schwinger (Hrsg.), *Pflege-Report 2018* (S. 3–14). Springer. https://doi.org/10.1007/978-3-662-56822-4_1.

Hessels, A. J., Paliwal, M., Weaver, S. H., Siddiqui, D., & Wurmser, T. A. (2019). Impact of patient safety culture on missed nursing care and adverse patient events. *Journal of Nursing Care Quality, 34*(4), 287–294. https://doi.org/10.1097/NCQ.0000000000000378

Hofinger, G. (2013). Human Factors im Krankenhaus – Konzepte und Konsequenzen. Interdisciplinary Contributions to Hospital Management: Medicine, Patient Safety and Economics. *CLINOTEL- Journal (16)*. https://team-hf.de/wp-content/uploads/2021/05/2013-hofinger.g.human-factors-im-krankenhauscli.pdf. Zugegriffen: 11. Mai 2024.

Idvall, E., Rooke, L., & Hamrin, E. (1997). Quality indicators in clinical nursing: A review of the literature. *Journal of Advanced Nursing, 25*(1), 6–17. https://doi.org/10.1046/j.1365-2648.1997.1997025006.x

Institut für Qualitätssicherung und Transparenz im Gesundheitswesen (IQTIG). (ohne Datum). *Qualitätsindikatoren*. https://iqtig.org/qs-verfahren/hintergrund/qualitactsindikatoren/. Zugegriffen: 11. Juni 2024.

Institut für Qualität & Patientensicherheit (BQS). (ohne Datum). *Institutsprofil*. https://www.bqs.de/institutsprofil/. Zugegriffen: 15. Juni 2024.

International Association for Clinical Simulation and Learning. (2024). https://www.inacsl.org/clinical-simulation-in-nursing-journal Zugegriffen: 24. Febr. 2024.

Jasmine, T. (2009). Art, science, or both? Keeping the care in nursing. *The Nursing Clinics of North America, 44*(4), 415–421. https://doi.org/10.1016/j.cnur.2009.07.003

Joint Commission on Accreditation of Healthcare Organisations (JCAHO) (Hrsg.). (1990). *Primer on indicator development and application. Measuring quality in health care*. JCAHO.

Kastenholz, H., Geraedts, M., & Selbmann, H.-K. (2011). Benchmarking im Gesundheitswesen: Ein Instrument zur Qualitätsverbesserung setzt sich durch. *ZEFQ: Zeitschrift für Evidenz, Fortbildung und Qualität im Gesundheitswesen, 105*(5), 329–330.

Kleine, J., Maier, C. B., Köppen, J., & Busse, R. (2023). Magnet®-Krankenhäuser: Eine Chance für Deutschland?. In J. Klauber, J. Wasem, A. Beivers, & C. Mostert, C. (Hrsg.), *Krankenhaus-Report 2023*. Springer. https://doi.org/10.1007/978-3-662-66881-8_7.

Kneflin, N., O'Quinn, L., Geigle, G., Mott, B., Nebrig, D., & Munafo, J. (2016). Direct care nurses on the shared governance journey towards positive patient outcomes. *Journal of Clinical Nursing, 25*(5–6), 875–882. https://doi.org/10.1111/jocn.13114

Kutney-Lee, A., Germack, H., Hatfield, L., Kelly, S., Maguire, P., Dierkes, A., Del Guidice, M., & Aiken, L. H. (2016). Nurse engagement in shared governance and patient and nurse outcomes. *JONA: The Journal of Nursing Administration, 46*(11), 605–612.

Lahmann, N., Dassen, T., Tannen, A., Kottner, J., Schmitz, G., Kuntz, S., Raeder, K., Centmayer, R., Lichterfeld, A., Ludwig, O., & Fehling, P. (2016). *Pflegeprobleme in Deutschland*. https://charitcharits.geriatrie.charite.de/fileadmin/user_upload/microsites/m_cc13/geriatrie/Pflegestudie_2015_final.pdf. Zugegriffen: 15. Aug. 2024.

Lee, S. E., Vincent, C., Dahinten, V. S., Scott, L. D., Park, C. G., & Dunn Lopez, K. (2018). Effects of individual nurse and hospital characteristics on patient adverse events and quality of care: A multilevel analysis. *Journal of Nursing Scholarship, 50*(4), 432–440. https://doi.org/10.1111/jnu.12396

Magnet4Europe in Deutschland. (2020). MAGNET4EUROPE. https://www.magnet4europe.eu/deutschland.html. Zugegriffen: 11. Juni 2024.

Martin, H. A., & Ciurzynski, S. M. (2015). Situation, background, assessment, and recommendation-guided huddles improve communication and teamwork in the emergency department. *Journal of Emergency Nursing, 41*(6), 484–488. https://doi.org/10.1016/j.jen.2015.05.017

McClure ML, Poulin MA, Sovie MD, Wandelt MA (1983) Magnet hospitals. Attraction and retention of professional nurses. Task Force on Nursing Practice in Hospitals. American Academy of Nursing. American Nurses Association Publications (G-160) i–xiv, S 1– 135.

Mohsenpour, M., Hosseini, M., Abbaszadeh, A., Mohammadi Shahboulaghi, F., & Khankeh, H. (2017). Nursing error: An integrated review of the literature. *Indian Journal of Medical Ethics*. https://doi.org/10.20529/IJME.2017.020.

Nelson, K. M., & Cooprider, J. G. (1996). The contribution of shared knowledge to is group performance. *Management Information Systems Quarterly, 20*(4), 409. https://doi.org/10.2307/249562

Nelson-Brantley, H. V., & Chipps, E. (2021). Implementation science and nursing leadership: Improving the adoption and sustainability of evidence-based practice. *JONA: The Journal of Nursing Administration, 51*(5), 237–239. https://doi.org/10.1097/nna.0000000000001006.

Olds, D. M., Aiken, L. H., Cimiotti, J. P., & Lake, E. T. (2017). Association of nurse work environment and safety climate on patient mortality: A cross-sectional study. *International Journal of Nursing Studies, 74*, 155–161. https://doi.org/10.1016/j.ijnurstu.2017.06.004

Pflegeberufegesetz – PflBG. (2017). In Bundesgesetzblatt: Teil I (49). Bundesanzeiger. https://www.gesetze-im-internet.de/pflbg/. Zugegriffen: 20. Mai 2024.

Pimentel, C. B., Snow, A. L., Carnes, S. L., Shah, N. R., Loup, J. R., Vallejo-Luces, T. M., Madrigal, C., & Hartmann, C. W. (2021). Huddles and their effectiveness at the frontlines of clinical care: A scoping review. *Journal of General Internal Medicine, 36*(9), 2772–2783. https://doi.org/10.1007/s11606-021-06632-9

Pittman, J., & Gillespie, C. (2020). Medical Device-Related Pressure Injuries. *Critical Care Nursing Clinics of North America, 32*(4), 533–542. https://doi.org/10.1016/j.cnc.2020.08.004

Radl, K. S., Breznik, M., Wilhelmer, I. (2022). *Simulation in der Ausbildung von Gesundheitsberufen*. Facultas.

Royal College of Nursing & Royal College of Paediatrics and Child Health. (2017). Understanding benchmarking. In University of Manchester, RCN Guidance For Nursing Staff Working With Children And Young People [Report]. https://www.rcn.org.uk/-/media/Royal-College-Of-Nursing/Documents/Publications/2017/Ocotber/PDF-006333.pdf.

Schilling, J., & Kluge, A. (2013). Organisationales Lernen. In D. E. Krause (Hrsg.), *Kreativität, Innovation, Entrepreneurship* (S. 233–250). Springer. https://doi.org/10.1007/978-3-658-02551-9_12.

Scott, K., & McSherry, R. (2009). Evidence-based nursing: Clarifying the concepts for nurses in practice. *Journal of Clinical Nursing, 18*(8), 1085–1095. https://doi.org/10.1111/j.1365-2702.2008.02588.x

Sim, J., Crookes, P., Walsh, K., & Halcomb, E. (2018). Measuring the outcomes of nursing practice: A Delphi study. *Journal of Clinical Nursing, 27*(1–2). https://doi.org/10.1111/jocn.13971

Speroni, K. G., Wisner, K., Ober, M., Haines, F., Walters, C., & Budhathoki, C. (2021). Effect of shared governance on nurse-sensitive indicator and satisfaction outcomes by magnet® recognition status. *JONA: The Journal of Nursing Administration, 51*(7/8), 379–388. https://doi.org/10.1097/NNA.0000000000001033

Steinacker, A. (2022). *Simulationsszenarien für Aus- und Weiterbildung in der Pflege.* Springer.

Strzys, D. M. (2023). *Vom fachpraktischen Unterricht zur Simulation in der Pflege. Ein Konzept zum simulationsbasierten Lernen am Beispiel der perioperativen Pflege im Rahmen der generalistischen Pflegeausbildung.* Springer.

Stalpers, D., de Brouwer, B. J. M., Kaljouw, M. J., & Schuurmans, M. J. (2015). Associations between characteristics of the nurse work environment and five nurse-sensitive patient outcomes in hospitals: A systematic review of literature. *International Journal of Nursing Studies, 52*(4), 817–835. https://doi.org/10.1016/j.ijnurstu.2015.01.005

Taylor, J. A., Dominici, F., Agnew, J., Gerwin, D., Morlock, L., & Miller, M. R. (2012). Do nurse and patient injuries share common antecedents? An analysis of associations with safety climate and working conditions. *BMJ Quality & Safety, 21*(2), 101–111. https://doi.org/10.1136/bmjqs-2011-000082

Technische Universität Berlin (2022). Magnet4Europe. https://www.tu.berlin/mig/forschung/projekte/aktuelle-projekte/magnet4europe. Zugegriffen: 02. Aug. 2024.

Thomas, J. V., Silverstein, W., & Stroh, L. (2022). *Bring night-shift nurses to the shared governance table.* American Nurses Association ANA. https://www.myamericannurse.com/night-councils/. Zugegriffen: 28. Febr. 2024.

Twigg, D. E., Gelder, L., & Myers, H. (2015). The impact of understaffed shifts on nurse-sensitive outcomes. *Journal of Advanced Nursing, 71*(7), 1564–1572. https://doi.org/10.1111/jan.12616

Universitätsbibliothek der Humboldt-Universität Berlin. (2023). Bibliotheksglossar: Peer-Review-Verfahren. https://www.ub.hu-berlin.de/de/bibliotheksglossar/peer-review-verfahren. Zugegriffen: 02. Aug. 2024.

Zimmermann, C., & Schwappach, D. (2021). Interaktives Lernen im Room of Horrors, Manual für Spitäler. Stiftung Patientensicherheit, Zürich. https://patientensicherheit.ch/wp/wp-content/uploads/2023/03/Room_of_Horrors_Manual_Spit_ler_D_V2.pdf. Zugegriffen: 24. Febr. 2024

# New Learning: Pädagogik als Führungsaufgabe etablieren

Maria Kitzmantel, Christine Gruber, Ivonne Mohr, Nicole David, Theresa Siegler, Stefanie Reisinger und Julia Mayer

## 5.1 Pädagogik in der Praxis - Zwischen Tradition und digitalem Wandel

„Berufliche Handlungskompetenz im Sinne einer gelingenden, fachlich korrekten, situationsangemessenen und fallbezogenen Problemlösung entsteht in der Berufspraxis", so Schewior-Popp (2011, S. 7). Daher ist es von Bedeutung, was die Lernenden in der Berufswirklichkeit erleben, wie sie das Erlebte interpretieren und bewerten und welche Schlussfolgerungen sie für ihr zukünftiges Handeln daraus ableiten. Praxisbegleitung und Praxisanleitung durch eine Lehrperson sollte diesen Kontext aufgreifen und den Lernprozess der Auszubildenden und Studierenden dahingehend unterstützen und fördern. Auf dieser Grundlage hat der Lernort „Praxis" in der Entwicklung beruflicher Handlungskompetenz besondere Bedeutung.

Ziel der Lern- und Lehrarrangements sollte vorrangig sein, die individuelle Kompetenzförderung passend zum Lerninhalt und Praxislernort zu entwickeln. In diesem Kontext kann das Aufgabenprofil der Praxispädagog*innen folgende Dimensionen enthalten:

---

M. Kitzmantel (✉)
Pflegedirektion, TUM Klinikum Rechts der Isar, München, Deutschland
E-Mail: newworkinnursing@gmail.com

C. Gruber · I. Mohr · N. David · T. Siegler · S. Reisinger
München, Deutschland

J. Mayer
Mannheim, Deutschland

© Der/die Autor(en), exklusiv lizenziert an Springer-Verlag GmbH, DE, ein Teil von Springer Nature 2025
J. Mayer et al. (Hrsg.), *New Work im Krankenhaus*,
https://doi.org/10.1007/978-3-662-70410-3_5

- Gruppenprozesse und Erkundungsprojekte in der Berufspraxis lernförderlich entwickeln, gestalten, begleiten und auswerten
- Lernende zur Eigenreflexion von Berufserfahrungen bestärken und Methoden und Instrumente zur Reflexion und Problemlösung vorhalten sowie deren Umgang schulen
- Lernende in der Problemanalyse befähigen und in der Problemlösung beraten und unterstützen, lernförderliche Rahmenbedingungen arrangieren (z. B. Zeit, Raum, Lernmaterialien)
- Lernmotivation im Rahmen der individuellen Lernbegleitung fördern

Die Lehrpersonen benötigt hierfür verschiedene Lehrkompetenzen. Diese Kompetenzen werden in den Lehrmethoden sichtbar und sollten u. a. nachfolgende Kriterien erfüllen:

- Anknüpfung an die persönliche Lebenswelt des*der Lernenden sowie Praxisnähe und Handlungsorientierung
- Aktivierung der eigenen Lernbiografie
- Vielseitige und attraktive Lernangebote für die verschiedenen Lerntypen
- Hoher Aufforderungscharakter zur Förderung der Selbstlernkompetenz und reflexive Anteile zur Überprüfung des Lernerfolgs (Hamann et al., 2017, S. 8 ff.)

Im klinischen Setting können die Pädagog*innen vor Ort Berufssituationen konkret und zeitnah aufgreifen und lernförderlich arrangieren. Die dabei häufig implizit ablaufenden Lernprozesse während der Anleitungssituationen bedürfen systematischer Reflexionsphasen, um den Auszubildenden und Studierenden das Lernen aus den Pflegeerfahrungen zu ermöglichen und erlebbar als sinnstiftend zu gestalten (Walter & Bohrer, 2020). Die pädagogisch-didaktische Lernbegleitung kann so durch reflexive Aufarbeitung realer Berufssituationen die Erfahrungen der Lernenden in der Praxis als bedeutungsvoll erleben lassen (Arens, 2017).

Um diesem Anspruch gerecht zu werden, kann das pädagogische Modell „Cognitive Apprenticeship" (CAS-Modell) Anwendung finden (Küng et al., 2018). Dieser pädagogische Ansatz ermöglicht patient*innen- und teamorientiertes Lernen, bei dem sich ein heterogenes Team mit ausgewogenem Skill-Grade-Mix und einer Shared-Governance-Struktur optimal einbringen kann. Dabei werden die Rollen aller Personen, die am Versorgungsprozess beteiligt sind, konkret definiert und wertschätzend akzeptiert. Eine zentrale Aufgabe besteht darin, bei den Lernenden eine patient*innenorientierte Haltung aufzubauen und patient*innenzentrierte Kompetenzen auszubilden. Die erfahrenen Kolleg*innen werden für die Lernenden zu Expert*innen und dienen ihnen als inspirierende und motivierende Vorbilder. „Lernen am Rollenmodell" kann so als ein prägendes Schlüsselerlebnis in der Bildung erlebt werden (s. Abschn. 7.1).

Die pflegedidaktische Heuristik nach Darmann-Finck (2010) versteht sich als ein Modell der verständigungs- und reflexionsorientierten Beziehungsgestaltung und ist somit eine Alternative zum reinen regel- und expertenzentrierten Pflegeverständnis. Lernende sollen nicht nur praktische Fähigkeiten erwerben, sondern diese auch reflektieren und in den Kontext ethischer Prinzipien und professioneller Werte einordnen. Man geht davon aus, dass die Lernenden auf drei Ebenen in verschiedenen Perspektiven wichtige Erkenntnisse erlangen:

1. Technische Erkenntnisebene – Regelorientierung
   Das technische Erkenntnisinteresse bezieht sich auf konkrete Handlungsregeln, wie zum Beispiel die Ableitung von Richtlinien, die dem aktuellen wissenschaftlichen Stand entsprechen.
2. Praktische Erkenntnisebene – Fallorientierung
   Diese Ebene beinhaltet das Verstehen unterschiedlicher Sichtweisen. Mit einem Perspektivwechsel im Pflegeunterricht sollen den Auszubildenden die Zieldimensionen und die Multiperspektivität von Pflegesituationen verdeutlicht werden.
3. Emanzipatorische Erkenntnisebene – Meinungsorientierung
   Das emanzipatorische Erkenntnisinteresse setzt sich mit Dilemmasituationen, Konflikten und Widersprüchen auseinander. Hier wird die Reflexion des Erlebten angesprochen, um den Einzelfall übergreifende Erkenntnisse in der pflegerischen Handlung aufzudecken und nach Lösungen oder Alternativen zu suchen.

Diese Ebenen werden aus Sicht der Pflegenden, der Patient*innen und Angehörigen, der Institution des Gesundheitswesens sowie aus der Perspektive des pflegerischen Handelns analysiert. Darmann-Finck (2010) postuliert, dass der Bildungsgehalt zunimmt, je besser die drei Stufen des Erkenntnisinteresses erreicht werden.

Das CAS-Modell und die pflegedidaktische Heuristik nach Darmann-Finck sind bedeutende pädagogische Ansätze, die unverzichtbare Elemente der praxisorientierten Pflegebildung beinhalten. Eine wichtige Voraussetzung einer adäquaten praktischen (Aus-)Bildung sind damit fachlich und pädagogisch qualifizierte Lehrpersonen, die bestenfalls eine akademische Bildung vorweisen.

Eine wesentliche Herausforderung und große Chance in der Pflegepädagogik ist der Übergang zur Digitalisierung. Der digitale Wandel erfordert die Anpassung traditioneller Lehrmethoden an digitale Formate und stellt alle beteiligten Personen vor die Herausforderung, neue Technologien effektiv zu nutzen. Die praktische Ausbildung sollte zunehmend mit digitalen Tools kombiniert werden. Hierbei ist es notwendig, die unterschiedlichen Bedürfnisse und Kompetenzen der Beteiligten zu berücksichtigen, um die Akzeptanz für digitale Lernmethoden nachhaltig sicherzustellen. Die Akademisierung der Pflege fördert die Kompetenzen, die für den Umgang mit digitalen Gesundheitslösungen notwendig sind. Gleichzeitig ermöglicht die Digitalisierung den Zugang zu umfangreichen Gesundheitsdaten, die evidencebasierte Entscheidungen unterstützen. Beide Entwicklungen bieten Potenzial für die Förderung von Qualität und Effizienz in der Pflege.

Auch wenn die Digitalisierung in der gesamten Bildungslandschaft in Deutschland nur schleppend vorangeht (Karutz, 2021; Wilcha, 2020), ist die Umsetzung innovativer digitaler Lernkonzepte in der Pflege ein notwendiger nächster Schritt.

Diesen gilt es flexibel und lösungsorientiert anzugehen. Die Digitalisierung und Mediatisierung sind Wandlungsprozesse, die unsere Gesellschaft in einem großen Ausmaß prägen und formen, denn die Medien und deren Nutzung bringen entsprechende kulturelle und soziale Veränderungen mit sich. Auch die Bedarfe der Lernenden und der Unternehmen wandeln sich, was sich auch in der Angebotsentwicklung der Erwachsenen- und Weiterbildung widerspiegelt (Egetenmeyer et al., 2021). Unter diesen Bedingungen verändern sich die Anforderungen an die Lehrpersonen. Der Entwicklung der digitalen Kompetenz als eine Schlüsselqualifikation kommt dabei eine bedeutsame Rolle zu. Im Zuge dessen verändert sich das Berufsverständnis von Lehrpersonen hin zur Rolle eines Lernbegleitenden. Dabei stellt sich die Frage, welche digitalen Medien zu welchen Adressat*innen passen und wie man diese einsetzen kann. Welche Formate unterstützen die Motivation zur Teilnahme an Bildung und welche nicht? Mitzudenken sind die Auswahl der technischen Werkzeuge, deren Anwendungsfreundlichkeit und die privaten Nutzungsoptionen und Gewohnheiten der Lernenden (Egetenmeyer et al., 2021).

Folgende Lehr- und Lernarrangements können beispielsweise unterschieden werden:

- Präsenzangebote in der klinischen Praxis, in denen digitale Medien eingesetzt werden
- On-Demand-Kurse, die ausschließlich virtuell stattfinden
- Blended-Learning-Formate in Form einer Kombination aus Präsenz- und Onlinephasen
- Hybride Formate, die Teilnehmende an unterschiedlichen Standorten zusammenbringen, z. B. der Journal Club

Je nach Bedarf kann der Einsatz digitaler Medien unterschiedlich gestaltet werden und es können interaktive Boards, digitale Werkzeuge (z. B. Präsentationssoftware) oder inhaltlich didaktisch strukturierte Medienangebote (Erklärvideos oder Podcasts) zum Einsatz kommen. Dazu zählen sämtliche Lernmanagementsysteme (Moodle, MyIKE usw.), Präsentationsprogramme oder Tools zur Erstellung virtueller Pinnwände. E-Books, Lernprogramme, Virtual-Reality-Anwendungen und Lernspiele sind mögliche didaktisch-strukturierte digitale Medienangebote (Tulodziecki, 2021; Egetenmeyer et al., 2021). Online-Tools, die die Interaktion zwischen Lernenden und Lehrenden fördern, werden ebenso gezielt eingesetzt. Diese können unabhängig davon eingesetzt werden, ob die Wissensvermittlung in Präsenz oder im virtuellen Raum stattfindet. Diese Werkzeuge können zum Beispiel zur Erstellung eines Quiz (z. B. Kahoot) oder virtueller Pinnwände (z. B. Mural oder Miro), für virtuelle Umfragen (z. B. Mentimeter), zum Wissensmanagement (z. B. Trello) und zur Erstellung von Lernbausteinen (z. B. Learning Snacks) genutzt werden (Egetenmeyer et al., 2021).

Ein weiterer wichtiger Bestandteil der Digitalisierung in der Pädagogik sind moderne Kollaborationsplattformen wie Mattermost und Slack, die den Lernenden einen Austausch ermöglichen. In verschiedenen Kanälen können sie sich thematisch in Untergruppen formieren, Zwischenergebnisse teilen und sich austauschen.

Die Aufgabenkoordination kann beispielsweise mit dem Kanban-Board erfolgen, das aus dem Konzept der Lean Production als einer Form der Projektorganisation kommt (Höhne, 2021).

Die Verortung der Pädagog*innen in der Praxis kann in unterschiedlichen Konzepten erfolgen. Das Konzept der zentralen und dezentralen Praxisanleitung hat sich vielerorts bewährt. In Bezug auf die Digitalisierung hat dies den Vorteil, dass zentrale Praxisanleitende für einheitliche Strukturen sorgen, während auf dezentraler Ebene die digitale Bildung praxisnah auf den Stationen umgesetzt wird. So können digitale Innovationen schneller integriert und an die Bedürfnisse der Mitarbeitenden angepasst werden. Gelenkt wird dieses Vorgehen in enger Kooperation zwischen den anleitenden Pädagog*innen und der pflegepädagogischen Leitung der Shared Governance.

Die pflegepädagogische Leitung in der Shared-Governance-Struktur übernimmt Beratungs-, Moderations- und Trainingsaufgaben innerhalb des pädagogischen Teams. Zu ihren Aufgaben gehört zudem die didaktische Aufbereitung von kompetenzorientierten Lernangeboten und Anleitungen von Studierenden und neuen Mitarbeitenden in der Praxis. Sie ist im Leitungsteam Ansprechpartner*in bezüglich des Theorie-Praxis-Transfers in komplexen Versorgungsfällen und zudem aktiv an der Entwicklung pädagogischer Konzepte beteiligt. Besonders hervorzuheben in diesem Kontext ist die Vernetzung der pädagogischen Leitung mit der zentralen oder dezentralen Praxisanleitung innerhalb der praxisanleitenden Personen sowie der regelmäßige Diskurs innerhalb des Shared-Governance-Teams. Vorstellbar hierfür sind gemeinsame Councils (s. Abschn. 2.4 und 3.5), regelmäßige Workshops, Journal Clubs (s. Abschn. 6.5), weitere pädagogische Fortbildungsformate, Kongresse und vieles mehr.

Der konstante Wandel der pädagogischen Anforderungen in der klinischen (Aus-)Bildung zeigt, dass innovative Konzepte, wie die Shared Governance mit interprofessioneller Ausbildungsstation (s. Abschn. 5.4) oder ein Learnee- (s. Abschn. 5.5) und Traineeprogramm (s. Kap. 7) notwendige Entwicklungen sind, um die Berufsbildung fortlaufend weiter zu professionalisieren.

## 5.2 New Learning – Pädagogische Leitung in der Shared Governance

New Learning beschäftigt sich mit innovativen Bildungskonzepten, die flexibles und technologiegestütztes Lernen ermöglichen, um nachhaltige und positive Lernerfahrungen der Auszubildenden, Studierenden und Mitarbeitenden zu ermöglichen. Ziel ist es, Lernen direkt in den Arbeitsalltag zu integrieren und zu implementieren, sodass sich die Mitarbeitenden neue und wichtige Lerninhalte zeitnah, flexibel und eigenständig erarbeiten können (Gabathuler & Kornfeind, 2023). New Learning nutzt dabei die zentralen Prinzipien von New Work, die in Abschn. 1.1 beschrieben sind. New Learning wird von den Lernenden als sinnhaft erlebt, da die individuelle Entfaltung des*der Einzelnen und die Förderung seiner*ihrer Potenziale einen hohen Stellenwert einnehmen. Lernende erleben und erfahren zahlreiche Möglichkeiten der Selbstverantwortung und gestalten diese als aktive und soziale Prozesse. Dabei sollte Lernen in den Arbeitsprozess integriert werden und hauptsächlich informell und selbstorganisiert erfolgen (Foelsing & Schmitz, 2021).

Beim selbstorganisierten Lernen treffen Lernende eigenständig Entscheidungen darüber, ob, was, wann, wie und zu welchem Zweck sie lernen, basierend auf einem Bedürfnis, einer Problemstellung, Herausforderung oder Emotion (Panadero, 2017). Jeder Mensch hat eine eigene Lernbiografie und individuelle Lernstrategien. Lernende schaffen sich so eigene Strukturen und können sich für individuelle (Teil-)Ziele, Formate und Medien entscheiden (Eggers, 2022). Sie tragen die Verantwortung für ihren Lernprozess, was beim Erkennen des eigenen Lernbedarfs beginnt und bis zur Festlegung der Inhalte und zum Im-Blick-Halten des eigenen Lernprozesses reicht. Es betrifft darüber hinaus die Auswahl der für einen selbst passenden Methoden (Medien, Formate, Technologien, künstliche Intelligenz) und Lernstrategien sowie den nachhaltigen Transfer in den Arbeitsprozess und die Selbstevaluation des Lernerfolgs (Foelsing & Schmitz, 2021).

Vor dem Hintergrund der Umsetzung von New Learning in Unternehmen rückt insbesondere die adaptive, d. h. anpassungsfähige Zielverfolgung in den Fokus. Das bedeutet für die Praxis, dass der*die Lernende im Lernprozess mittels verschiedener Reflexionsschleifen nicht nur die Zielerreichung, sondern auch die Festlegung von Prioritäten und die Angemessenheit der gesetzten Ziele überwacht, um seine*ihre nachfolgenden Handlungen entsprechend zu prüfen und ggf. anzupassen (Arnold et al., 2002; Knowles, 1975; Weinert, 1982 nach Foelsing & Schmitz, 2021). Von Bedeutung ist dabei die Fähigkeit jedes*r Einzelnen, sich allein oder im Team reflektieren zu können. So können Lernende selbst ihren Lernbedarf identifizieren und den eigenen Lernprozess im „moment of need", also in der Situation initiieren. Ziele werden nur dann verfolgt, wenn diese für die lernende Person relevant sind, also ein Bedürfnis ansprechen, das für die Person von Interesse ist. Diese Form des Lernens findet überwiegend arbeitsintegriert und erfahrungsbasiert im Prozess der Arbeit sowie in einem sinnvollen Kontext mit realen Problemstellungen des*der Lernenden statt. So kann das Wissen in der Praxis überprüft, aktiv genutzt oder aktualisiert und auf neue Situationen angewendet werden (Dehnbostel, 2018; Foelsing & Schmitz, 2021).

Lernen im Sinne von New Learning wird nicht mehr mittels fester und vorgegebener Methoden und durch die Organisation gesteuert durchgeführt. Beim New Learning übernehmenden Lehrende *und* Lernende den aktiven Part und entscheiden über den Lernprozess. Es kann und soll vermieden werden, dass die Lernenden durch eine Führungsperson beliebig zu Schulungsmaßnahmen entsendet werden, die den eigenen Lernbedarfen nicht entsprechen, oder einen Trainingskatalog ohne pädagogische Unterstützung abarbeiten, was zu Demotivation und Abwehr führen kann (Eggers, 2022).

Führungspersonen kommt im New Learning dabei ein wichtiger Part zu, denn ihre Aufgabe ist es, die Mitarbeitenden und (zukünftigen) Kolleg*innen zu fördern, zu beraten und ihnen Lernen zu ermöglichen. Insbesondere im Rahmen der Shared Governance sollen Führungspersonen authentisches Vorbild sein, was inkludiert, dass sie sich selbst ebenso weiterentwickeln und an Bildungsmaßnahmen teilnehmen.

Die pädagogische Shared-Governance-Leitung zusammen mit Pflegepädagog*innen und Praxisanleitenden sind in der Praxis für die Didaktik und Methodenangebote verantwortlich, um im Sinne des New Learning den aktuellen Anforderungen an das Lernen gerecht werden zu können. In Bezug auf Schulungsmaßnahmen oder Fortbildungen bedeutet dies beispielsweise, dass ein klassischer Lehrvortrag mit Vorlesungscharakter nicht mehr zeitgemäß ist, da dies keine Selbststeuerung des Lernprozesses für die Lernenden zulässt. Für eine gelingende Selbststeuerung werden Selbstlernskills aufgebaut bzw. vertieft. Gleichzeitig wird von den Lernenden erwartet, sich neues Wissen anzueignen und den Aufbau weiterer Fähigkeiten selbstverantwortlich zu steuern.

Für eine individuelle Weiterentwicklung und nachhaltige Verbesserung der Patient*innenversorgung müssen Fähigkeiten und ebenso bestehende Defizite erkannt sowie Lernbedürfnisse identifiziert werden und daraus persönliche Lernziele abgeleitet werden. Wichtig ist, die Lernziele und den Lernprozess zu reflektieren, um ihn möglicherweise verbessern und anpassen zu können. Die Lernenden werden so im klinischen Alltag gefördert und unterstützt, Methoden zu nutzen, die zu dem*der Lernenden und den Lernpräferenzen besonders gut passen.

## 5.3 One Minute Wonder

Nachfolgend wird das Projekt „One Minute Wonder – Wissen to go!" vorgestellt, das als klinikweite Praxisentwicklungsinitiative zur Förderung der Lernkultur, der Etablierung von evidencebasiertem Wissen und der Befähigung von Pflegefachpersonen umgesetzt wurde.

Das aus England stammende Fortbildungsformat One Minute Wonder findet seit geraumer Zeit Aufmerksamkeit und Anwendung im klinischen Umfeld der Pflege in Deutschland (Krüger & Mannebach, 2018; Rowlinson, 2014). Bei einem One Minute Wonder, kurz OMW, werden relevante Themen im DIN-A4-Format visuell in Text und Grafik so aufbereitet, dass Lesende sich innerhalb einer Minute neue Erkenntnisse aneignen oder bestehendes Wissen auffrischen können. Dabei werden diese Informationen dort veröffentlicht, wo Individuen oder Teams im klinischen Alltag Wartezeiten erleben (Krüger & Mannebach, 2019; Rowlinson, 2014).

Aktives Lernen mit unterschiedlichen Methoden spielt in der Methodologie der Praxisentwicklung nach McCormack et al. (2013) eine wichtige Rolle zur Entwicklung einer personzentrierten Kultur. Der Arbeitsplatz stellt eine zentrale Ressource für das Lernen dar. Mithilfe einer begleitenden und empowernden Person (engl.: „facilitator") wird sowohl das unterstützte als auch das eigenständige Lernen von Individuen und Teams gefördert (McCormack et al., 2013). Das Erlernen von Fachwissen und die Entwicklung einer lernorientierten Kultur zielen darauf ab, dass Personen selbstständiger handeln und dadurch aufblühen können (Titchen & McCormack, 2008). Im Kontext des Frameworks für Praxisentwicklung nach McCormack et al. (2013) kann das One Minute Wonder im klinischen Umfeld als Methode oder Werkzeug Einfluss auf die Kultur des Lernens nehmen. Evidencebasiertes Fachwissen der OMW unterstützt Pflegende in ihrer Entscheidungsfindung und weckt Neugier für eine vertiefte Beschäftigung mit dem OMW-Thema.

Wenngleich das Ursprungskonzept der Praxisentwicklung auf Kontinuität zur Entwicklung einer personzentrierten Kultur bei Individuen und Teams abzielt, so können auch begleitete Initiativen in Form von Projekten als Facetten von Praxisentwicklung betrachtet werden (Shaw, 2013). Bei der Implementierung der Methode One Minute Wonder gestalten Pflegefachpersonen aus unterschiedlichen Fachbereichen proaktiv ihre Arbeitsumgebung und nehmen Einfluss auf die Förderung einer Kultur des Lernens.

**Einblicke in das Projektvorgehen „One Minute Wonder – Wissen to go!"**
Am TUM Klinikum Rechts der Isar wurde 2019 damit begonnen, sich mit der Lernmethode One Minute Wonder auseinanderzusetzen. In Abb. 5.1 ist das Vorgehen mithilfe eines Zeitstrahls skizziert. Mit der Initiierung und der Projektteamgründung begann die gemeinsame Auseinandersetzung mit der OMW-Lernmethode und ihrer Bedeutung für die klinische Behandlung und Versorgung aus der Perspektive von Patient*innen, der Profession Pflege, der Teams und der eigenen Person. Vor und während der Konzeptionsphase des Projekts war die gemeinsame Reflexion über individuelle und kollektive Werte Teil der Entwicklung einer gemeinsamen Vision und der Projektzielsetzungen. Die Idealvorstellung sieht die Förderung einer personzentrierten Versorgung und Umsetzung von evidencebasiertem pflegerischen Wissen vor. Als Hauptziel der One Minute Wonder wurde die Wissensvermittlung und Wissenszirkulation von aktuellen Erkenntnissen definiert, um eine sicherere Patient*innenversorgung zu unterstützen.

In der Informationsphase wurden Literaturrecherchen auf nationaler und internationaler Ebene durchgeführt. Pflegefachpersonen des Projektteams erstellten auf dieser Basis erste OMW. Anschließend wurden die persönlichen Erfahrungen diskutiert, woraufhin erste Voraussetzungen und Rahmenbedingungen identifiziert wurden, die für die Implementierung von OMW notwendig sind.

Mit dem Start der Konzeptions- und Planungsphase wurde eine Formatvorlage entworfen und es wurden Kriterien für die Erstellung von OMW für eine einheitliche Vorgehensweise formuliert. In der Teamzusammenarbeit entstand daraus ein Anleitungsbogen zur Erstellung von OMW. Darin beschrieben sind Verantwortlichkeiten, Zugriffsmöglichkeiten für Literatur (Bibliotheken, Datenbanken, wissenschaftliche und Fachzeitschriften) und der OMW-Prozess. Im Zuge dessen wurde die eigene Rolle als „Wonder-Mitglied" diskutiert und festgelegt (s. folgend, OMW-Rollen und Begleitformate). Notwendige Rahmenbedingungen sind die Bereitstellung wesentlicher Ressourcen wie Projektleitung, Teammitglieder, Begleiter*innen sowie Arbeitszeit für die Projekttreffen und die Erstellung von OMW.

Das Projektvorhaben wurde in einem Projektantrag formuliert und der Pflegedirektorin präsentiert. Die gemeinsame Planung sah eine sechsmonatige Pilotphase vor, um die Fortbildungsmethode und Vorgehensweise für das Roll-out zu testen. Die anschließende Evaluation fand in zwei Formaten statt: eine formative Evaluation, bei der die OMW-Beauftragten den Prozess der Pilotierung dokumentierten und nach der Pilotierung eine Befragung auf den OMW-Stationen/-Berei-

# OMW-Zeitstrahl

**2019 – Initiierung One Minute Wonder**
- Recruiting von Pflegefachpersonen mit Interesse an OMW und Motivation an der Projektarbeit / Projektleitung

**2020 – Wonder-Team Gründung**
- Auseinandersetzung mit Werten, Entwicklung einer Vision und Zielsetzung OMW

**Informationsphase**
- Literaturrecherche, Sammlung von Eigenerfahrungen, Austausch

**2021 – Konzeptionsphase und Projektplanung**
- Projektplan
- Rollenklärung
- Entwicklung OMW-Prozess, Erstellung Formatvorlagen und Anleitbogen
- Festlegung von Rahmenbedingungen und Voraussetzungen
- Evaluation: Fragebogenentwicklung und Prozessdokumentation
- Einbezug relevanter Stakeholder

**Projekt- und Evaluationsgenehmigung**

**2022 – Pilotierung**
- Kick-Off-Veranstaltung
- Prozessbegleitung und -evaluation

**Evaluation und Anpassung**
- Datenerhebung und -auswertung, Ergebnispräsentation
- Evaluationsergebnisse auf den Pilotstationen integrieren

**Seit 2023 – Fortlaufende Maßnahmen, Bewertungen und Anpassungen**
- Überarbeitung von OMW-Dokumenten
- Verfügbarkeit OMW auf Qualitätsmanagement-Plattform
- Recruiting neuer Wonder-Team-Mitglieder / OMW-Beauftragte
- Roll-Out
- OMW-Fortbildung
- Weiterentwicklung Begleitformate
- Interprofessionelle Zusammenarbeit

**Abb. 5.1** OMW- Zeitstrahl. (Quelle: Eigene Darstellung)

chen durchführten. Nachdem kein validierter und zugänglicher Fragebogen zur Verfügung stand, wurde ein Fragebogen dazu entwickelt.

Die Pilotierungsphase startete mit Kick-off-Veranstaltungen in den fünf Pilotbereichen der jeweiligen Teammitglieder. In einem vierwöchentlichen Wechselintervall konnten insgesamt sechs OMW ausgehängt werden. Anschließend erfolgten die freiwillige, anonyme und informierte Paper-Pencil-Befragung auf den Pilotstationen sowie die formative Evaluation. Die Daten wurden deskriptiv mit Excel und SPSS ausgewertet. Nach der Präsentation der Evaluationsergebnisse erfolgte im OMW-Team ein gemeinsamer reflexiver Diskurs dazu. Neben der Identifizierung erforderlicher Anpassungen zeigten die Ergebnisse einen erfreulichen Teamerfolg. Seither werden im Projektteam fortlaufend Maßnahmen auf Basis von Beobachtung der eigenen Praxis, Ideen und Veränderungswünschen von Kolleg*innen geplant und Anpassungen für das klinikweite Roll-out vorgenommen.

▶ **Relevante Stakeholder für das erfolgreiche Gelingen**
In das Vorhaben waren und sind verschiedene Stakeholder involviert, die auf den Erfolg Einfluss nehmen. Ihre partizipative Einbindung ist nicht nur gegenwärtig, sondern bleibt auch weiterhin entscheidend für das erfolgreiche Gelingen des Vorhabens.

Die wesentlichen Akteure sind:

1. Führungspersonen aus dem unteren, mittleren und insbesondere oberen Management, die das Vorhaben unterstützen und regelmäßig über den aktuellen Stand des Vorhabens informiert werden. Die Rolle der pflegerischen Direktion ist dabei essenziell zur Gewährung von Ressourcen und Genehmigung des Projektes.
2. Pflegende aus der klinischen Praxis sind die wichtigsten Stakeholder, da sie die Empfänger*innen der OMW-Lernmethode sind. Hier ist es notwendig, mittels unterschiedlicher Kommunikationswege über das Vorhaben zu informieren und die Zielgruppe aktiv in die Nutzung der OMW einzubinden. Ihre Wünsche und Vorschläge tragen zur kontinuierlichen Anpassung bei, um das Vorhaben weiterzuentwickeln, für eine OMW-Lernkultur zu sensibilisieren und diese zu etablieren.
3. Datenschutz und Personalrat: Sie sind notwendig für die Genehmigung der wissenschaftsbasierten Evaluation der Pilotierungsphase. Das datenschutzrechtliche Votum bestätigt die diesbezügliche ethische Integrität des Projekts.
4. Zentrales Qualitätsmanagement (QM): Das zentrale QM ist in Abstimmungs- und Überprüfungsprozesse involviert, insbesondere bei der Wahrung von Qualitätsansprüchen durch die Entwicklung von Qualitätsmanagementdokumenten und bei der Schaffung einer Landingpage für OMW in der internen QM-Datenbank. Letzteres ist insoweit relevant, als alle Pflegefachpersonen freien Zugang auf freigegebene OMW haben und der Bedarf einer Revision automatisch angezeigt wird.

5. Unternehmenskommunikation: Ihre Rolle erstreckt sich auf die Entwicklung von Formatvorlagen im Unternehmensdesign, damit die konsistente visuelle Darstellung der OMW gewährleistet ist. Zudem unterstützt sie in der Berichterstattung auf der klinikinternen Plattform (Intranet), um Informationen über das Vorhaben zu teilen.

**OMW-Rollen und Begleitungsformate**
Das Projektteam, das sich im Verlauf augenzwinkernd den Namen „Wonder-Team" gab, setzt sich aus Pflegefachpersonen zusammen, die verschiedene Qualifikationen sowie Erfahrungsstufen mitbringen und aus unterschiedlichen Fachrichtungen und Standorten des Klinikums kommen. Während der Konzeptionsphase und darüber hinaus erfolgte in der Zusammenarbeit des Wonder-Teams eine gemeinsame Rollenklärung, die zur Definition unterschiedlicher Rollen führte:

1. Wonder-Teammitglied
 Als Wonder-Teammitglied steht der Einbezug und die Partizipation im gesamten Projektvorhaben im Fokus. Mitglieder sind von der Initiierung bis zur Implementierung an der Initiative beteiligt und wirken in dieser Rolle proaktiv an der Gestaltung ihrer Arbeitsumgebung und der Entwicklung einer OMW-Lernkultur mit. So lernen OMW-Mitglieder z. B., sich mit Literatur zu OMW kritisch auseinanderzusetzen, OMW auszuprobieren, gemeinsam das Vorgehen zu konzipieren, zu planen und gemeinsame Entscheidungen zu OMW-Entwicklungen zu treffen.
2. OMW-Beauftragte
 Wonder-Mitglieder nehmen auf ihrer Station bzw. im Fachbereich die Rolle als OMW-Beauftragte ein. Diese Rolle umfasst beispielsweise die Verantwortung für die Implementierung von OMW in den eigenen klinischen Bereichen. Sie erstellen OMW, tauschen diese nach dem vorgesehenen Wechselintervall aus, nehmen Anregungen und Wünsche von Kolleg*innen auf, beobachten die Praxis in Bezug auf die OMW und unterstützen bei der Erstellung von OMW.
3. OMW-Ersteller*in
 Zusätzlich gibt es die Rolle als OMW-Ersteller*in. Ersteller*innen können Teammitglieder oder Pflegefachpersonen sein, die Interesse an der Erstellung eines OMW haben. Sie erlernen oder beherrschen die Methode und das Vorgehen (s. Abb. 5.2 OMW-Prozess) und werden individuell bei der Erstellung angeleitet und unterstützt.
4. Projektleitung
 Hinsichtlich der Rolle der Projektleitung wurde vonseiten der Stabsstelle Pflegewissenschaft die Chance gesehen, einzelnen Pflegefachpersonen Verantwortung zu übertragen und sie bei der Übernahme ihrer Leadershiprolle zu begleiten. Die Projektleitung ist verantwortlich für die Förderung, Motivation und Koordination des Teams, wobei die CIP-Prinzipien (dt.: kollaborativ, inklusiv, partizipativ) nach McCormack et al. (2007) im Fokus stehen. Projektleitungen

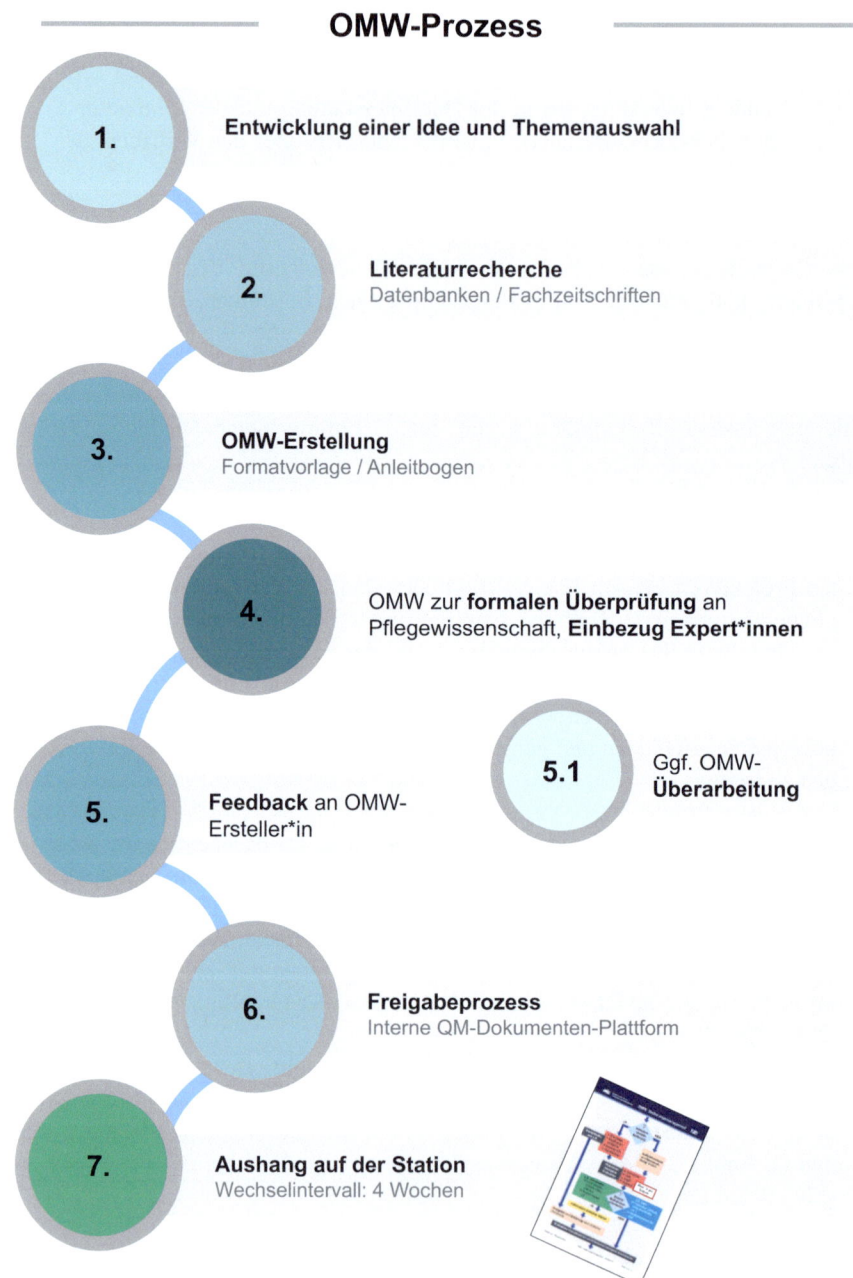

**Abb. 5.2** OMW-Prozess. (Quelle: Eigene Darstellung)

moderieren das Team beispielsweise in der gemeinsamen Werteklärung, Vision und Zielsetzung, Projektplanung, Aufgabenverteilung, Rollenklärung und Fortschrittsüberprüfung. Sie unterstützen das Team bei Veränderungen und in der Bewältigung von Herausforderungen. Ein weiterer Bestandteil ist die Kommunikation mit Beteiligten (s. Abschn. 3.5 Relevante Beteiligte für das erfolgreiche Gelingen).

5. Begleiter*innen
Seit der Initiierung des Projektes begleiten und unterstützen Mitarbeiter*innen der Stabsstelle Pflegewissenschaft das Projektteam inklusive Projektleitung in ihrer persönlichen Rollen- und Kompetenzentwicklung. Zu ihren Aufgaben zählt es auch, die Projektleitung zu vertreten. Am OMW-Prozess sind sie insbesondere durch die Prüfung der OMW beteiligt. OMW-Ersteller*innen lernen mithilfe individueller Feedbacks und Ratschläge der Begleiter*innen, mit Literatur umzugehen und auf formale Vorgaben zur Gestaltung zu achten. Die Begleitung beinhaltet zum einen das Peer Learning durch regelmäßig stattfindende Wonder-Treffen und zum anderen das individuelle Mentoring und die Beratung von Teammitgliedern und der Projektleitung. Wonder-Mitglieder werden bei der Übernahme von Verantwortung als OMW-Beauftragte*r, OMW-Ersteller*in und als Projektleitung unterstützt. Sie entwickeln ihre Fähigkeiten weiter, indem ihr aktives Lernen gefördert wird.

6. OMW-Team
In den regelhaft stattfindenden Treffen kommen Wonder-Mitglieder zum Peer Learning zusammen, um gemeinsam das Projekt zu entwickeln, Kommunikationsstrategien und Vorgehensweisen zu besprechen sowie gegenwärtige Situationen auf den Stationen zu analysieren. Die Treffen werden bspw. dafür genutzt, sich kollegial zu beraten, zu unterstützen und über Erfahrungen sowie Erfolge auszutauschen. Dabei teilen Wonder-Mitglieder ihr Wissen miteinander und können dadurch voneinander lernen. Gemeinsame Diskurse, kritische Reflexionen und gegenseitiges Feedback fördern die persönliche und berufliche Entwicklung der Teammitglieder. Das Team ist unterstützendes Umfeld, in dem gegenseitiges Vertrauen und Offenheit gegenüber Lernen und Fehlern besteht. Die Teammitglieder können einander motivieren und inspirieren sowie Ideen teilen.

**Übersicht**
Fähigkeiten, die im Wonder-Team entwickelt bzw. gestärkt werden

- Kreativität und Innovation
- Visuelle Gestaltung
- Literaturrecherche und kritische Bewertung von Literatur
- Theorie-Praxis-Transfer
- Eigenständiges Lernen
- Erleichterung des Lernens Anderer
- Kommunikationsfähigkeiten

- Engagement
- Teamfähigkeit und Zusammenarbeit
- Zeitmanagement
- Analytische Fähigkeiten
- Kritische Reflexion und Feedback
- Projektmanagement-Skills
- Leadershipfähigkeiten
- Begleitung und Unterstützung
- Umgang mit Veränderungen und Problemen sowie Anpassungsfähigkeit
- Verantwortungsübernahme
- Ausdauer und Beharrlichkeit
- Empathie
- Konfliktlösungskompetenz
- Technische Fähigkeiten im Umgang mit Office-Programmen
- Inspiration und Motivation für Proaktivität

**Zwischenfazit und Ausblick**

Die Einführung von OMW zeigt, dass die Methode eine wertvolle Ressource zur Förderung einer lernorientierten Kultur in der Pflege- und Versorgungspraxis darstellt. Die in der direkten Patient*innenversorgung tätigen Pflegefachpersonen waren von Beginn an am Projekt beteiligt. Durch die inhaltliche und konzeptionelle Auseinandersetzung sowie die Verantwortungsübernahme in unterschiedlichen Rollen konnten Wonder-Mitglieder in ihrer beruflichen und persönlichen Weiterentwicklung gefördert werden.

Die Initiierung, Entwicklung, Pilotierung und klinikweite Implementierung von OMW wurden als Projekt konzipiert. Der systematische Ansatz ermöglichte eine nachvollziehbare Vorgehensweise und die Festlegung der notwendigen Rahmenbedingungen, was maßgeblich zum bisherigen Erfolg beiträgt.

Seit der Einführung konnten durch die Gewinnung neuer Wonder-Mitglieder OMW in weitere Bereiche integriert werden. Dennoch wird noch Zeit vergehen, bis die Methode klinikweit etabliert ist. Eine nachhaltige Umsetzung in bestehenden OMW-Bereichen erfordert die kontinuierliche Begleitung und Analyse des Praxisalltags, um Bedarfe zu identifizieren und entsprechend zu reagieren.

Aktuell sind mehrere Maßnahmen und Anpassungen in Planung, um die OMW-Initiative weiterzuentwickeln:

- Das Mentoring und die Beratung von OMW-Beauftragten wird ausgebaut, um eine kontinuierliche Unterstützung in der Rollenentwicklung sicherzustellen.
- Eine spezifische zweitägige OMW-Fortbildung ist vorgesehen, um Fähigkeiten im Umgang mit Literatur sowie einer kreativen und angemessenen Gestaltung von OMW zu vermitteln.

- Peer Learning wird durch die Bildung bereichsbezogener OMW-Beauftragten-Tandems gefördert, die aus Pflegefachpersonen und akademisch ausgebildeten Pflegefachpersonen bestehen.
- Das Recruiting von Pflegefachpersonen aus verschiedenen Fachgebieten erfolgt weiterhin.
- Es ist geplant, weitere Professionen einzubeziehen, um eine interprofessionelle Zusammenarbeit zu fördern.

Abschließend ist festzuhalten, dass eine nachhaltige Etablierung von OMW eine kontinuierliche Praxisentwicklung und verlässliche Begleitung erfordert.

## 5.4 Best of Impulse einer Ausbildungsstation

Das Projekt „Lernkompass 2030" der Organisation für wirtschaftliche Zusammenarbeit und Entwicklung (OECD) verzeichnet angesichts der technologischen und digitalen Revolution weitreichende Veränderungen der arbeitsrelevanten Anforderungen hin zu „nicht-routinemäßige[n] interpersonelle[n] analytische[n] Aufgaben" (OECD, 2020, S. 10). Entsprechend verändern sich damit auch die Lernbedarfe in den Ausbildungsstätten der Gesundheitsfachberufe (Socha-Dietrich, 2020; Sottas et al., 2016). Mit einem umfassenden Förderprogramm der Robert Bosch Stiftung wurden nach skandinavischem Vorbild seit 2016 die ersten interprofessionellen Ausbildungsstationen (IPSTA) in Deutschland wie auch in der deutschsprachigen Schweiz etabliert. Anhand der Informationen aus den Publikationen des Projektes (Nock, 2018; Sottas, 2020) und der Expertisen verschiedener IPSTA wurde eine interprofessionelle Ausbildungsstation unter Einbezug des Shared-Governance-Modells am TUM Klinikum Rechts der Isar entwickelt. Inwiefern sich diese in Inhalt und Struktur pädagogisch-didaktisch von den IPSTA der Robert Bosch Stiftung unterscheidet, wird in Tab. 5.1 mit einer „TOP-4-Übersicht" der Impulse für innovatives interprofessionelles Lehren und Lernen in der praktischen Gesundheitsausbildung und -versorgung verdeutlicht. Die Auszubildenden und Studierenden der interprofessionellen Ausbildungsstation im Shared-Governance-Modell werden in Anlehnung an das Trainee- und Learneeprogramm (s. Kap. 7 und Abschn. 5.5) als „Learnees" bezeichnet.

**Top 1 – Praxisbeispiel einer Ausbildungsstation in Verknüpfung mit IPSTA und neuen Impulsen**
Die interprofessionelle Ausbildungsstation, die mit Shared Governance läuft, soll kontinuierlich in allen drei Schichten mit Auszubildenden und Studierenden der Gesundheitsfachberufe (Learnees) aller Ausbildungsstufen stattfinden. Pro Blockeinsatz sollen mindestens zwölf Learnees der Pflege vorgesehen sein. Die Learnees werden kontinuierlich durch eine Lernbegleitung supervidiert. Lernbegleitung sind alle Pflegefachpersonen der Ausbildungsstation, die die fachliche Verantwortung der Patient*innenversorgung tragen. Der neurologische Fachbereich bietet aufgrund der umfassenden therapeutischen und pflegerischen Versor-

**Tab. 5.1** „TOP-4-Übersicht" der Impulse für innovatives interprofessionelles Lehren und Lernen in der praktischen Gesundheitsausbildung und -versorgung

| Lehrkonzept | **Interprofessionelle Ausbildungsstation** *mit Shared Governance-Modell* |
|---|---|
| TOP 1 | Praxisbeispiel einer Verknüpfung von IPSTA und neuen Impulsen |
| TOP 2 | Die interprofessionelle Woche auf der Ausbildungsstation |
| TOP 3 | Entwicklungs- und Gestaltungsmöglichkeiten für das Stationsteam |
| TOP 4 | Learnee-Journal Club |

gungsbedarfe eine optimale interprofessionelle Lehr- und Lernumgebung. Neben den Gesundheitsfachberufen der Pflege und Medizin sollen sowohl Learnees der Bereiche Physio-, Ergotherapie, Logopädie als auch Medizinische Fachangestellte (MFA) in das Projekt involviert werden. Auf den bisher bekannten IPSTA waren im gesamten Blockeinsatz maximal sechs Auszubildende der Pflege jeweils im zweiten und dritten Ausbildungsdrittel geplant. Nur zwei der in der Literatur beschriebenen IPSTA setzen Auszubildende anderer Berufsgruppen des Gesundheitswesens als Pflege und Medizin ein (Sottas, 2020).

Im Versorgungsbereich der interprofessionellen Ausbildungsstation ist ein Learnee der Pflege für zwei Patient*innen zuständig. Die Learnees der Pflege sollen die Lehr- und Lernplattformen der Ausbildungsstation, den interprofessionellen Versorgungsbereich und die Interprofessionelle Woche (s. TOP 2) selbstorganisiert leiten. Im Sinne der Methode des Peer-to-Peer-Teachings sollen sich dazu zwei bis vier Learnees pro Lerngruppe zusammenfinden. Die Learnees der anderen Berufsgruppen nehmen patient*innenspezifisch am Versorgungsprozess teil.

**Einsatz von Learnees im ersten Ausbildungsdrittel/Semester**
Je nach Phasenlehrplan befinden sich mehr oder weniger Learnees im ersten Ausbildungsdrittel/Semester auf der Ausbildungsstation. Dies erfordert methodisch-didaktisch eine enge Lernbegleitung, um eine kontinuierliche Versorgungssicherheit und -qualität zu gewährleisten. Im interprofessionellen Versorgungsbereich werden die Learnees des ersten Ausbildungsdrittels/Semesters durch die Learnees der höheren Ausbildungsdrittel/Semester angeleitet (Peer-to-Peer-Teaching) und durch die Lernbegleitungen bzw. Praxisanleiter*innen oder Pflegepädagog*innen supervidiert. Gemäß der Handreichung des Bundesinstituts für Berufsbildung (BIBB) (Dauer & Jürgensen, 2021) ist eine theoretische Grundlage in der Pflegeschule nicht obligat, um Pflegeinterventionen in der praktischen Ausbildung gemeinsam mit Praxisanleitenden umzusetzen. Denn pflegerische Handlungsfelder kommen in jedem Pflegeeinsatz vor. Empfehlenswert ist eine zeitliche Nähe zwischen den Praxiseinsätzen und den theoretischen Inhalten der curricularen Einheiten (CE). Ausnahmen bilden, neben den CE der ambulanten, pädiatrischen und psychiatrischen Versorgung, die CE 1 bis CE 3 des Orientierungseinsatzes, die vor und nach dem Orientierungseinsatz durch die Pflegeschule thematisch aufgegriffen werden müssen:

- Ausbildungsstart – Pflegefachperson werden (CE 1)
- Zu pflegende Menschen in der Bewegung und Selbstversorgung unterstützen (CE 2)
- Erste Pflegeerfahrungen: Kommunizieren – verständigungsorientiert kommunizieren (CE 3).

Dies bedeutet, dass die praktische Pflegeausbildung darauf angewiesen ist, die pflegerischen Inhalte des Orientierungseinsatzes sowohl für die Auszubildenden als auch für die Praxisanleitenden transparent darzustellen. Eine Möglichkeit bietet zum Beispiel eine übersichtliche Darstellung der Inhalte der CE 1 bis CE 3 durch vorgefertigte Anleitungsskizzen. Diese sollen als Inspiration für eine geplante und strukturierte Praxisanleitung der dezentralen Praxisanleitenden dienen und eine Orientierung zu den fachlichen Inhalten der Praxisanleitungen im Orientierungseinsatz darstellen. Der Einsatz von Arbeits- und Lernaufgaben, die interprofessionelle Woche, strukturiert geplante Praxisanleitungstage und Kinaestheticstrainings sind weitere Methoden, um die Learnees des ersten Ausbildungsdrittels/ Semesters in die interprofessionelle Ausbildungsstation zu integrieren.

**Top 2 – Die interprofessionelle Woche auf der Ausbildungsstation**
Die interprofessionelle Woche der Ausbildungsstation entwickelt das gegenseitige Verständnis der jeweiligen beruflichen Fachexpertisen und ist ein kooperatives Lehr- und Lernangebot der Ausbildungsstation, das ein bestimmtes Wochenthema interprofessionell bearbeitet (s. Tab. 5.2). Die täglich unterschiedlichen Lernziele und -aufgaben sind so konzipiert, dass sie sich schrittweise ergänzen. Jeder Lerntag wird durch die Learnees im Rahmen eines Briefings und Debriefings vor- und nachbereitet und die Ergebnisse werden täglich bei einem interprofessionellen Meeting diskutiert und reflektiert. Im Rahmen der Shared Governance lernen die Learnees während der interprofessionellen Woche auch pädagogische und Managementaufgaben kennen. Sie sollen zum Beispiel die interprofessionellen Meetings organisatorisch koordinieren, Gastexperten einladen sowie strukturelle und materielle Ressourcen einplanen. Außerdem lernen sie, wie interprofessionelle Fallbesprechungen moderiert werden, welche Methoden der Reflexion es gibt und wie sie eingesetzt werden können.

Die interaktionistische Pflegedidaktik gibt den didaktischen Rahmen der interprofessionellen Woche vor. Die drei Bildungskonzepte der Regel, Fall- und Meinungsorientierung wurden mit dem technischen, praktischen und emanzipatorischen Erkenntnisinteresse von Habermas verschränkt, womit Darmann-Finck Zieldimensionen an die praktischen Lernsituationen formuliert (Sensen, 2018). Diese Zieldimensionen finden sich in jeder Lehr- und Lernaufgabe der interprofessionellen Woche wieder. Mit der Methodik des problembasierten Lernens erhalten die Learnees von Montag bis Freitag die Möglichkeit, anhand eines Praxis-/Pflegeproblems theoretisches Wissen zu erarbeiten und sich damit kritisch auseinanderzusetzen. Die Gliederung des interprofessionellen Wochenplans orientiert sich an den Konstruktionsprinzipien des Rahmenausbildungsplans nach § 53 PflBG (Bundesinstitut für Berufsbildung, 2023).

**Tab. 5.2** Interprofessionelle Woche & Ausbildungsstation

| Lehrkonzept | Interprofessionelle Woche Wochenthema: Krankheitsbild | |
|---|---|---|
| Thematischer Fokus | Interprofessionelle Bearbeitung von praxisrelevanten inkrementell angelegten Lerneinheiten | |
| Wochentag | Lehr-/Lerninhalt, Lernziel | Methodischer Ansatz |
| Montag | Auseinandersetzung mit neurologischen Krankheitsbildern **Lernziel**: Wissenserwerb | Eigenrecherche, Expertenbefragung |
| Dienstag | Auseinandersetzung mit neurologischen Phänomenen und Symptomen **Lernziel:** Wissenserwerb, Perspektivenwechsel, Empathisches Handeln, | Phänomenologisches Arbeiten mit interprofessionell ausgearbeiteten neurologischen Phänomen- und Symptomkarten, entdeckendes Lernen |
| Mittwoch | interprofessionelle Fallbesprechung, Gestaltung eines gemeinsamen Behandlungsplanes, geleitet durch Learnees **Lernziel:** Perspektivenwechsel, Interprofessionelle Teamkompetenz, Kommunikative, soziale, moralische Kompetenz | Gruppenarbeit, Problembasiertes Arbeiten nach der Siebensprungmethode, Informationssammlung durch standardisierte Bögen |
| Donnerstag | Interprofessionelle Visite und Anleitungssituation an Patient*innen **Lernziel:** Kommunikative, soziale Kompetenz, Wissenserwerb | Anleitungsskizze, praktische Übung, Simulation, Informationssammlung durch standardisierte Bögen, Teach back, Formative Assessments, Supervision durch Lernbegleitung |
| Freitag | Reflexion des Patient*innenverlaufes, der interprofessionellen Woche, der interprofessionellen Zusammenarbeit **Lernziel:** Kommunikation, Perspektivenübernahme, Förderung Selbstbewusstsein | WWW-Feedback/Peer Feedback/Interkollegiales Feedback |

Am Montag und Dienstag setzen sich die Learnees auf theoretischer und phänomenologischer Ebene mit dem Wochenthema auseinander und erweitern und vertiefen ihr fachlichen Wissen. Für die interprofessionelle Fallbesprechung am Mittwoch sollen die Learnees im Rahmen eines umfassenden Anamnesegesprächs Patient*innenbedarfe herausfinden und als Advokat*in für die Patient*innen eintreten. Die reflexive Analyse der Urteilsbildung zu den wahrgenommenen Bedarfen erfolgt interprofessionell in den Meetings. Die diskutierten und evaluierten Ergebnisse der Learnees können am Donnerstag durch eine interprofessionelle Anleitung gefestigt oder in einem Beratungsgespräch mit dem*der Patient*in angewandt werden, z. B. gemäß dem systematischen Beratungsmodell nach Hummel-Gaatz und Doll (2007). Am Freitag, dem Reflexionstag, sollen in einem interprofessionellen Diskurs möglicherweise widersprüchliche Anforderungen und Strukturen im Behandlungsprozess identifiziert und aufgegriffen werden.

Je nach Zielgruppe kann die interprofessionelle Woche methodisch flexibel für spezielle Lehr- und Lerninhalte der hochschulischen Ausbildung in den Gesundheitsfachberufen angepasst werden. Methoden, die wissenschaftliche und kritisch-analytische Kompetenzen der studierenden Learnees fördern und die interprofessionelle Ausbildungsstation Evidence-based-Nursing-(EbN-)geleitet erweitern, sind beispielsweise das Advanced Care Planning zur vorausschauenden Behandlungsplanung, das Guided Clinical Reasoning zur diagnostischen Entscheidungsfindung und forschendes Lernen durch Critical Thinking (Quernheim, 2019). Eine hochschulisch ausgebildete Lernbegleitung auf Masterniveau, eine Advanced Practice Nurse (APN), ist in diesem Lehr- und Lernarrangement erforderlich.

**Top 3 – Entwicklungs- und Gestaltungsmöglichkeiten für das Stationsteam**
Der Identifikation als Ausbildungsstation ging ein umfassender Umstrukturierungsprozess voraus. Die Transformation einer Station hin zur Ausbildungsstation benötigt zum einen Unterstützung durch den betrieblichen Vorstand und wird zum anderen bestenfalls durch die Motivation des gesamten Teams der Station getragen. Skeptische Teammitglieder können mittels ermächtigenden Leaderships mitgenommen und motiviert werden. Lern- und entwicklungsförderliche Arbeitsstrukturen, wie das Angebot von Lerninitiativen, Arbeitsgruppen, eine offene Fehlerkultur (s. Abschn. 4.1) sowie die Kommunikation klarer Ziele, unterstützen die Lern- und Veränderungsbereitschaft. Die Erfahrung einer gemeinsam gemeisterten Umstrukturierungsphase lässt ein dadurch gefestigtes Team zukünftig gelassen auf neue Herausforderungen im Rahmen der Weiterentwicklung der interprofessionellen Ausbildungsstation reagieren.

Das Konzept der interprofessionellen Ausbildungsstation mit Shared Governance fördert nicht nur die Learnees, sondern auch die Pflegefachpersonen der Station. Sie können wie die Learnees an den Lehr- und Lernplattformen der interprofessionellen Ausbildungsstation aktiv eingeplant (s. Abschn. 3.4 Dienstplan) werden. Dadurch pflegt die interprofessionelle Ausbildungsstation einen flexibel interagierenden Charakter. Für die Lernbegleitungen, die überwiegend keine weitergebildeten Praxisanleiter*innen sind, empfiehlt es sich, spezielle Beratungseinheiten durch die pädagogische Leitung mit fachlich-pädagogischen Inhalten zur Rollenidentität und zum Aufgabengebiet als Lernbegleitung durchzuführen. Die Ausbildungsstation ist für Praxisanleiter*innen ein besonders attraktiver Arbeitsplatz, an dem sie durch ihr Wissen und ihr Engagement eine besonders gute Ausbildung und Professionalisierung der zukünftigen Kolleg*innen ermöglichen können, was eine ideale Akquisemöglichkeit darstellt und im Sinne von New Work sinnstiftend und wirksam ist.

**Top 4 – Learnee-Journal-Club**
Ein Journal Club (s. Abschn. 6.6) kann im Rahmen der Ausbildung oder des Studiums ein ergänzendes Lehr- und Lernformat sein und in die Ausbildungsangebote der interprofessionellen Ausbildungsstation integriert werden. Das Lesen und Ver-

stehen wissenschaftlicher Texte oder Fachartikel stellt für Learnees eine Herausforderung dar, weshalb sie systematisch auf den Journal Club vorbereitet werden. Zum Lesen und Verstehen des Textes wird ausreichend Zeit zur Verfügung gestellt und eine akademisch ausgebildete Pflegefachperson, z. B. die APN für die Lernbegleitung der hochschulischen Ausbildung, ist für Nachfragen ansprechbar. Damit die Learnees den Artikel für die Teilnahme am Journal Club vorbereiten und verstehen können, erhalten sie eine Checkliste zur Bewertung von Studien, mit der sie vorab in Gruppenarbeit die Studie kritisch besprechen. Die Checkliste ist auf das Kompetenzniveau der Zielgruppen der beruflichen und der hochschulischen Pflegeauszubildenden spezifiziert und angepasst. Die Checkliste zur Studienbeurteilung orientiert sich je ausgewählter Studie und Studiendesign an den Reporting Guidelines des Equator-Networks (Equator Network, o. D.).

Im Rahmen des Peer-to-Peer-Teachings erhalten die Learnees der hochschulischen Ausbildung zum Beispiel die Aufgabe, den Learnees der beruflichen Ausbildung den Forschungsprozess zu erklären. Damit wird nicht nur die jeweilige Rollenidentität der beruflichen und hochschulischen Ausbildungsform der Gesundheitsfachberufe geschärft, sondern auch das wissenschaftliche Wissen der Learnees gefestigt. Durch den Journal Club soll Interesse und Neugierde für EbN-geleitetes Arbeiten geweckt, kritisches Denken gefördert und berufslebenslanges Lernen begonnen werden. Zusammen mit der APN können die Fragen und Impulse für die Praxis gesammelt und gemeinsam im Journal Club kritisch diskutiert werden. Im Sinne des Theorie-Praxis-Transfers und des problembasierten Lernens soll in einem Debriefing evaluiert werden, inwiefern aus der Studie abgeleitete Implikationen für die Praxis stationsspezifisch eingesetzt werden können.

## 5.5 Shared Governance im Rahmen der Ausbildung – „Vom Learnee zum Trainee"

Learnees erleben während ihres Einsatzes auf der Ausbildungsstation, die nach dem Shared-Governance-Konzept aufgestellt ist, wie gemeinsame Entscheidungsfindung stattfindet, wie die Pflegenden Verantwortung übernehmen und wirksam werden sowie welche Vielfalt an Entwicklungsmöglichkeiten in der Pflege besteht. So können sie im Shared-Governance-Learneeprogramm selbst Erfahrungen sammeln. Dabei lernen sie, was Shared Governance ausmacht und welche Aufgaben und Verantwortlichkeiten in den Führungs- und Expertisebereichen Management, Qualitäts-, Risiko- und Chancenmanagement, Pädagogik sowie Fachlichkeit und Wissenschaft bestehen. Sie können sich innerhalb der Expertisebereiche orientieren, dabei eigene Interessen und Potenziale entdecken und lernen so verschiedene Weiterentwicklungsmöglichkeiten aus dem Kompetenzentwicklungsmodell (s. Abschn. 1.2) kennen.

So erleben die Learnees zum Beispiel, wie in der Shared Governance Entscheidungen im Leitungsteam gemeinsam unter Einbezug der verschiedenen Perspektiven und Sichtweisen getroffen werden. Grundlage für eine effiziente

Zusammenarbeit in der Shared Governance bildet eine transparente Übersicht über die Aufgaben, Kompetenzen und Verantwortlichkeiten der einzelnen Expertisebereiche sowie klare Kommunikationsregeln. Die Learnees werden im Rahmen des Programms ermuntert, bei Entscheidungen im Team mitzuwirken. Sie haben innerhalb des Shared-Governance-Learneeprogramms die Möglichkeit, ihre Ideen und Vorschläge einzubringen und auf diese Weise Wirksamkeit zu erfahren. Die Learnees werden ermutigt, für eine professionelle Weiterentwicklung mit innovativen Lösungen über den Tellerrand der konventionellen Möglichkeiten zu blicken und sich mit einem zukunftsfähigen Pflegeberufsbild zu identifizieren.

Zum Abschluss des Learneeprogramms erfolgt mit den Learnees eine Feedback- und Reflexionsrunde zum Konzept der Shared Governance. Zudem wird ein Zertifikat vergeben, das die Teilnahme und die spezifischen Inhalte des Shared-Governance-Learneeprogramms bestätigt. Das spezielle Learneeprogramm trägt dazu bei, die zukünftigen Pflegefachpersonen mit Shared Governance bekannt zu machen, eine alternative Sozialisation zu ermöglichen und Rollen aller Expertisebereiche (s. Kap. 7) kennenzulernen und zu verstehen. Nach der Ausbildung kann die Erfahrung mit Shared Governance im Sinne des Slogans „Vom Learnee zum Trainee" durch das Traineeprogramm (s. Kap. 7) vertieft und weiterentwickelt werden.

**Kompetenzentwicklung im Learneeprogramm**
Sowohl im Lehr- und Ausbildungsplan als auch im Rahmenlehrplan der generalistischen Pflegeausbildung in Bayern (Staatsinstitut für Schulqualität & Bildungsforschung ISB, 2020; BIBB, 2023) sind Shared Governance-Inhalte der Expertise-Bereiche Management, Qualitäts-, Risiko- und Chancenmanagement, Pädagogik sowie Fachlichkeit und Wissenschaft wiederzufinden. Auch die Kompetenzbereiche und -schwerpunkte nach der Ausbildungs- und Prüfungsverordnung für die Pflegeberufe (PflAPrV, 2018) zeigen inhaltliche und thematische Anknüpfungspunkte zum Shared Governance-Modell. Die Zuordnung der Expertise-Bereiche der Shared Governance zu den Kompetenzbereichen und -schwerpunkten der generalistischen Pflegeausbildung wird in Tab. 5.3 übersichtlich dargestellt.

Die Expertise Fachlichkeit und Wissenschaft ist dem Kompetenzbereich I „Pflegeprozess" und dem Kompetenzbereich V „Wissenschaftliche Grundlagen", der auf wissenschaftliche Kompetenzen und die persönliche Weiterentwicklung der Learnees eingeht, zuzuordnen. Der Kompetenzbereich II „Kommunikation" kann der Fachexpertise der Pädagogik zugeordnet werden. Managementinhalte finden sich besonders im Kompetenzbereich III „Zusammenarbeit", in dem das Wirken der interprofessionellen Zusammenarbeit und die Verantwortungsübernahme innerhalb eines Organisationsteams definiert sind. Das Qualitäts-, Risiko- und Chancenmanagement kann im Kompetenzbereich IV „Rechtliche Grundlagen" verortet werden. Dieser beinhaltet Lehr- und Lernthemen wie Qualitätssicherung sowie ökologische und ökonomische Prinzipien.

Hinsichtlich dieser groben Zuordnung ist zu betonen, dass prinzipiell jeder Expertisebereich in der Shared Governance in jedem Kompetenzbereich Anknüpfung findet – wie auch umgekehrt. Die inhaltliche Verschränkung verdeutlicht, wie Sha-

**Tab 5.3** Kompetenzbereiche und -schwerpunkte der Anlagen 1–4 nach PflAPrV (angelehnt an Dauer & Jürgensen, 2021, S. 32) und die Expertisebereiche der Shared Governance

| Kompetenzbereiche | | Kompetenzschwerpunkte | Shared Governance-Expertise-Bereiche |
|---|---|---|---|
| I | Pflegeprozess | I.1 Planen, organisieren, gestalten, durchführen, steuern, evaluieren<br>I.2 Pflegeprozess bei gesundheitlichen Problemen mit Fokus auf Prävention<br>I.3 Pflegeprozess in hochbelasteten, kritischen Lebenssituationen<br>I.4 In lebensbedrohlichen, Krisen- oder Katastrophensituationen handeln<br>I.5 Bei der Lebensgestaltung unterstützen<br>I.6 Die Entwicklung fördern | Pflegefachlichkeit |
| II | Kommunikation | II.1 Kommunikation und Interaktion gestalten und Information sicherstellen<br>II.2 Information, Schulung und Beratung<br>II.3 Ethisch reflektiert handeln | Pflegepädagogik |
| III | Interprofessionelle Zusammenarbeit | III.1 Verantwortung in der Organisation des Teams übernehmen<br>III.2 Ärztliche Anordnungen durchführen<br>III.3 In interdisziplinären Teams mitwirken | Pflegemanagement |
| IV | Rechtliche Grundlagen | IV.1 Qualität sichern<br>IV.2 Ökonomische und ökologische Prinzipien sichern | Qualitäts-, Risiko- und Chancenmanagement |
| V | Wissenschaftliche Grundlagen | V.1 Pflegehandeln an wissenschaftlichen Erkenntnissen ausrichten<br>V.2 Verantwortung für die eigene persönliche Entwicklung übernehmen | Pflegewissenschaft |

red Governance schon zu Beginn der klinischen Pflegeausbildung eine günstige Sozialisation im Hinblick auf die verschiedenen Perspektiven ermöglicht (Dauer & Jürgensen, 2021, S. 32; BIBB, 2023). Die Kompetenzen, die im Rahmen des Shared-Governance-Learneeprogramms vermittelt werden, sind nicht nur an den Vorgaben des Lehr- und Rahmenlehrplans, sondern auch an den Vorkenntnissen und eigenen Interessen der Learnees auszurichten. Die zuständigen Praxisanleitenden und die*der zentrale Praxisanleitende können darüber hinaus gegebenenfalls Hinweise geben, welche Lehr- und Lerninhalte sich für die jeweiligen Learnees besonders eignen.

Im Verlauf der Ausbildung, von einem Ausbildungsdrittel zum nächsten, sollen im Rahmen des Shared-Governance-Learneeprogramms situative Anforderungen hinsichtlich des Komplexitätsgrades der spezifischen Aufgaben in der Shared

## 5 New Learning: Pädagogik als Führungsaufgabe etablieren

Governance kontinuierlich gesteigert werden. Ausgehend von der Definition der Aufgabenkomplexität nach Wood (1986) und dem Rahmenausbildungsplan nach § 53 PflBG (BIBB, 2023) sind im Learneeprogramm die erweiterten Pflege- und Führungsaufgaben der Shared Governance entsprechend den Ausbildungsdritteln und dem Komplexitätsniveau differenziert und adaptiert.

Tab. 5.3 zeigt exemplarisch die Kompetenzentwicklung durch die Steigerung der situativen Anforderungen der Handlungsanlässe in der Shared Governance. Die Inhalte im Rahmen der Shared Governance und die Aufgabenkomplexität können je nach Ziel- und Berufsgruppe angepasst werden.

**Tab. 5.4** Aufgabenkomplexität in den Ausbildungsabschnitten je nach Ausbildungsform durch Steigerung der situativen Anforderungen der Handlungsanlässe in der Shared Governance (exemplarisch)

| Ausbildungsfortschritt | Variablen der Aufgabenkomplexität | Aufgaben in der SG (unter Supervision der Trainer*innen) |
|---|---|---|
| *Erstes Ausbildungsdrittel* | • Anzahl der Handlungen: gering<br>• Koordinationsumfang: gering<br>• Ressourceneinsatz (personell, zeitlich): gering<br>• Anpassungserfordernis an die Umwelt: Kein Einbezug von Akteur*innen<br>→ **Geringer Grad an Aufgabenkomplexität** | **Pflegemanagement**: Teambuilding-Maßnahme (Stationsfrühstück)<br>**Qualitäts-, Risiko- und Chancenmanagement**: Nutzung der hausinternen Qualitätsmanagement-Datenbank via Suchfunktion im Intranet<br>**Pädagogik**: Peer-to-peer-Anleitung zu einfachen Pflegetätigkeiten<br>**Pflegefachlichkeit**: Vorgehensweisen der Pflegemaßnahmen auf der Station mit Wissen aus der Schule vergleichen |
| *Zweites Ausbildungsdrittel* | • Anzahl der Handlungen: mittel<br>• Koordinationsumfang: mittel<br>• Ressourceneinsatz (personell, zeitlich): mittel<br>• Anpassungserfordernis an die Umwelt: Einbezug von Akteur*innen<br>→ **Mittlerer Grad an Aufgabenkomplexität** | **Pflegemanagement**: Kennenlernen der Aufgaben der Schichtleitung im Rahmen der SG<br>**Qualitäts-, Risiko- und Chancenmanagement**: Mitwirken beim Erheben von Qualitätsindikatoren im Rahmen der BQS Workbench (z. B.: Sturz)<br>**Pflegepädagogik**: Einarbeitung von Auszubildenden<br>**Pflegefachlichkeit**: Anwenden von Evidence-basierten Leitlinien/Expertenstandards |

(Fortsetzung)

Tab. 5.4 (Fortsetzung)

| Ausbildungsfortschritt | Variablen der Aufgabenkomplexität | Aufgaben in der SG (unter Supervision der Trainer*innen) |
|---|---|---|
| *Drittes Ausbildungsdrittel* | • Anzahl der Handlungen: hoch<br>• Koordinationsumfang: hoch<br>• Ressourceneinsatz (personell, zeitlich): hoch<br>• Anpassungserfordernis an die Umwelt: erheblicher Einbezug von Akteur*innen<br>• **Hoher Grad an Aufgabenkomplexität** | **Pflegemanagement**: Mitwirkung an Dienstplanerstellung und Einsatzplanung/Urlaubsplanung, Kennenlernen der gesetzlichen Vorgaben<br>**Qualitäts-, Risiko- und Chancenmanagement**: Smart-Ziele unter Einbeziehung des PDCA-Zyklus stationsspezifisch erstellen<br>**Pflegepädagogik**: Schulung/Kurzfortbildung erstellen, interprofessionelle Fallbesprechung moderieren<br>**Pflegefachlichkeit**: Orientierende Literaturrecherche durchführen, interprofessionelle Fallbesprechung vorbereiten |
| *Bachelor-Studiengang Pflege* | • Anzahl der Handlungen: sehr hoch<br>• Koordinationsumfang: sehr hoch<br>• Ressourceneinsatz (personell, zeitlich): hoch<br>• Anpassungserfordernis an die Umwelt: erheblicher Einbezug an Akteur*innen<br>→ **Sehr hoher Grad an Aufgabenkomplexität** | **Pflegemanagement**: PpUGV in Relation zur Stationsbesetzung evaluieren<br>**Qualitäts-, Risiko- und Chancenmanagement**: Benchmark-Daten erfassen und interpretieren<br>**Pflegepädagogik**: Fachdidaktische Theorien kennenlernen<br>**Pflegefachlichkeit**: Systematische Literaturrecherche erstellen, Effektivität einer pflegerischen Intervention nach wissenschaftlichen Kriterien erheben |

## 5.6 Warum sind Pflegewissenschaft und Evidencebasierung in der Pflegepädagogik so wichtig?

Die Zusammenarbeit von Pflegewissenschaft und Pflegepädagogik entwickelt sich auch in Deutschland immer weiter. Am deutlichsten ist dies in den im Pflegeberufegesetz neu festgelegten Anforderungen zur Ausbildung der zukünftigen Pflegefachpersonen zu erkennen, da in der generalistischen Ausbildung neben den berufspolitischen auch die pflegewissenschaftlichen Entwicklungen konsequent aufgegriffen werden. Dies zeigt sich an den im Ausbildungsziel nach § 5 Pflegeberufegesetz (PflBG, 2017) festgelegten Kompetenzen, welche als Handlungsvoraussetzungen für den Pflegeberuf verstanden werden.

Die Rahmenlehrpläne nach § 53 PflBG greifen die Kompetenzorientierung in verschiedenen Dimensionen auf. Neben pflegerischen und kommunikativen Kompetenzen werden auch Fähigkeiten zur Reflexion wissenschaftlicher Erkenntnisse thematisiert und von den Auszubildenden verlangt. Eine wichtige Zielsetzung lautet: „Das eigene Handeln auf der Grundlage von wissenschaftlichen Erkenntnissen und berufsethischen Werthaltungen und Einstellungen reflektieren und begründen. Pflegehandeln an aktuellen wissenschaftlichen Erkenntnissen, insbesondere an pflegewissenschaftlichen Forschungsergebnissen, Theorien und Modellen ausrichten" (BIBB, 2023, S. 276). Um den Erwerb dieser Kompetenz bei den Auszubildenden sicherzustellen, benötigen die klinisch ausbildenden Pflegepädagog*innen und Praxisanleitenden ebenfalls vertieftes Fachwissen zu Pflegewissenschaft und evidencebasiertem Arbeiten, was eine Verknüpfung dieser beiden Felder voraussetzt.

Zudem ist im PflBG (2017) erstmals gesetzlich vorgesehen, dass es neben der berufsfachschulischen Pflegeausbildung auch die Möglichkeit eines primärqualifizierenden Studiums gibt, in dem wissenschaftliche und forschungsbezogene Kompetenzen vermittelt werden (Hundenborn, 2023). Die Ausweitung der Akademisierung der Pflege und die Integration von Pflegewissenschaft in die Ausbildung wurde bereits 2012 vom Wissenschaftsrat empfohlen und zeigt, dass dies eine unverzichtbare und notwendige Entwicklung darstellt (Wissenschaftsrat, 2012). Als weitere logische Neuerung kommt hinzu, dass, wer Pflegestudierende klinisch ausbildet, nach den in § 4 Abs. 2 und Abs. 3 PflAPrV festgelegten Voraussetzungen selbst über eine hochschulische Qualifizierung verfügen muss (§ 31 Abs. 1 PflAPrV). Die Verknüpfung von Evidencebasierung und pädagogischer Kompetenz sollte sich somit auch in der Führungs- und Lehrebene widerspiegeln, z. B. in Form einer pädagogischen Führungsperson oder zentralen Praxisanleitung mit akademischem Abschluss.

Die pflegewissenschaftliche Fundierung der Pflegepädagogik und Praxisanleitung ist begründet in der Erwartung an die Praxisanleitenden, insbesondere in Bezug auf die Ausbildung der Pflegestudierenden. Die Voraussetzungen dafür sind Forschungsverständnis, hohe pflegefachliche und pädagogische Kompetenz, insbesondere von Methodik und Didaktik (Klein et al., 2021). Zusätzlich müssen Pflegepädagog*innen umfassende Kommunikations- und Reflexionsfähigkeiten besitzen und sich ihrer Rolle als Vorbild bewusst sein (Leibig & Sahmel, 2019). Denn nicht nur die reine Vermittlung evidencebasierten pflegefachlichen Wissens ist wichtig für die Ausbildung von Pflegenden, sondern auch die Kompetenzen, dieses Wissen zu hinterfragen, dessen Qualität, Güte, Ursprung und Entstehung nachvollziehen und beurteilen zu können. Pflegewissenschaftliche Erkenntnisse sind wirkungslos, wenn sie nicht auch die pflegerische Berufswirklichkeit erreichen und in der Ausbildung – in der Theorie wie auch in der klinischen Praxis – vermittelt werden. Pflegepädagogik und Praxisanleitung können den Ansprüchen einer qualitativ hochwertigen Ausbildung nicht gerecht werden, wenn sie falsches, veraltetes oder unreflektiertes Wissen nutzen. Wissenschaftliche Kompetenzen und eine kritisch-reflexive Haltung sind daher notwendig und relevant für alle Lehrenden in der Pflege. Gerade in Bezug auf die Ausbildung und Begleitung von Pflegestudierenden werden diese Kompetenzen eingefordert und sind ein wesentlicher Bestandteil der Praxisanleitung. Dies wird auch in den Empfehlungen des Bundesinstituts für Berufsbildung postuliert, die pflegewissenschaftliche Fortbildungen für Praxisanleitende als Praxisbeispiel darstellen (Dauer, 2023). Daraus ergibt sich in der Konsequenz, dass es der Verknüpfung von Pflegewissenschaft und Pflegepädagogik bedarf, um die Ausbildung kompetenter Pflegender zu fördern, die die Versorgung der gegenwärtigen und zukünftigen Pflegeempfänger*innen auf einem hohen Qualitätsniveau erbringen.

**OMW als Verknüpfung von Pädagogik und Wissenschaft**
Als Praxisbeispiel für die Verknüpfung von Evidencebasierung und Pädagogik soll das One Minute Wonder (OMW) in Kombination mit einer Kurzfortbildung (Herrmann et al., 2021) auf der Praxisentwicklungsstation genannt werden. OMW als niederschwelliges Lernangebot (s. Abschn. 5.3) ist im Gesundheitswesen international etabliert. Als Thema eines OMW wurde beispielsweise die Drainage „Flexi-Seal" (convatec, 2023) zum Stuhlmanagement ausgewählt, da diese Drainage vielen Kolleg*innen noch unbekannt war und Unsicherheit im Umgang mit dieser Drainage bestand. Die Erstellung dieses OMW wurde als Einsatzaufgabe für den aktuellen Pädagogiktrainee gewählt, welcher sich im Bachelorstudium befand. Somit konnte hier eine Verknüpfung von evidencebasiertem Arbeiten (z. B. der Recherche und Bewertung von Literatur) und Pädagogik (Erstellung von Lernmaterial) erreicht werden.

Der Trainee hatte die Aufgabe, relevante Literatur zu recherchieren, diese zu beurteilen und einen ersten OMW-Entwurf anzufertigen. Nach Rücksprache mit der Trainerin wurden Herstellerinformationen und wissenschaftliche Studien als Quellen einbezogen und relevante Informationen für das Pflegeteam im OMW optisch ansprechend aufgearbeitet. Nach der Überprüfung durch die Pflegewissenschaft und entsprechender Überarbeitung konnte das OMW in der Stationsbesprechung dem Team in Form einer Kurzfortbildung durch Trainerin und Trainee präsentiert werden. Das Konzipieren der Kurzfortbildung erfolgte ebenfalls durch Trainerin und Trainee in Abstimmung mit der zentralen Praxisanleitung.

**APNs übernehmen die Praxisanleitung**
Im angloamerikanischen Raum ist es durch die Rolle des „preceptors" (dt.: Ausbilder*in) üblich, dass die Ausbildung, Anleitung und Einarbeitung von Pflegestudierenden und Berufsanfänger*innen durch eine akademisch qualifizierte Person mit Masterabschluss, z. B. durch eine Advanced Practice Nurse (APN) oder Nurse Practitioner, erfolgt (Quek & Shorey, 2018). Als Preceptor leisten die amerikanischen Kolleg*innen eine „erweiterte Praxisanleitung" für Bachelor- oder Masterstudierende. Hierzu gibt es spezielle Konzepte, die sich auf die Einarbeitung und Anleitung von Auszubildenden wie auch von neuen Pflegefachpersonen, Bachelor- oder Masterstudierenden beziehen (Quek & Shorey, 2018).

Grundsätzlich stellt „preceptorship" einen Beziehungsprozess dar, wobei die beiden Personen, Preceptor und Studierende*r/Auszubildende*r, fast ausschließlich oder zumindest überwiegend zusammenarbeiten. Der*die Preceptor erkennt Lernbedürfnisse und -bedarfe und plant dazu entsprechende Anleitungen. Er*Sie arbeitet selbst vorbildlich und vermittelt klinisches Fachwissen. Die Unterstützung und Begleitung des*der Lernenden erfolgt systematisch und kontinuierlich. Dazu gehört die Schaffung eines entsprechenden lernförderlichen Umfelds und einer Lernkultur für die Lernenden, welche auf einer wohlwollenden Beziehung beruhen und von Respekt und Vertrauen geprägt sind (Shinners & Franqueiro, 2015).

Die Wirksamkeit dieser Rollen in Ausbildung und Einarbeitung ist belegt und zeigt, dass sich eine starke Verknüpfung von Wissenschaft und Pädagogik als sinnvoll erweist und gerade für Berufsanfänger*innen in der Arbeitswelt positive Effekte hat. Berufsanfänger*innen gaben an, dass der*die Preceptor eine wichtige Funktion in der Überbrückung von Theorie und Praxis einnahm, ihr Fachwissen verbesserte und sowohl bei der Rollenfindung als Pflegefachperson als auch bei der Einfindung im pflegerischen Team half (Quek & Shorey, 2018). Zusätzlich stärkt solch ein Einarbeitungsprogramm das Selbstbewusstsein der Pflegefachpersonen und verringert Angstgefühle, was helfen kann, als Berufseinsteiger*in selbstständiger zu arbeiten und mit der Zeit das volle Arbeitspensum zu übernehmen (Ward & McComb, 2017).

Die Rolle der APN zieht auch in Deutschland immer mehr ins Gesundheitswesen ein und soll eine Schlüsselrolle in der Bewältigung gegenwärtiger und zukünftiger Versorgungsherausforderungen einnehmen (Deutscher Berufsverband für Pflegeberufe DBfK, 2019). Die möglichen Aufgaben einer APN sind vielfältig und reichen von der direkten, hochkomplexen Patient*innenversorgung über beispielsweise die federführende Rolle bei der ethischen Entscheidungsfindung bis zur Analyse wissenschaftlicher Literatur zur Umsetzung und Implementierung evidencebasierter Interventionen (DBfK, 2019). Auch die Beratung und Schulung von Kolleg*innen und Angehörigen wird in der aktuellen Literatur als zentrale Aufgabe dieser Rolle beschrieben (Tracy et al., 2022; Zhu et al., 2022). Dies zeigt aber auch eine Notwendigkeit in die andere Richtung auf: und zwar, dass auch Wissenschaft und Evidencebasierung immer mit Edukation, Wissensweitergabe und Pädagogik zusammenhängen (s. Kap. 6).

## Literatur

Arens, F. (2017). Fachtheoretischer und fachpraktischer Qualifikationsbedarf von Lehrenden? Zur Expertise von Lehrenden im fachpraktischen Unterricht und der Praxisbegleitung. *Pädagogik Der Gesundheitsberufe, 20*(12), 23–31. https://doi.org/10.3936/30000-1506

Arnold, R., Gomez Tutor, C., & Kammerer, J. (2002). Selbst gesteuertes Lernen als Perspektive der beruflichen Bildung. *Berufsbildung in Wissenschaft und Praxis, 31*(4), 32–36. https://www.file:///C:/Users/ellermeyer/Downloads/BWP-2002-H4-32ff.pdf.. Zugegriffen: 20. Mai 2024.

Bundesinstitut für Berufsbildung (BIBB). (2023). Rahmenpläne der Fachkommission nach §53 PflBG: Rahmenausbildungspläne für die praktische Ausbildung. https://www.bibb.de/dokumente/pdf/AB26_Rahmenausbildungsplaene_aktualisiert_11-2023.pdf. Zugegriffen: 20. Mai 2024.

convatec.com. (25 Oktober 2023). Flexi-Seal™ Stuhlmanagementsystem. https://www.convatec.com/de-de/flexi-seal/.

Darmann-Finck, I. (2010). *Interaktion im Pflegeunterricht – Begründungslinien der Interaktionistischen Pflegedidaktik: Band 1* (I. Darmann-Fink & S. Görres, Hrsg.). Peter Lang Verlag der Wissenschaften. https://doi.org/10.3726/978-3-653-06811-5.

Dauer, B., & Jürgensen, A. (2021). *Handreichung für die Pflegeausbildung am Lernort Praxis: Pflegeausbildung gestalten.* https://www.file:///C:/Users/chris/Downloads/60c3184da04d2_Handreichung_f%C3%BCr_die_Pflegeausbildung_barrierefrei%20(2).pdf. Zugegriffen: 20. Mai 2024.

Dauer, B. (2023). *Praxisanleitung im Kontext der hochschulischen Pflegeausbildung.* Bundesinstitut für Berufsbildung BIBB. https://www.bibb.de/dienst/publikationen/de/18184. Zugegriffen: 20. Mai 2024.

Dehnbostel, P. (2018). Lern- und kompetenzförderliche Arbeitsgestaltung in der digitalisierten Arbeitswelt. *Arbeit, 4*, 269–294. https://doi.org/10.1515/arbeit-2018-0022

Deutscher Berufsverband für Pflegeberufe – DBfK Bundesverband e. V. (2019). Advanced Practice Nursing: Pflegerische Expertise für eine leistungsfähige Gesundheitsversorgung. (4.Aufl.) https://www.dbfk.de/media/docs/newsroom/publikationen/Advanced-Practice-Nursing-Broschuere-2019.pdf. Zugegriffen: 20. Mai 2024.

Egetenmeyer, R., Kröner, S., & Thees, A. (2021). Digitalisierung in Angeboten der Erwachsenenbildung/Weiterbildung. *Zeitschrift für Weiterbildungsforschung, 44*(2), 115–132. https://doi.org/10.1007/s40955-021-00185-4

Eggers, T. (2022). Mit Weitblick: PatchWORLD. In *Perspektive Patchwork – Mehr Mut zur ganzheitlichen Gestaltung von Leadership, Karriere und Kultur* (S. 163–225). Springer. https://doi.org/10.1007/978-3-658-37147-0_7.

EQUATOR Network | Enhancing the Quality and Transparency Of Health Research. (o. D.). http://www.equator-network.org/. Zugegriffen: 06. Sept. 2024.

Foelsing, J., & Schmitz, A. (2021). New Learning – Fokusveränderung im Lernen. In *New Work braucht New Learning – Eine Perspektivreise durch die Transformation unserer Organisations- und Lernwelten* (S. 105–185). Springer. https://doi.org/10.1007/978-3-658-32758-3_5.

Gabathuler, J., & Kornfeind, J. (2023). Lernen in Organisationen. In B. Werkmann-Karcher, A. Müller, & T. Zbinden (Hrsg.), *Personalpsychologie für das Human Resource Management* (S. 135–155). Springer. https://doi.org/10.1007/978-3-662-65308-1_8.

Hamann, E., Stöcker, G., Stolz, K.-H., Winter, C., & Zink, C. (2017). *Pflegeausbildung vernetzend gestalten – ein Garant für Versorgungsqualität.* Deutscher Bildungsrat für Pflegeberufe (DBR). https://www.bildungsrat-pflege.de/wp-content/uploads/2022/02/2017-Broschuere-Pflegeausbildung-vernetzend-gestalten.pdf. Zugegriffen: 18. Febr. 2024.

Herrmann, A., Spickhoff, A., Reimers, S., & Monaca, C. (2021). Kurzfortbildung per One Minute Wonder. *Pflege Zeitschrift, 75*(1–2), 50–54. https://doi.org/10.1007/s41906-021-1182-8

Höhne, B. (2021). Das digitale Support System für agiles Lernen. In J. Longmuß, G. Korge, A. Bauer, & B. Höhne (Hrsg.), *Agiles Lernen im Unternehmen* (S. 127–136). Springer. https://doi.org/10.1007/978-3-662-62013-7_14.

Hummel-Gaatz, S., & Doll, A. (2007). *Unterstützung, Beratung und Anleitung in gesundheits- und pflegerelevanten Fragen fachkundig gewährleisten* Themenbereich 3: Analyse und Vorschläge für den Unterricht. Werkstattbücher zu Pflege heute. (A. Warmbrunn, Hrsg.). Elsevier, Urban & Fischer.

Hundenborn, G. (2023). Ausbildung in der Pflege. In J. Klauber, J. Wasem, A., Beivers, & C. Mostert (Hrsg.), *Krankenhaus-Report 2023*, 149–163. Springer. https://doi.org/10.1007/978-3-662-66881-8_10.

Karutz, H. (2021). Lernen aus der Krise – Chance für inneres Wachstum und Bildung? *Pädagogik der Gesundheitsberufe, 7*(1), 11–17.

Klein, Z., Peters, M., Garcia González, D., & Dauer, B. (2021). *Empfehlungen für Praxisanleitende im Rahmen der Pflegeausbildung nach dem Pflegeberufegesetz (PflBG): Fachworkshop-Empfehlungen zur Umsetzung in der Praxis. Pflegeausbildung gestalten.* Bundesinstitut für Berufsbildung BIBB. https://www.bibb.de/dienst/publikationen/de/1724. Zugegriffen: 20. Mai 2024.

Knowles, M. S. (1975). *Self-directed learning. A guide for learners and teachers.* Association Press.

Krüger, L., & Mannebach, T. (2018). Wartezeiten zu Fortbildungen nutzen. *Pflegen Intensiv, 15*(4), 38–40.

Krüger, L., & Mannebach, T. (2019). One Minute Wonder zielgerecht gestalten. *PADUA, 14* (4), 239–243. https://doi.org/10.1024/1861-6186/a000508.

Küng, R., Staudacher, D., & Panfil, E.-M. (2018). Ein zentrales pädagogisches Modell für die Praxisanleitung: „Cognitve Apprenticeship". Das Potenzial des CAS-Modells im Kontext der Kriterien für „guten Unterricht". *PADUA, 13*(2), 115–123. https://doi.org/10.1024/1861-6186/a000424

Leibig, A., & Sahmel, K.-H. (2019). Methodische Kompetenzen von PraxisanleiterInnen für die hochschulische Ausbildung. *PADUA, 14*(1), 7–12. https://doi.org/10.1024/1861-6186/a000467

McCormack, B., Manley, K., & Titchen, A. (2013). Introduction. In B. McCormack, K. Manley, & A. Titchen (Hrsg.), *Practice Development in Nursing and Healthcare* (2. Aufl., S. 1–18). John Wiley & Sons, Ltd.

McCormack, B., Wright, J., Dewar, B., Harvey, G., & Ballantine, K. (2007). A realist synthesis of the evidence relating to practice development: Findings from the literature analysis. *Practice Development in Health Care, 6*(1), 25–55. https://doi.org/10.1002/pdh.211.

Nock, L. (2018). *Interprofessionelle Ausbildungsstation – ein Praxisleitfaden: Gemeinsam besser werden für Patienten.* https://www.bosch-stiftung.de/sites/default/files/publications/pdf/2018-08/Interprofessionelle_Ausbildung_Leitfaden.pdf. Zugegriffen: 20. Mai 2024.

OECD. (2020). *OECD Lernkompass 2030: OECD-Projekt Future of Education and Skills 2030. Rahmenkonzept des Lernens.* https://www.oecd.org/education/2030-project/contact/OECD_Lernkompass_2030.pdf. Zugegriffen: 20. Mai 2024.

Panadero, E. (2017). A review of self-regulated learning: Six models and four directions for research. *Frontiers in Psychology, 8*(422). https://doi.org/10.3389/fpsyg.2017.00422.

Pflegeausbildungs- und Prüfungsverordnung – PflAPrV. (2018). In Bundesgesetzblatt: Vol. I (34). Bundesanzeiger. https://www.gesetze-im-internet.de/pflaprv/. Zugegriffen: 20. Mai 2024.

Pflegeberufegesetz – PflBG. (2017). In Bundesgesetzblatt: Vol. I (49). Bundesanzeiger. https://www.gesetze-im-internet.de/pflbg/. Zugegriffen: 20. Mai 2024.

Quek, G. J. H., & Shorey, S. (2018). Perceptions, experiences, and needs of nursing preceptors and their preceptees on preceptorship: An integrative review. *Journal of Professional Nursing, 34*(5), 417–428. https://doi.org/10.1016/j.profnurs.2018.05.003

Quernheim, G. (2019). „Ist doch eh alles das Gleiche, oder?!" Praxisanleitung für Schüler_innen und Studierende. *PADUA, 14*(1), 35–41. https://doi.org/10.1024/1861-6186/a000471

Rowlinson, J. (2014). The one minute wonder network. *The Clinical Teacher, 11*(5), 332 335. https://doi.org/10.1111/tct.12160

Schewior-Popp, S. (2011). Praktische Ausbildung – eine Standortbestimmung. Berufliche Handlungskompetenz als übergeordnetes Ziel. *PADUA, 6*(1), 6–10. https://doi.org/10.1024/1861-6186/a000026

Sensen, K. (2018). Die Interaktionistische Pflegedidaktik als didaktische Legitimation der Lernsituation. In K. Sensen (Hrsg.), *Ethik in der Krankenpflegeausbildung vermitteln – Didaktik und Methodik für Lehrende an Krankenpflegeschulen* (S. 31–43). Springer. https://doi.org/10.1007/978-3-658-22189-8_6.

Shaw, T. (2013). Approches to Practice Development. In B. McCormack, K. Manley, & A. Titchen (Hrsg.), *Practice development in nursing and healthcare* (2. Aufl., S. 66–87). John Wiley & Sons, Ltd.

Shinners, J. S., & Franqueiro, T. (2015). Preceptor skills and characteristics: Considerations for preceptor education. *Journal of Continuing Education in Nursing, 46*(5), 233–236. https://doi.org/10.3928/00220124-20150420-04

Socha-Dietrich, K. (2020). *Empowering the health workforce: Strategies to make the most of the digital revolution.* https://www.oecd.org/els/health-systems/Empowering-Health-Workforce-Digital-Revolution.pdf. Zugegriffen: 20. Mai 2024.

Sottas, B., Mentrup, C., & Meyer, P. C. (2016). Interprofessional education and practice in Sweden/Interprofessionelle Bildung und Praxis in Schweden. *International Journal of Health Professions, 3*(1), 3–13. https://doi.org/10.1515/ijhp-2016-0002

Sottas, B. (2020). Handbuch für Lernbegleiter auf interprofessionellen Ausbildungsstationen: Gemeinsam besser werden für Patienten. https://www.bosch-stiftung.de/sites/default/files/publications/pdf/2020-09/Sottas_2020_Handbuch%20f%C3%BCr%20Lernbegleiter%20auf%20interprofessionellen%20Ausbildungsstationen.pdf. Zugegriffen: 20. Mai 2024.

Staatsinstitut für Schulqualität und Bildungsforschung. (ISB) (2020). Lehrpläne und Ausbildungspläne für die Berufsfachschule für Pflege: Auf Grundlage der Bundesrahmenpläne der Fachkommission nach dem Pflegeberufegesetz (PflBG). 1. bis 3. Ausbildungsdrittel. https://www.isb.bayern.de/fileadmin/user_upload/Berufliche_Schulen/Berufsfachschule/Lehrplan/bfs_lp_pflegefachmann.pdf. 20. Mai 2024.

Titchen, A., & McCormack, B. (2008). A methodological walk in the forest: Critical Creativity and human flourishing. In K. Manley, B. McCormack, & V. Wilson, V. (Hrsg.), *international practice development in nursing and healthcare* (S. 59–83). Blackwell.

Tracy, M. F., O'Grady, E. T., & Phillips, S. J. (2022). *Hamric & Hanson's advanced practice nursing* (7. Aufl.). Elsevier – Health Sciences Division.

Tulodziecki, G., Herzig, B., & Grafe, S. (2021). *Medienbildung in Schule und Unterricht* (3. Aufl.). utb. https://doi.org/10.36198/9783838557465.

Walter, A., & Bohrer, A. (2020). *Die neue Pflegeausbildung gestalten – eine Handreichung für Praxisanleiterinnen und Praxisanleiter.* Brandenburgische Technische Universität BTU & Evangelische Hochschule Berlin EHB (Hrsg.). https://doi.org/10.26127/BTIOpen-5161..

Ward, A., & McComb, S. (2017). Precepting: A literature review. *Journal of Professional Nursing, 33*(5), 314–325. https://doi.org/10.1016/j.profnurs.2017.07.007.

Wilcha, R.-J. (2020). Effectiveness of virtual medical teaching during the COVID-19 crisis: Systematic review. *Journal of Medical Internet Research JMIR Medical Education, 6*(2). https://doi.org/10.2196/20963..

Wissenschaftsrat. (2012). Empfehlungen zu hochschulischen Qualifikationen für das Gesundheitswesen. Wissenschaftsrat. https://www.wissenschaftsrat.de/downlad/archiv/2411-12. Zugegriffen: 02. Mai 2024.

Wood, R. E. (1986). Task complexity: Definition of the construct. *Organizational Behavior and Human Decision Processes, 37*(1), 60–82. https://doi.org/10.1016/0749-5978(86)90044-0.

Zhu, B., Cheong, S., & Chong, E. (2022). The role of an advanced practice nurse (APN) in geriatric care at the emergency department. *Journal of Advanced Nursing, 78*(1), e31–e32. https://doi.org/10.1111/jan.15029.

# Hands on – Pflegewissenschaft im klinischen Alltag etablieren

**6**

Laura Gerken, Andrea Ellermeyer, Ann-Kathrin Jörger und Bernhard Meyer

Umfassendes, wissenschaftsbasiertes und interprofessionelles Handeln ist Voraussetzung für eine zeitgemäße und zukunftsfähige Gestaltung von Versorgungs- und Pflegeprozessen. Dabei geht es nicht nur um den Transfer pflegewissenschaftlicher Ansätze in die Pflegepraxis, sondern auch um die Etablierung erweiterter klinischer Kompetenzen im Sinne der Advanced Nursing Practice. In Shared-Governance-Teams übernehmen wissenschaftlich ausgebildete Pflegende die Rolle der pflegefachlichen Führung und können so die Patient*innenversorgung durch die Förderung einer evidencebasierten Praxis und einer personzentrierten Haltung nachhaltig verbessern. Im Rahmen von Pflegevisiten nutzen Advanced Practice Nurses (APN), Pflegeexpert*innen und Pflegefachpersonen die Möglichkeit, die Partizipation der Patient*innen zu stärken, indem sie neben einer evidencebasierten Pflegeplanung deren Bedürfnisse und Präferenzen einbeziehen und so die Patient*innenzufriedenheit und Versorgungsqualität erhöhen.

Die Einführung einer APN bringt Herausforderungen wie die Anpassung der Strukturen, die interprofessionelle Akzeptanz und eine gelingende Kooperation mit Pflegeteams und Pflegeexpert*innen mit sich. Der Stabsstelle Pflegewissenschaft kommt bei der Umsetzung und Etablierung der APN-Rollen eine zentrale Rolle zu, indem sie übergeordnet die evidencebasierte Praxis und die APN-Rollenentwicklung fördert. Journal Clubs zu den unterschiedlichen Themen aus den Shared-Governance-Expertisebereichen dienen dem Austausch und der Diskussion aktueller Forschungsergebnisse. Sie fördern kritisches Denken, kontinuierliche

---

L. Gerken (✉)
Klinik und Poliklinik für Neurochirurgie, TUM Klinikum Rechts der Isar, München, Deutschland
E-Mail: newworkinnursing@gmail.com

A. Ellermeyer · A.-K. Jörger · B. Meyer
München, Deutschland

© Der/die Autor(en), exklusiv lizenziert an Springer-Verlag GmbH, DE, ein Teil von Springer Nature 2025
J. Mayer et al. (Hrsg.), *New Work im Krankenhaus*,
https://doi.org/10.1007/978-3-662-70410-3_6

Weiterbildung und die Implementierung neuer Erkenntnisse in die Pflegepraxis. Diese Ansätze und Aktivitäten tragen wesentlich zur Professionalisierung und Qualitätsverbesserung der Pflege bei.

## 6.1 Clinical Leadership im Rahmen der Shared Governance

Das Modell von Hamric et al. (2009) definiert zentrale Voraussetzungen und Kompetenzen für die Tätigkeit einer APN. Zu den primären Voraussetzungen gehören ein wissenschaftlicher, pflegebezogener Masterabschluss (z. B. APN, Pflegewissenschaft), eine klinische Spezialisierung mit Zertifikatsabschluss in einem medizinisch-pflegerischen Fachgebiet oder in Bezug auf eine spezifische Erkrankung sowie eine Fokussierung der Praxistätigkeit auf Patient*innen und deren Familien sowie An- und Zugehörige (Feuchtinger & Weidlich, 2022; Hamric et al., 2009). Diese formalen Voraussetzungen gewährleisten, dass APNs über das nötige theoretische und praktische Wissen sowie die Erfahrung verfügen, um hoch qualifizierte Pflege leisten zu können.

Die direkte klinische Praxis stellt das Kernstück der Tätigkeit einer APN dar und umfasst die Anwendung fundierter pflegerischer und medizinischer Kenntnisse in der Betreuung von Patient*innen. Als weitere Elemente einer erweiterten klinischen Praxis nennen Hamric et al. (2009) darüber hinaus die Nutzung einer umfassenden Perspektive, den Aufbau therapeutischer Beziehungen zu den Patient*innen, den Einsatz fachkundigen klinischen Denkens und eine kompetente Ausführung, den Einsatz reflektierter Praxis, den Rückgriff auf Forschungsergebnisse als Leitfaden für die Praxis und den Einsatz verschiedener Ansätze des Gesundheits- und Krankheitsmanagements. APNs sind dafür verantwortlich, komplexe klinische Entscheidungen zu treffen, Pflegeprozesse zu entwickeln und umzusetzen sowie die gesundheitlichen Bedürfnisse ihrer Patient*innen umfassend zu betreuen.

Ergänzend zur zentralen Kompetenz der direkten klinischen Praxis umfasst das Modell von Hamric et al. (2009) sechs weitere Kernkompetenzen, die für die Tätigkeit einer APN essenziell sind:

- Klinische Forschung und die Anwendung von Forschungsergebnissen in der Praxis
- Begleitung, Beratung und Befähigung multimorbider Patient*innen mit dem Ziel der Therapieoptimierung und -umsetzung
- Beratung und Stärkung der Selbstmanagementkompetenzen von Patient*innen und deren Familien
- Ethische Entscheidungsfindung
- Interprofessionelle Zusammenarbeit
- Klinisches und professionelles Leadership

Mit diesen Kompetenzen und Aufgaben sind APNs nicht nur in der direkten Patient*innenversorgung wirksam und effektiv, sondern auch in der Entwicklung und Umsetzung von Gesundheitsstrategien, der Förderung evidencebasierter Praxis und der Verbesserung der Gesundheitssysteme insgesamt.

Clinical Leadership entfaltet seine Wirkung in erster Linie in der Versorgung der Patient*innen mit ihren Bedarfen und Bedürfnissen. Das Konzept des „Clinical Leadership" umfasst die Entwicklung von Führungsqualitäten und -kompetenz, von Fähigkeiten in der Koordination der Versorgung am Point of Care sowie die Förderung und Weiterentwicklung von Kompetenzen der Pflegeteams im Zuständigkeitsbereich in evidencebasiertem Handeln.

In der Koordination der Versorgung kommt es immer wieder zu Problemen, die die Notwendigkeit von Clinical Leadership verdeutlichen: So kann zum Beispiel eine ungenügende Übergabekommunikation zu Versorgungslücken führen oder die Übergänge bei der Entlassung verlaufen möglicherweise nicht reibungslos, wenn sowohl der abgebende als auch der aufnehmende Bereich nicht effektiv kommunizieren. Dies gilt sowohl für die Akutversorgung im Krankenhaus als auch für das gesamte Gesundheitswesen. Die Behebung solcher Versorgungslücken erfordert aktives Handeln auf der Grundlage von Best Practices, Teamarbeit, Kommunikation, Koordination der Versorgung und klinischer Führungskompetenzen am Point of Care (Joseph & Huber, 2015).

In einem Shared-Governance-Team sind Clinical Leader*innen dafür verantwortlich, mit ihrer klinischen Expertise und Erfahrung die Kompetenz des Pflegeteams zu entwickeln und auf aktuellem Wissenstand zu halten, um die Qualität der Patient*innenversorgung zu verbessern. Sie dienen als Ressourcen für das Team und tragen zur Entwicklung und Umsetzung evidencebasierter Praktiken bei. Darüber hinaus unterstützen sie die Teammitglieder bei der Problemlösung, fördern die Zusammenarbeit und die Weiterentwicklung der klinischen Praxis. Durch ihre Führung verbessern klinische Leader*innen die Patient*innensicherheit, die Effizienz und Qualität der Versorgung sowie die Zufriedenheit der Mitarbeiter*innen. APN-Leader*innen sind Vorbilder und Mentor*innen, die fachliche Führung übernehmen und Kolleg*innen ermutigen, Fähigkeiten und Fertigkeiten zu spezifischen Themen zu vertiefen (Mahrer-Imhof et al., 2012). Sie erkennen potenzielle oder bestehende Versorgungsdefizite und können wissenschaftsbasiert Veränderungsstrategien vorschlagen und umsetzen. Im Ergebnis tragen sie so dazu bei, die Wahrnehmung des wertvollen Beitrags von Advanced Practice Nursing zu steigern (Hamric et al., 2009; Mahrer-Imhof et al., 2012).

Damit sich Clinical-Leadership-Kompetenzen in pflegerischen Versorgungsprozessen auch wirksam entfalten können, bedarf es neben der strukturellen Unterstützung der Organisation und der rechtlichen Legitimation auch der breiten Unterstützung im multiprofessionellen Team (Blanck-Köster, Roos & Gaidys, 2020) und der curricularen Verankerung in den relevanten Studiengängen.

## 6.2 Pflegevisite – Patient*innen in den Mittelpunkt stellen

Die Rolle der APN ist für die kompetente, umfassende und adressatengerechte Beratung und Unterstützung von Patient*innen und deren An- und Zugehörigen in verschiedenen pflegerischen Kontexten von großer Bedeutung. APNs agieren als wesentliche Informationsressourcen für Patient*innen, Familien und Gemeinschaften, indem sie zielgerichtet, personzentriert und adressatengerecht Information, Beratung, Anleitung und Unterstützung in teilweise hochkomplexen Situationen anbieten.

Im Modell „Critical Environmental Elements Affecting Advanced Nursing Practice" von Hamric et al. (2009) wird diese Funktion unter den Kernkompetenzen (Core Competencies) als „expert coaching and guidance" aufgeführt. Sie definieren dies als die Fähigkeit der APNs, die Entwicklung und Entfaltung von Einzelpersonen und ihren Angehörigen, aber auch von Pflegefachpersonen und ganzen pflegerischen Teams zu unterstützen (Hamric et al., 2009). Dabei zielt diese Kompetenz darauf ab, durch passende Anleitung und Unterstützung bessere Ergebnisse in der Therapieumsetzung insbesondere für multimorbide Patient*innenpopulationen auch in hochkomplexen Situationen zu erreichen. Dies kann durch verschiedene Maßnahmen realisiert werden, wie zum Beispiel durch direkte Unterstützung von Patient*innen und ihren Familien bei der Bewältigung gesundheitlicher Herausforderungen, durch Schulung von Pflegeteams sowie durch Förderung evidencebasierter Praktiken.

Beratung findet in verschiedenen Settings statt, z. B. in Krankenhäusern, Pflegeeinrichtungen, durch ambulante Pflegedienste und im angelsächsischen Raum auch in Community Health Centern. Die Ziele pflegerischer Beratung durch eine APN variieren je nach Bedarf und Situation. Nach Spross (2009) sind dies Information und Aufklärung über den Gesundheitszustand oder mögliche Behandlungsoptionen, die Patient*innen und deren Familien benötigen, um fundierte Entscheidungen zu ihrer Gesundheit und zum weiteren Behandlungsverlauf treffen zu können. Zur Bewältigung von Krisen kann pflegerische Beratung Patient*innen im Umgang mit Ängsten, Stress, Trauer und anderen Herausforderungen, die mit Gesundheit und Krankheit verbunden sind, unterstützen. Auch die Förderung von Selbstmanagementfähigkeiten ist ein Ziel der beratenden Unterstützung von Pflegenden. Nicht zuletzt kann pflegerische Beratung auch dazu beitragen, dass die Bedürfnisse der Patient*innen umfassend berücksichtigt werden, indem die APN die vielen Informationen der verschiedenen Gesundheitsdienstleistenden bündelt und die Versorgung von Patient*innen koordiniert (Søndergaard et al., 2024).

Die Pflegevisite stellt ein wichtiges Instrument im Rahmen der beratenden Tätigkeit der APN dar. Heering et al. (1997) beschreibt die Pflegevisite als einen „regelmäßigen Besuch bei und ein Gespräch mit der KlientIn über ihren Pflegeprozess" (Heering et al., 1997, S. 52). Gemäß dieser bis heute gültigen Definition dient die Pflegevisite dazu, gemeinsam mit den Patient*innen pflegerelevante Ressourcen, Probleme und Diagnosen zu benennen, passende Pflegeziele sowie die Art, Menge und

Häufigkeit der notwendigen pflegerischen Interventionen zu vereinbaren und diese in der Folge auf ihre Angemessenheit und Wirksamkeit zu evaluieren.

Pflegevisiten ermöglichen einen direkten Zugang zu authentischen, detaillierten und aktuellen Informationen über den Zustand der Patient*innen. Es werden physische, soziale und emotionale Aspekte erfasst, die dann in der Beratung und bei der Versorgung berücksichtigt werden. Gemeinsam mit den Betroffenen werden Beratungsanlässe identifiziert, wie zum Beispiel mangelnde Selbstmanagementstrategien oder -kompetenzen im Umgang mit chronischen Erkrankungen wie "COPD (chronisch obstruktive Lungenerkrankung) oder Diabetes. Auch komplexe medizinische Sachverhalte können im Rahmen einer Pflegevisite verständlich erörtert und vermittelt werden. Durch regelmäßige Pflegevisiten können so potenzielle Probleme und Komplikationen frühzeitig erkannt und Maßnahmen ergriffen werden. Dies führt zu einer Verbesserung der Patient*innensicherheit und zu selteneren Krankenhausbesuchen, inklusive Notfalleinweisungen.

Pflegevisiten bieten darüber hinaus im Krankenhaus eine regelmäßige und strukturierte Möglichkeit zur Kommunikation und Abstimmung zwischen Patient*innen, APN und Pflegefachpersonen auf den Stationen. Sie können, wie die ärztlichen Visiten, dazu genutzt werden, „besonders komplexe und mit überdurchschnittlicher Verweildauer gekennzeichnete Fälle im Pflegeteam zu erörtern" (Flach, 2012, S. 14) und mit dem für die Pflege typischen umfassenden Blick zu erfassen. Dies ist eine Möglichkeit, den fachlichen Informationsaustausch zwischen den Pflegefachpersonen der Station und der APN in der Versorgungspraxis zu intensivieren, was die fachliche Entwicklung von Pflegeteams fördert.

**Pflegevisiten und Partizipation von Patient*innen im Pflegeprozess**
Während einer Pflegevisite wird der*die Patient*in aktiv in das Gespräch zu Pflege und Behandlung einbezogen. Dies ermöglicht einem*einer Patient*in, Bedürfnisse, Wünsche und Bedenken zu äußern. Durch die direkte Einbindung in den Pflegeprozess werden die Transparenz und das Verständnis zum Versorgungsprozess verbessert, was die Akzeptanz der Behandlung und die Adhärenz stärkt. Indem ein*e Patient*in das individuelle Erleben der Situation darstellen und sich der individuellen, persönlichen Situation mit den jeweiligen Herausforderungen bewusst werden kann, wird er*sie angeregt, über mögliche Lösungswege nachzudenken, die im Pflegevisitengespräch angeboten wurden (Heering, 2018). Patient*innen, die sowohl über ihre Erkrankung selbst als auch den Umgang damit besser informiert sind, können sich aktiver an der Gestaltung ihrer Versorgung beteiligen und fundierte Entscheidungen treffen. Dies fördert das Selbstmanagement und stärkt die Fähigkeit von Patient*innen, selbstbestimmt zu handeln.

Wenn es Pflegenden gelingt, die Wahrnehmungen und Bedeutungszuschreibungen des*der Patient*in in ihren Facetten zu verstehen, ermöglicht dies, neben organisch und strukturell bedingten Pflegephänomenen auch psychosozial bedingte Pflegephänomene zu identifizieren und entsprechende Pflegediagnosen zu stellen. Hier ist, anders als im formalisiert-naturwissenschaftlichen Ursache-Wirkungs-Denken, eine umfassendere Sichtweise auf den*die Patient*in mit seinen*ihren

Problemen gefordert, die der Komplexität der Pflegesituation angemessen ist. Pflegerische bzw. pflegerelevante Phänomene können sich rasch und oft verändern und sind nicht immer vorhersehbar. Deshalb braucht es im partizipativen Ansatz der Pflegevisite eine Denk- und Herangehensweise seitens der Pflegenden, die es ermöglicht, dass sich Patient*in und Pflegende in ihrer Einschätzung der Pflegesituation möglichst weit annähern (Heering, 2018).

Mit diesem Verständnis erscheint es wenig angebracht, den Zeitpunkt und die Dauer einer Pflegevisite im Voraus und verbindlich festzulegen. Die Pflegevisite mit einem partizipativen Ansatz sollte viel eher das Ziel verfolgen, dann zu einem Gespräch zusammen zu kommen, wenn alle Beteiligten, und im Besonderen der*die Patient*in, dazu bereit sind. Sowohl Biley (1992) als auch Waterworth und Luker (1990) zeigen, dass die Partizipationsbereitschaft von Patient*innen einerseits stark von ihrem eigenen Befinden, andererseits aber auch vom Verhalten der Pflegenden abhängt. Bei einer zu stark vorgegebenen Planung und einem paternalistischen Auftreten der Pflegefachpersonen beschreiben Waterworth und Luker den Effekt des „toeing the line" (dt.: Einhalten der Vorschriften): Patient*innen geht es mehr darum, das Richtige zu tun, d. h. es den Pflegenden recht zu machen, als sich proaktiv an den Entscheidungen über ihre Pflege und Versorgung zu beteiligen.

Bei der Gesprächsführung ist deshalb darauf zu achten, dass die Gesprächsebene räumlich, inhaltlich und in der Art der Ansprache auf die Patient*innensituation abgestimmt wird und die Pflegefachperson oder APN sich beispielsweise bei einem*einer bettlägerigen oder bettruhenden Patient*in an das Kopfende setzt. Mit mobilen Patient*innen sollte ein gemeinsames Sitzen an einem Platz der Wahl des*der Patient*in angeboten werden, an dem während des Gesprächs auch eine Einsichtnahme in den Pflegebericht und die Pflegedokumentation erfolgen kann (Heering, 2018).

Im Gespräch wird eine von Heering (2018) sog. narrative Gesprächshaltung eingenommen, wobei der*die Patient*in weniger nach einem festen Schema abgefragt als vielmehr zum Erzählen aufgefordert wird. Damit sind die Hoffnung und Erwartung verbunden, dass er*sie mit „dem beginnen wird, was ihn [*sie] am meisten beschäftigt und was ihm [*ihr] am nächsten und am wichtigsten ist. Auf diese Weise ergibt sich das Gesprächsthema, und es zeigt sich, welche Themen, Bedürfnisse, Fragen und Probleme der [*die] Klient[*in], aber auch, welche Erwartungen er [*sie] an uns hat. […]" (Heering, 2018, S. 55). So können Patient*innen die Pflegevisite als eine Gelegenheit erleben, in der sie individuelle Probleme ansprechen und diskutieren können und in der ihnen ausreichend Mitsprache eingeräumt wird.

## 6.3 Herausforderungen bei der Einführung einer Advanced Practice Nurse in einer Fachdisziplin

New Work (s. Kap. 1) betont die Förderung von Autonomie und Selbständigkeit sowie die Gestaltung von Arbeitsbedingungen und -strukturen. Im Kontext von New Work in der Pflege kommt somit der Erweiterung beruflicher Rollen und

Verantwortlichkeiten eine besondere Bedeutung – für die gesamte Berufsgruppe der Pflegenden – zu. Die Rolle der APN ergänzt mit ihrem Aufgaben- und Zuständigkeitsbereich die traditionellen pflegerischen Aufgaben, indem sie mit ihren umfangreichen und spezialisierten Kompetenzen (Feuchtinger & Weidlich, 2022) hochkomplexe Pflege- und Versorgungsprozesse steuern und gestalten kann. APNs werden als Bindeglied zwischen den verschiedenen im Krankenhaus vertretenen Professionen wirksam und können die interprofessionelle Kommunikation verbessern.

In einem Krankenhaus, das sich nach New-Work-Prinzipien ausrichtet, können APNs dazu beitragen, innovative Ansätze für die Patient*innenversorgung auf der Grundlage neuester Forschungsergebnisse zu entwickeln, zu implementieren und zu evaluieren. Die ihnen eingeräumten erweiterten Befugnisse können auch zu gemeinsamer und interprofessionell angelegter ethischer Entscheidungsfindung im klinischen Alltag beitragen. Aufgrund ihrer Kompetenz können APNs frühzeitig ethische Dilemmata identifizieren, kommunizieren und aktiv angehen (Hamric et al., 2009). Sie leiten ethische Entscheidungsfindungsprozesse ein und können diese im weiteren Verlauf begleiten (Mahrer-Imhof et al., 2012). Im Rahmen dieser Kompetenz setzen sie sich beispielsweise für die Berücksichtigung von Patient*innenverfügungen (z. B. bei der Frage nach Einleitung von parenteraler Ernährung) und eine verständliche Informationsweitergabe bei Patienten*innenaufklärungen ein.

APNs setzen darüber hinaus auch das Prinzip des berufslebenslangen Lernens und der beruflichen Weiterentwicklung um, indem sie einerseits als Mentor*innen den Fortbildungsbedarf der Pflegenden vor Ort erkennen und passende pflegefachliche Fortbildungen sowie Praxisbegleitungen anbieten. Andererseits erweitern und sichern sie durch ihre praktische und wissenschaftliche Tätigkeit permanent auch ihre eigenen Fähigkeiten und Kompetenzen (Mendel & Feuchtinger, 2009) und dienen so als Modell für die Kolleg*innen der Pflege.

Die Etablierung von APN an einem Krankenhaus ist derzeit vielerorts gewünscht, jedoch in Deutschland noch weitgehend ohne Rollenvorbilder (s. Abschn. 1.4). In den APN/ANP-Studiengängen erhalten die Studierenden ein wissenschaftsbasiertes theoretisches Verständnis von Advanced Nursing Practice (ANP), das jedoch auf den Erfahrungen und Erkenntnissen aus dem englischsprachigen Raum basiert. Die Übertragung nach Deutschland ist systembedingt nicht einfach möglich und erfordert einen umfassenden Wandel der Strukturen und Prozesse eines Krankenhauses bzw. Einsatzbereichs. Dabei geht es darum, das gesamte System in den Blick zu nehmen, um eine erfolgreiche und nachhaltige Verankerung von APNs und eine dadurch verbesserte und settingübergreifende Patient*innenversorgung zu ermöglichen.

Um eine APN erfolgreich in einer Organisation einzuführen, müssen demnach vielfältige Herausforderungen bewältigt werden. Eine der zentralen Schwierigkeiten ist die Akzeptanz und damit die Integration der APN-Rolle in das bestehende System. Aufgrund der erweiterten Aufgaben und Verantwortlichkeiten bedarf es entsprechender struktureller Anpassungen. Seitens der traditionell im Gesundheitswesen federführenden ärztlichen Berufsgruppe muss mit Verunsicherung und/oder

Widerstand auf diese Veränderungen gerechnet werden, zumindest wenn nicht durch berufliche Aufenthalte im englischsprachigen Ausland bereits positive Erfahrungen mit APN-Strukturen gemacht wurden.

Für die evidencebasierte Implementierung von APN-Rollen im klinischen Kontext existieren verschiedene erprobte Werkzeuge, wovon die bekanntesten das PEPPA-Framework (PEPPA: partizipativer, evidence-basierter und patientenorientierter Prozess zur Steuerung der Entwicklung, Umsetzung und Evaluation einer fortgeschrittenen Pflegepraxis) von Bryant-Lukosius und Dicenso (2004) und das Hamric-Modell (Hamric et al., 2009) sind. Die erfolgreiche Anwendung der Frameworks in verschiedenen Fachbereichen ist in zahlreichen Studien belegt (Boman et al., 2021; McNamara et al., 2009; Serena et al., 2015).

Im Folgenden werden Aspekte benannt, die bei der Einführung der Rolle einer APN in einer Organisation nützlich sind. Eine grundsätzlich positive Haltung der pflegerischen, ärztlichen und therapeutischen Führungspersonen zur Installation einer APN fördert die allgemeine Akzeptanz sehr. Günstig ist zunächst der Einsatz der für die APN-Rolle vorgesehenen Pflegefachperson auf einer diesbezüglich offenen Station der Fachdisziplin, in der sie zukünftig übergreifend tätig sein soll. Dies hat mehrere Vorteile: Wenn eine APN gänzlich neu in einer Organisation beginnt, kann es hilfreich sein, zunächst von einer Station aus die internen Abläufe im Haus und die spezifischen Herausforderungen der Station bzw. Abteilung kennenzulernen. Durch die Einbindung in das Stationsteam kann die APN darüber hinaus wertvolle Einblicke in die täglichen Herausforderungen und Bedürfnisse der Patient*innen sowie der Kolleg*innen gewinnen. Diese Kenntnisse sind wichtig, um passende Pflegeansätze zu entwickeln, Fortbildungs- und Entwicklungsbedarfe der Pflegenden zu erkennen und zu bedienen und damit die Qualität der Patient*innenversorgung zu verbessern. Darüber hinaus fördert die Präsenz und Ansprechbarkeit der APN auf der Station das Vertrauen und die Akzeptanz auch bei ärztlichen Kolleg*innen des interprofessionellen Teams. Durch die tägliche Zusammenarbeit und den direkten Austausch können Vorbehalte abgebaut und eine positive Arbeitsatmosphäre geschaffen werden. Dies stärkt nicht nur die interprofessionelle Zusammenarbeit, sondern erhöht auch die Akzeptanz der Expertise und Kompetenz der APN (Mendel & Feuchtinger, 2009). Umgekehrt profitiert die APN von der Erfahrung und dem Wissen der anderen Teammitglieder. Nachdem sich die APN über eine Station mit dem Haus bekannt gemacht und von dort aus Vertrauen aufgebaut hat, kann sie ihre Tätigkeit und Aufgaben auf die anderen Bereiche und Stationen der Disziplin ausdehnen.

Die Anpassung und Entwicklung der Arbeitskultur mit einer interprofessionellen Anerkennung der Kompetenz und Wahrnehmung der Wirksamkeit von ANP ist für die ersten APNs einer Institution Pionierarbeit. Hilfreich können Kolleg*innen des interprofessionellen Teams sein, die beispielsweise in englischsprachigen Ländern die Rolle und den Mehrwert von APNs kennengelernt hatten und dabei unterstützen, Vorbehalte abzubauen. Intraprofessionell zeugen Widerstände von Verunsicherung, die durch Kompetenz und Erfahrung im empathisch-wohlwollenden Umgang abgebaut werden kann. In manchen Fällen kann es hilfreich sein, eine unabhängige Unterstützung durch einen*eine Expert*in in Kommunikation und Beratung hinzuzuziehen (s. Abschn. 2.4).

Shared Governance (s. Abschn. 2.2), als für Deutschland innovativer Ansatz, kann in mehrfacher Hinsicht für die Entwicklung der APN-Rolle unterstützend wirken. Die Shared-Governance-Strukturen ermöglichen es APNs, als pflegefachliche Führungsperson wirksam zu werden. APNs sind im gemeinsamen übergeordneten Führungsteam aus Pflegemanager*innen, Qualitäts-, Risiko- und Chancenmanager*innen und Pflegepädagog*innen (s. Abschn. 2.2, Abb. 2.2) in die Entscheidungsprozesse gleichberechtigt involviert und bringen ihre Perspektiven und Fachkenntnisse ein. Shared Governance fördert zudem die Professionalisierung der gesamten Berufsgruppe, indem die Weiterentwicklung der jeweils individuellen beruflichen Kompetenzen und die Stärkung des beruflichen Selbstverständnisses unterstützt werden.

Für die Implementierung von APN-Rollen in einem Krankenhaus ist die Begleitung und Unterstützung der Rollenentwicklung anhand des PEPPA-Frameworks durch die Stabsstelle Pflegewissenschaft (s. Abschn. 6.5) und den (Peer-to-Peer-) Council für APNs von großer Bedeutung. Die Stabsstelle Pflegewissenschaft am TUM Klinikum Rechts der Isar nimmt in diesem Prozess eine stärkende und moderierende sowie eine Leadershiprolle ein. Die APN als fachliche Leitung für das jeweilige Aufgaben- bzw. Fachgebiet löst auch bei den Kolleg*innen in den Pflegeteams eine Neueinordnung der jeweiligen Position, des Zuständigkeitsbereichs und der Hierarchie aus. Dieser Prozess ist längerfristig anzulegen und benötigt Empowerment, Reflexion und Austausch. Die APNs am Haus treffen sich dazu unter Leitung der Pflegewissenschaft 14-tägig, um u. a. gemeinsam am jeweils individuell erarbeiteten PEPPA-Framework für die Rollenimplementierung (s. Abschn. 1.4) zu arbeiten und zu reflektieren. Die Pflegewissenschaft ist für die Umsetzung der neuen Rolle „Rückendeckung", Unterstützerin in verschiedene Richtungen und Motivatorin. Hinzu kommt im zweiwöchentlichen Wechsel die PD-School (PD: „practice development"), in der die Prinzipien und Methodologie der Praxisentwicklung (McCormack et al., 2009) für die eigene Umsetzung reflektiert und erarbeitet werden.

Weitere Zusammenarbeit zwischen APNs und Pflegewissenschaft besteht bei der Durchführung des Journal Clubs Klinische Pflege sowie in wissenschaftlicher Hinsicht, z. B. bei Forschungsprojekten oder in Zusammenhang mit der Erstellung evidencebasierter Materialien etc. Auch die konsequente Umsetzung von Evidence-based Nursing (EbN) im Zuständigkeitsbereich geschieht in Zusammenarbeit von APN und Pflegewissenschaft. Außerdem sind die APNs des Klinikums im Rahmen der Shared Governance fachlich der Leitung der Pflegewissenschaft zugeordnet, was dem Vorschlag von Metzger und Rivers (2014) nahekommt.

Besonders wertvoll ist darüber hinaus die Möglichkeit von Einzelberatung durch eine Psychologin (s. Abschn. 2.4), die in der Pflegedirektion für Prozessbegleitungen und beratende Unterstützungsangebote angesiedelt ist.

**Klinikorganisation neu gedacht**
In einer an New-Work-Ansätzen ausgerichteten Klinik spielt die Führung im ärztlichen und pflegerischen Bereich eine entscheidende Rolle für den Erfolg. Eine gut ausgebildete, leistungsstarke und motivierte Belegschaft ist der zentrale Erfolgsfaktor. Mitarbeitende, die diesen Prinzipien entsprechend ihre Rolle ausüben, gewinnen das Vertrauen der Patient*innen, der Angehörigen sowie der interprofessionellen Kolleg*innen und tragen wesentlich zur erfolgreichen Patient*innenversorgung bei. Daher fokussiert sich die moderne Klinikführung auf Maßnahmen der Ausbildung, Talentakquise, Rekrutierung, Integration und Förderung der Mitarbeiter*innen. In der Neurochirurgischen Klinik des TUM Klinikums Rechts der Isar wird ein transformationaler Führungsstil praktiziert, der darauf abzielt, Veränderungen bei den Individuen zu bewirken und sie ihren Fähigkeiten und Interessen gemäß zu entwickeln (s. Abschn. 2.1).

Ein weiteres Merkmal effizienter, moderner Organisation ist die Verteilung der Verantwortung auf mehrere Führungspersonen. In der Neurochirurgischen Klinik wird ärztlicherseits die Vertretung des Chefarztes zwischen der leitenden und der geschäftsführenden Oberärztin aufgeteilt, während fünf weitere Oberärzt*innen spezifische Zuständigkeitsbereiche haben. Dies fördert eigenverantwortliches Handeln und schafft Kontinuität für die Patient*innen, da jeweils zwei Oberärzt*innen ein Behandlungsteam leiten, welches die Patient*innen sowohl stationär als auch ambulant betreut.

Die Klinik unterstützt nicht nur die klinische und operative Ausbildung der Assistenzärzt*innen, sondern auch ihre wissenschaftliche Entwicklung. Ein*eine Mentor*in begleitet die Assistenzärzt*innen während ihrer gesamten Facharztausbildung und gibt Feedback zur Teamarbeit, Leistungsqualität und Karriereperspektiven. Regelmäßige Treffen zum Austausch („Jour fixe") zwischen Chefarzt, Oberärzt*innen und pflegerischen Führungspersonen der neurochirurgischen Stationen fördern den Austausch wichtiger Informationen und die Diskussion von Problemen.

Moderne Führung betont auch den Einsatz von Kommunikationstechnologien wie dem Messengerdienst NetSfere. Chats ermöglichen den sofortigen Austausch von Nachrichten, was zu schnelleren Entscheidungen und Reaktionen führt. Dies ist besonders in dringenden Situationen nützlich, in denen zeitnahe Antworten erforderlich sind. Sie fördern zudem die Zusammenarbeit zwischen Teams und Professionen, insbesondere zu Themen, die schnelle Abstimmungen und regelmäßige Updates erfordern. Via NetSfere können Ärzt*innen, Pflegepersonal und Patient*innenmanagement datenschutzkonform Informationen austauschen, was den Informationsfluss verbessert und die Telefon- und Zeitkapazitäten der Ärzt*innen und Pflegenden entlastet. Patient*innen können direkte Nachrichten an die Ärzt*innen senden, was diese Kommunikation und Zusammenarbeit verbessert. Ärzt*innen und Pflegepersonal können sich so primär auf die medizinische Behandlung und pflegerische Versorgung der Patient*innen konzentrieren.

> Administrative Aufgaben werden, wo möglich, an speziell ausgebildetes Fachpersonal delegiert. In der Neurochirurgischen Klinik wurde dafür das Patient*innenmanagement ausgebaut, um Untersuchungstermine, Rehabilitationen, Verlegungen und die ambulante Versorgung zu organisieren. Dies hat zwei wesentliche Vorteile: Zum einen entlastet es Ärzt*innen und Pflegende nachhaltig. Zum anderen führt die Übertragung klar definierter und sinnvoll abgrenzbarer Spezialaufgaben an andere Berufsgruppen zu einer Aufwertung dieser Berufe. Dies trägt nicht nur zur Verbesserung des Ansehens und des Selbstwertgefühls dieser Berufsgruppen bei, sondern fördert auch ihre Integration in den Klinikbetrieb.
>
> Die moderne Führungsstruktur der Neurochirurgischen Klinik des TUM Klinikums Rechts der Isar setzt auf eine umfassende Betreuung der Mitarbeitenden, klare Verantwortlichkeiten und innovative Ansätze, um die bestmöglichen Bedingungen für die Patient*innenversorgung zu schaffen. Dieser Ansatz gewährleistet nicht nur eine hochwertige medizinisch-pflegerische Versorgung, sondern fördert auch die berufliche Entwicklung der Mitarbeiter*innen, wodurch die Klinik zu einem Ort des permanenten Lernens und der optimalen medizinisch-pflegerischen Betreuung wird.

## 6.4 Zusammenarbeit mit Pflegeexpert*innen auf Stations- und Bereichsebene

Um Menschen mit besonderen pflegerischen Bedarfen zu begleiten und ihr Wohlergehen zu fördern, werden profundes Wissen und praktische Fertigkeiten benötigt. Pflegeexpert*innen zeichnen sich durch ihr spezifisches Fachwissen, ihre diesbezüglichen Beobachtungsqualitäten sowie ihre Kommunikations- und Beziehungsfähigkeiten aus. Sie sind in der Lage, reflektiert zu handeln, zu planen, zu systematisieren und konsequent zu bewerten; außerdem wird von ihnen besonderes handwerkliches Geschick und eine ausgeprägte Anpassungsfähigkeit erwartet. Sie sind kompetent im Umgang mit Konflikten und Stress sowie in der Artikulation von Theorie und Praxis; sie schaffen Wissen, nutzen Forschungsergebnisse, reagieren auf komplexe Situationen und sind in der Lage, fundierte Entscheidungen zu treffen (Pina, 2015).

Nicht akademisch ausgebildete, speziell weitergebildete Pflegeexpert*innen spielen bei der Patient*innenversorgung eine wesentliche Rolle. In der Regel sind sie auf den Stationen die primären Ansprechpersonen für andere Pflegende und Patient*innen zu ihrem Spezialgebiet. Sie übernehmen Aufgaben wie spezielle Verbandswechsel, Stomaversorgung, Ernährungsberatung oder sind z. B. als onkologische Fachpflegende sowohl für medizinische Behandlungsaspekte als auch für psychosoziale Unterstützung der Erkrankten weitergebildet. Durch diese Nähe zu den Patient*innen im täglichen Stationsalltag sind sie in der Lage, Veränderungen im Zustand der Patient*innen schnell und kompetent zu erkennen und vor Ort entsprechend zu reagieren. Da Pflegeexpert*innen in der Regel auf einer Station verortet sind, stellen sie die ideale Ergänzung zu den zentral für den Fachbereich oder phänomenbezogen übergeordnet angesiedelten APNs dar. Für eine optimale und kontinuierliche Patient*innenversorgung muss die Zusammenarbeit zwischen APNs und Pflegeexpert*innen gut strukturiert und koordiniert sein. Dabei sind folgende Aspekte zu beachten:

**Klare Rollen- und Aufgabenverteilung** Um Doppelarbeit und Verwirrung zu vermeiden, ist die klare Definition von Zuständigkeiten und Verantwortlichkeiten sowie die gegenseitige Kommunikation sehr wichtig. Jede*r Pflegeexpert*in sollte genau wissen, für welche Aspekte der Patient*innenversorgung er*sie zuständig ist. APNs können ihre erweiterten klinischen Kenntnisse und Fähigkeiten einbringen, während beispielsweise Wundmanager*innen und Schmerzexpert*innen ihre spezifische Fachkompetenz beisteuern.

**Gemeinsame Kommunikation** Regelmäßige Teammeetings, z. B. in Form von Huddles (s. Abschn. 4.1), sind essenziell, um den aktuellen Status der Patient*innenversorgung sowie potenzielle Probleme zu besprechen und gegebenenfalls erforderliche Anpassungen der pflegerischen Versorgung vorzunehmen. Ein besonders effizienter Weg der Weitergabe von Informationen sind eine elektronische Patient*innendokumentation und datenschutzkonforme Messengerdienste. Dadurch ist ein zeitnaher Austausch von Daten und Informationen möglich, sodass alle Teammitglieder stets auf demselben Kenntnisstand sind.

**Gemeinsame Therapiepläne** Interprofessionelle Therapiepläne sollten die Beiträge aller an der Versorgung der Patient*innen beteiligten Fachdisziplinen, Professionen und Expertisen aufnehmen und in regelmäßigen Abständen besprochen und überprüft werden. Dies gewährleistet, dass die Therapie den sich im Behandlungsverlauf verändernden Bedarfen und Bedürfnissen der Patient*innen entspricht.

**Fortbildung und Schulung** Die regelmäßige Teilnahme von Pflegeteam, Pflegeexpert*innen und APNs an interprofessionellen Fortbildungen ist erstrebenswert, um sicherzustellen, dass alle Mitglieder des Versorgungsteams auf dem neuesten Stand der Forschung und Best Practices sind. APNs erfüllen darüber hinaus noch den Auftrag des „knowledge brokering" – der Vermittlung von Wissen an Pflegende zur Förderung evidencebasierter Praktiken.

**Personzentrierte Versorgung** Die Versorgung sollte auf die individuellen Bedürfnisse und Präferenzen der Patient*innen abgestimmt sein. Patient*innen und ihre An- und Zugehörigen sollten in die Entscheidungsprozesse eingebunden sein, um die individuell bestmöglich passende Versorgung zu erhalten.

Sind diese Punkte im Alltag berücksichtigt, kann dies erheblich zur Effizienz und Qualität der Gesundheitsversorgung in den Kliniken beitragen. Durch ihre praktische Expertise und ihre Nähe zu den Patient*innen sind Pflegeexpert*innen ein unverzichtbarer Teil einer personzentrierten und qualitativ hochwertigen pflegerischen Versorgung.

## 6.5   Journal Club Klinische Pflege

Ein Journal Club (JC) ist in wissenschaftlichen Disziplinen ein regelmäßig genutztes Format, um aktuelle Studien, die als Artikel in wissenschaftlichen Fachzeitschriften – sog. Journals – veröffentlicht wurden, kritisch zu diskutieren. In der Krankenhausversorgung sind Journal Clubs unter Mediziner*innen etabliert, während das Format in der Pflege noch wenig genutzt wird. Nachdem Pflegende ihre Patient*innen evidencebasiert versorgen sollen, was entsprechendes aktuelles Wissen voraussetzt, ist ein Journal Club ein wichtiger Baustein der Wissens- und Lernkultur an einem Krankenhaus: regelmäßig stattfindend, sich mit aktuellen wissenschaftlichen Erkenntnissen auseinandersetzend und für die Versorgung von Patient*innen relevant. Dies kann auch einen Beitrag dazu leisten, Verständnis für die Pflegeforschung und Wissenschaft zu entwickeln (Haslinger-Baumann et al., 2015; Rathwallner et al., 2015). Nachdem in Deutschland der Großteil der Pflegefachpersonen (noch) nicht akademisch ausgebildet ist, sie Patient*innen dennoch evidencebasiert versorgen sollen, braucht es ein JC-Angebot, das für alle Pflegenden interessant ist. Die Schwierigkeit besteht darin, das richtige Maß zwischen wissenschaftlicher und vereinfachter Form zu finden, um alle Interessierten mitnehmen zu können und einen wissenschaftsbasierten Erkenntnisgewinn für die Praxis zu generieren.

Der Ablauf des JC am TUM Klinikum Rechts der Isar folgt in der Regel einem wiederkehrenden und damit wiedererkennbaren Ablauf. Dies hilft, sich bei der Besprechung und Einordnung der jeweiligen Studie zurechtzufinden. Die Teilnehmenden lernen dabei eine sinnvolle, strukturierte Vorgehensweise bei der Beurteilung von Studien. Die Studienthemen werden gemäß den Expertisebereichen der Shared Governance gewählt: Sechsmal im Jahr werden Themen der klinischen Versorgungspraxis besprochen, dreimal pro Jahr Themen der klinischen Ausbildung und dreimal im Jahr stehen Managementthemen auf der Agenda. Unabhängig von diesen thematischen Schwerpunkten sind die Studien relevant und interessant für alle Teilnehmenden. Die Vorbereitung des JC durch die Pflegewissenschaftler*innen und APNs ist relativ aufwendig, um die Studien für alle Teilnehmenden verständlich aufzubereiten und Lust auf den nächsten JC zu machen. Verwendet werden deutsch- oder englischsprachige Studien, wobei die englischsprachigen Artikel immer auch in deutscher Übersetzung für die Teilnehmenden vorliegen.

Diese Form der Durchführung wird in der Studie von Ritter-Herschbach et al. (2022) als „Lernenden"-Format (Entwicklungsstufe 1–2) bezeichnet. In der Entwicklungsstufe 3 würden Teilnehmende selbst Studien zu relevanten Themen suchen und sie dann im JC diskutieren. Dies ist dann allerdings ein Format, das nur für akademisch ausgebildete Pflegende geeignet wäre. Derzeit erscheint, in Anbetracht der aktuellen Akademisierungsquote unter Pflegenden von ca. 3 % an deutschen Universitätskliniken (Bergjan et al., 2021), ein JC im oben beschriebenen Format sinnvoll.

Der JC findet monatlich 90 min lang als Hybridveranstaltung (für Mitarbeitende in Arbeitszeit) statt und ist auch offen für externe interessierte Pflegende, die einen beruflichen Bezug zur Krankenhausversorgung haben. Die Teilnehmenden kommen aus Kliniken, die Lehrenden aus Berufsfachschulen, Pflegestudierende etc. vorwiegend aus München, Onlineteilnehmer*innen aber auch darüber hinaus. Die erfreuliche Reichweite auch außerhalb des Klinikums und überregional, die durch das hybride Veranstaltungsformat möglich ist, basiert auf Netzwerken, Kontaktanbahnung, Werbung und eventuell auch Akquise.

## Literatur

Bergjan, M., Tannen, A., Mai, T., Feuchtinger, J., Luboeinski, J., Bauer, J., Fischer, U., & Kocks, A. (2021). Einbindung von Pflegefachpersonen mit Hochschulabschlüssen an deutschen Universitätskliniken: Ein Follow-up-Survey. *Zeitschrift für Evidenz, Fortbildung und Qualität im Gesundheitswesen, 163*, 47–56. https://doi.org/10.1016/j.zefq.2021.04.001

Biley, F. C. (1992). Some determinants that effect patient participation in decision-making about nursing care. *Journal of Advanced Nursing, 17*(4), 414–421. https://doi.org/10.1111/j.1365-2648.1992.tb01924.x

Blanck-Köster, K., Roes, M., & Gaidys, U. (2020). Clinical-Leadership-Kompetenzen auf der Grundlage einer erweiterten und vertieften Pflegepraxis (Advanced Nursing Practice). *Medizinische Klinik, Intensivmedizin und Notfallmedizin, 115*(6), 466–476. https://doi.org/10.1007/s00063-020-00716-w

Boman, E., Gaarde, K., Levy-Malmberg, R., Wong, F. K. Y., & Fagerström, L. (2021). Using the PEPPA framework to develop the nurse practitioner role in emergency care: Critical reflections. *Nordic Journal of Nursing Research, 42*(3), 117–122. https://doi.org/10.1177/2057158520988478

Bryant-Lukosius, D., Dicenso, A., Browne, G., & Pinelli, J. (2004). Advanced practice nursing roles: Development, implementation and evaluation. *Journal of Advanced Nursing, 48*(5), 519–529. https://doi.org/10.1111/j.1365-2648.2004.03234.x

Bryant-Lukosius, D., & Dicenso, A. (2004). A framework for the introduction and evaluation of advanced practice nursing roles. *Journal of Advanced Nursing, 48*(5), 530–540. https://doi.org/10.1111/j.1365-2648.2004.03235.x

Flach, J. (2012). Die Pflegevisite als Kontrollinstrument. *Heilberufe, 64*(2), 14–15. https://doi.org/10.1007/s00058-012-0244-0.

Feuchtinger, J., & Weidlich, S. (2022). *Advanced Practice Nursing in der klinischen Pflegepraxis*. Kohlhammer.

Hamric, A. B., Spross, J. A., & Hanson, C. M. (2009). *Advanced Practice Nursing: An Integrative Approach*. (4. Aufl.) Saunders/Elsevier.

Haslinger-Baumann, E., Lang, G., & Müller, G. P. (2015). Einfluss und Zusammenhang von Einstellung, Verfügbarkeit und institutioneller Unterstützung auf die Anwendung von Forschungsergebnissen in der pflegerischen Praxis – Ergebnisse einer explorativen quantitativen Querschnittstudie. *Pflege, 28*(3), 145–155. https://doi.org/10.1024/1012-5302/a000422

Heering, C., Heering, K., Müller, B., & Bock, K. (1997). *Pflegevisite und Partizipation*. Urban & Fischer in Elsevier.

Heering, C. (Hrsg.). (2018). *Das Pflegevisiten-Buch*. Hogrefe. https://doi.org/10.1024/85862-000

Joseph, L., & Huber, D. L. (2015). Clinical leadership development and education for nurses: prospects and opportunities. *Journal of Healthcare Leadership, 55*. https://doi.org/10.2147/jhl.s68071.

Mahrer-Imhof, R., Eicher, M., Frauenfelder, F., Bachmann, A. O., & Ulrich, A. (2012). Expertenbericht APN. Schweizerischer Verein für Pflegewissenschaft (VfP) (Hrsg.). https://www.yumpu.com/de/document/download/4985960/0f79e-fdd1b-2c5d0-f3665-a913e-2133b-f1693-e5dad. Zugegriffen: 20. Juli 2024.

McCormack, B., Manley, K., & Garbett, R. (2009). *Praxisentwicklung in der Pflege* (Frei, A. I. & Spirig, R., Hrsg.). Huber.

McNamara, S., Giguère, V., St-Louis, L., & Boileau, J. (2009). Development and implementation of the specialized nurse practitioner role: Use of the PEPPA framework to achieve success. *Nursing & Health Sciences, 11*(3), 318–325. https://doi.org/10.1111/j.1442-2018.2009.00467.x

Mendel, S., & Feuchtinger, J. (2009). Aufgabengebiete klinisch tätiger Pflegeexperten in Deutschland und deren Verortung in der internationalen Advanced Nursing Practice. *Pflege, 22*(3), 208–216. https://doi.org/10.1024/1012-5302.22.3.208

Metzger, R., & Rivers, C. (2014). Advanced practice nursing organizational leadership model. *The Journal for Nurse Practitioners, 10*(5), 337–343. https://doi.org/10.1016/j.nurpra.2014.02.015

Pina Queirós P. J. (2015). The knowledge of expert nurses and the practical-reflective rationality. *Investigacion y educacion en enfermeria, 33*(1), 83–91. https://doi.org/10.17533/udea.iee.v33n1a10

Rathwallner, B., Schüttengruber, G., & Göhler, J. (2015). Journal Club Initiieren-Durchführen-Effekte. *PADUA, 10*(3), 167–169. https://doi.org/10.1024/1861-6186/a000252

Ritter-Herschbach, M., Vogt, B., & Mai, T. (2022). Journal clubs in der Pflegepraxis. *Pflege, 35*(5), 279–288. https://doi.org/10.1024/1012-5302/a000877

Serena, A., Castellani, P., Fucina, N., Griesser, A., Jeanmonod, J., Peters, S., & Eicher, M. (2015). The role of advanced nursing in lung cancer: A framework based development. *European Journal of Oncology Nursing, 19*(6), 740–746. https://doi.org/10.1016/j.ejon.2015.05.009

Søndergaard, S. F., Andersen, A. B., & Frederiksen, K. (2024). APN nurses' core competencies for general clinical health assessment in primary health care. A scoping review. *Scandinavian Journal of Caring Sciences, 38*(2), 258–272. https://doi.org/10.1111/scs.13235

Spross, J. A. (2009). Expert Coaching and Guidance. In: A. B. Hamric, J. A. Spross, & C. M. Hanson (2009). *Advanced practice nursing: An integrative approach* (4. Aufl.) Saunders/Elsevier.

Waterworth, S., & Luker, K. A. (1990). Reluctant collaborators: Do patients want to be involved in decisions concerning care? *Journal of Advanced Nursing, 15*(8), 971–976. https://doi.org/10.1111/j.1365-2648.1990.tb01953.x

# Das Shared-Governance-Traineeprogramm

## Eine innovative und nachhaltige Personalentwicklungsstrategie

Julia Mayer, Andrea Ellermeyer, Laura Gerken, Maria Kitzmantel, Hannah Duffner und Jan Baron

Das Modell der Shared Governance ist ein in Deutschland bisher noch wenig gelebtes Team-, Führungs- und Praxisentwicklungskonzept, dessen Globalziel eine bestmögliche Patient*innenversorgung ist. In vielen Gesundheitseinrichtungen bestehen trotz zahlreicher Reformbemühungen weiterhin eher tradierte Ideen zu Pflege als Profession und zu deren Organisation. Die Einführung eines autonomiefördernden Führungs- und Organisationsmodells bringt deshalb einige Herausforderungen mit sich, die gleichzeitig als Chancen verstanden werden können. Die vielfältigen positiven Veränderungen, die durch Shared Governance angestoßen werden, zeigen dabei, dass der Nutzen die Bemühungen rechtfertigt.

Wie umfassend sich eine Station durch ein Shared-Governance-Traineeprogramm in mehrerlei Hinsicht entwickeln konnte, stellt das vorliegende Kapitel dar. Darin wird insbesondere auf die Planung und Organisation des Traineeprogramms eingegangen, das es Pflegenden ermöglicht, die vier Shared-Governance-Expertisebereiche Pflegemanagement, Qualitäts-, Risiko- und Chancenmanagement,

---

**Ergänzende Information** Die elektronische Version dieses Kapitels enthält Zusatzmaterial, auf das über folgenden Link zugegriffen werden kann https://doi.org/10.1007/978-3-662-70410-3_7.

---

J. Mayer (✉)
Pflegedirektion, Universitätsmedizin Mannheim, Mannheim, Deutschland
E-Mail: newworkinnursing@gmail.com

A. Ellermeyer · L. Gerken · M. Kitzmantel · H. Duffner
München, Deutschland

J. Baron
Tampa, USA

© Der/die Autor(en), exklusiv lizenziert an Springer-Verlag GmbH, DE, ein Teil von Springer Nature 2025
J. Mayer et al. (Hrsg.), *New Work im Krankenhaus*,
https://doi.org/10.1007/978-3-662-70410-3_7

Pflegepädagogik und Pflegefachlichkeit/Pflegewissenschaft mit den unterschiedlichen Aufgabenstellungen kennenzulernen, zu verstehen und entsprechende Aufgaben umzusetzen.

## 7.1 Aufbruch in die Zukunft: Umsetzung eines Shared-Governance-Traineeprogramms

**Bedeutung und Notwendigkeit eines Shared-Governance-Traineeprogramms in der Pflege**

In den letzten Jahrzehnten entwickelte der Pflegeberuf eine Dynamik, die über bloße Veränderungen in der Patient*innenversorgung hinausgeht. Ein zentraler Aspekt dieses Wandels ist die zunehmende Notwendigkeit, traditionelle Führungsstile sowie Führungs- und Versorgungsstrukturen zu überdenken und innovative Ansätze zu entwickeln. In Zeiten des Pflegemangels und zunehmend komplexer Herausforderungen in der Versorgung gilt es besonders, die Motivation von Pflegefachpersonen zu fördern und dabei die Qualität der Pflege und Versorgung zu verbessern. In diesem Kontext bot sich die Shared Governance als eine international bewährte Methode der Organisation und Führung an (s. Abschn. 2.1 und Abschn. 2.2). Erste Erfahrungen im deutschsprachigen Raum bestätigen Shared Governance als wirksames Instrument einer nachhaltigen Praxisentwicklung (Frei et al., 2012). Durch die partizipative Entscheidungsfindung auf allen Ebenen werden nicht nur Fachwissen und Perspektiven gewürdigt, sondern es entsteht auch eine Kultur des Vertrauens und der Zusammenarbeit, die sich im Ergebnis positiv auf die Patient*innenoutcomes auswirkt (Kutney-Lee et al., 2016; Porter-O'Grady, 2003; Speroni et al., 2021). Mit dem Ziel einer bestmöglichen Patient*innenversorgung und einer respektvollen und empowernden Arbeitskultur ergänzen sich die Konzepte der Shared Governance und der Praxisentwicklung (s. Abschn. 1.4) nach McCormack et al. (2009).

**Ziele und Chancen des Traineeprogramms**

Das nachfolgend vorgestellte Traineeprogramm hat sowohl strategische als auch operative Ziele. Aus Sicht des Arbeitgebers sind eine nachhaltige Personalbindung und hohe Arbeitgeberattraktivität wichtige Nutzen des Programms. Hinzu kommen die zunehmende Professionalisierung der Pflegenden durch den Erwerb von Wissen und das Verständnis für die Expertisebereiche Pflegemanagement, Qualitäts-, Risiko- und Chancenmanagement, Pflegepädagogik und Pflegefachlichkeit/Pflegewissenschaft. Diese Perspektivenübernahme erlaubt es den Trainees, Aufgaben und Bedarfe anderer Beteiligter zu antizipieren, in das eigene Handeln einzubeziehen und somit u. a. gemeinsame Prozesse reibungsloser zu gestalten. Weiterhin können die Trainees durch das Kennenlernen der verschiedenen Bereiche mögliche eigene Weiterentwicklungsmöglichkeiten identifizieren. Übergeordnetes Ziel des Traineeprogramms ist stets die Umsetzung einer evidencebasierten Pflege. Die Versorgungspraxis muss den hochkomplexen Anforderungen im universitären Setting auf höchstem medizinischem, therapeutischem und pflegerischem Niveau gerecht werden.

Das Konzept der Shared Governance, das als Teammodell ebenso wie als Führungs- und Praxisentwicklungsmodell mit dem übergeordneten Ziel einer bestmöglichen Patient*innenversorgung angelegt ist, erlaubt den Trainees Erfahrungen mit transformationaler Führung und zeitgemäßer Arbeitsorganisation zu machen, die die Autonomie der Pflegenden stärkt. Sie übernehmen in den vier Expertisebereichen Führungs-(Mit-)Verantwortung, indem sie als Trainee Aufgaben übernehmen, die sie gemeinsam mit dem Trainer*innenteam für den jeweiligen Bereich als relevant erachten. Die Teilnahme am Programm ermöglicht somit ein tieferes Verständnis für die verschiedenen Expertise- und Aufgabenbereiche und eine proaktive, selbstständige und konstruktive Zusammenarbeit. Die Einführung der Shared Governance führt zu einer Neuordnung der Aufgabenbereiche der Führungspersonen auf Stationsebene. Diese Umstrukturierung erhöht die Selbstständigkeit in den vier Expertisebereichen und führt zu einer Anhebung des Professionalitätsgrades. Das erlaubt es den Trainees, vielfältige Aufgabenfelder außerhalb der traditionell eher operativen Tätigkeiten kennen zu lernen.

Nach Abschluss des Programms bestehen verschiedene Entwicklungs- und Weiterbildungsmöglichkeiten für die identifizierten Interessengebiete in den Bereichen Pflegemanagement, Qualitäts-, Risiko- und Chancenmanagement, Pflegepädagogik sowie Pflegefachlichkeit (s. Abschn. 1.2). Geeigneten Absolvent*innen können passende Verantwortungsbereiche, Rollen und Funktionen übertragen werden. Auch Teilnehmende des Programms, die keine bestimmte Funktion oder Rolle anstreben beziehungsweise noch Entwicklungszeit benötigen, profitieren von den Einblicken in die verschiedenen Facetten des Pflegeberufs. Sie erlangen ein grundlegendes Verständnis für die Aufgabenbereiche und werden dieses bestenfalls in ihrem weiteren beruflichen Werdegang in die eigene Praxis integrieren.

**Teilnehmer*innen des Traineeprogramms**
Die Kompetenzen und Qualifikationen der Trainer*innen und die Wahl der Trainees sind ein wesentlicher Faktor für das Gelingen des Programms. Nachfolgend werden Kriterien vorgestellt, anhand derer die Auswahl der beteiligten Personen getroffen werden kann.

*Die Trainer*innen*
Die Trainer*innen des Programms sind die Shared-Governance-Führungspersonen der Station. Sie sollten über die Primärqualifikation als Pflegefachperson hinaus mit besonderen Fachkenntnissen und Fähigkeiten für einen Führungs- und Expertisebereich ausgestattet sein. Im Bereich Pflegemanagement wird ein entsprechendes Studium mit Bachelorabschluss vorausgesetzt. Der Bereich des Qualitäts-, Risiko- und Chancenmanagements kann durch eine Person mit einem Studium des Pflegemanagements, eines dualen bzw. grundständigen Pflegestudiengangs oder einer anderen relevanten Studienrichtung (Bachelorabschluss) besetzt werden. Die Führungsperson für die Pflegepädagogik sollte, aufbauend auf einem Praxisanleiter*innenkurs, ein Pflege-/Gesundheitspädagogikstudium, ebenfalls auf Bachelorniveau,

absolviert haben. Die Position der Pflegefachlichkeit wird mit einer akademisch ausgebildeten Pflegefachperson mit einem wissenschaftlichen Bachelorabschluss besetzt.

Neben der akademischen Qualifikation der Trainer*innen wird eine visionäre, vorbildliche, wertschätzende, empowernde und inspirierende Führung erwartet. Die Trainer*innen sind in der Lage, selbstständig und trotzdem kollaborativ ihren jeweiligen Bereich zu gestalten. Sie bauen auf die individuellen Vorerfahrungen, das bestehende Wissen und die Qualifikation der Trainees auf und gehen auf ihre individuellen Bedürfnisse ein. Sie begleiten die Trainees bei der Umsetzung komplexer Aufgaben im Shared-Governance-Team und gehen gemeinsam und lösungsorientiert die Aufgaben an.

*Die Trainees*

Das Traineeprogramm richtet sich an alle interessierten Pflegefachpersonen, die eine hohe Motivation aufweisen, sich in der Praxis im Sinne eines Trainings on the Job neues Wissen sowie Fertigkeiten anzueignen und noch unbekannte Aufgaben- und Expertisebereiche zu erkunden. Außerdem richtet sich das Programm auch an Pflegefachpersonen, die zukünftig eine Führungsposition anstreben und die Grundsätze der Shared Governance kennenlernen wollen. Die bereits durch ein Studium oder eine Weiterbildung erworbenen Kenntnisse können ebenso durch das Programm vertieft werden (Mayer, 2022). Die Trainer*innen sowie die Absolvent*innen sind für Trainees Vorbilder mit unterschiedlichen beruflichen Entwicklungswegen. Ist eine Pflegefachperson bereits in einer Weiterbildung oder in einem Studium, ergänzt dieses Programm auch bei der Umsetzung von Lehr- und Lerninhalten aus Weiterbildung oder Studium. Der*die Trainee wird unterstützt, die theoretischen Inhalte direkt in der Praxis anzuwenden und Studiums- bzw. Weiterbildungsprojekte durchzuführen. Die Pflegefachpersonen, die bereits eine Weiterbildung oder ein Studium abgeschlossen haben, können durch das Traineeprogramm erste Schritte in der angestrebten Rolle gehen.

**Umsetzung des Traineeprogramms**

Wie bereits erwähnt, fungieren die Shared-Governance-Leader*innen im Rahmen des Traineeprogramms als Trainer*innen für die Trainees des Traineeprogramms. Diese Doppelrolle erfordert besondere Leadershipfähigkeiten und fachliche Kenntnisse, da die Trainer*innen in der Lage sein müssen, komplexe Zusammenhänge sowie Theorie und Praxistransfer verständlich zu erklären und gemeinsam mit dem*der Trainee zu reflektieren. Deshalb ist besonders zu Beginn der Trainer*innentätigkeit eine regelmäßige Unterstützung der Trainer*innen notwendig. Die kontinuierliche Reflexion der Trainer*innenrolle ist eine Grundvoraussetzung für ein gelingendes Traineeprogramm. Unterstützung im Sinne eines Mentoring kann durch erfahrene Trainer*innen oder durch eine in Beratung und Gesprächsführung qualifizierte Person durchgeführt werden (in Anlehnung an die Rolle der psychologischen Beratung, s. Abschn. 2.4).

Ein Rahmenmodell für die Wissensvermittlung und den Erwerb von Handlungskompetenz durch das Traineeprogramm bildet das Konzept der Cognitive

Apprenticeship (CAS) (Collins et al., 1991). Die Trainees lernen in einem realen Umfeld praktische Fähigkeiten durch Beobachtung und Interaktion mit Expert*innen. Lernen findet im ersten Schritt durch Nachahmung statt, Anleitung und Feedbackschleifen ermöglichen dann Reflexion und den Transfer auch auf andere Aufgaben. Übergeordnetes Ziel ist es, kognitive Fähigkeiten wie Problemlösung, Entscheidungsfindung und kritisches Denken einzusetzen, um in der Praxis relevante Aufgaben zu bewältigen. Der Fokus liegt somit darauf, dass der*die Trainee ein grundsätzliches Verständnis entwickelt, erfolgreich mit unterschiedlichen Aufgaben und Problemen umzugehen (Kauffeld, 2019).

Der Lernprozess des Traineeprogramms ist gekennzeichnet durch die vier Phasen der Cognitive Apprenticeship: In der Phase des kognitiven Modellierens (Küng et al., 2018) erleben die Trainees den*die Trainer*in bei seinen*ihren Aufgaben und Tätigkeiten. Er*Sie artikuliert dabei die eigenen Gedanken zum Vorgehen, warum er*sie etwas so und nicht anders macht, potenzielle Hindernisse und mögliche Lösungsansätze. So sieht der*die Trainee nicht nur das Ergebnis, zum Beispiel eine gelungene Einsatzplanung, sondern kann den Prozess mit den dazugehörigen Gedankengängen nachvollziehen.

Im nächsten Schritt kann der*die Trainee mit individuell angepasster Unterstützung weitgehend selbstständig Aufgaben umsetzen. Er*Sie bekommt dabei keine Vorgehensweise vorgegeben, jedoch gibt der*die Trainer*in Feedback und unterstützt bei Schwierigkeiten. Die Form der Unterstützung variiert je nach Kompetenzniveau des Trainees. Die Trainees können z. B. bereits in einem Studium sein und theoretische Inhalte erlernt haben, während Trainees ohne Studium bereits praktische Kenntnisse gesammelt haben. Die angebotene Unterstützung wird im Verlauf des Traineeprogramms sukzessive reduziert, je nach Lernfortschritt des Trainees. Bei auftretenden Schwierigkeiten wird der*die Trainee zunächst ermutigt, selbst eine Lösung zu finden und seine*ihre Gedanken zu den Aufgaben zu äußern. Dies erlaubt einerseits den Trainees, ihre Gedanken zu strukturieren, andererseits ist es eine hilfreiche Methode, um den aktuellen Kenntnisstand zu überprüfen und gegebenenfalls Anpassungen vorzunehmen. Mit zunehmender Kompetenz steigt die Selbstständigkeit der Trainees und eigene Projekte sollen umgesetzt werden. In dieser Phase kann der Peer-to-Peer-Austausch unter den Trainees verstärkt genutzt werden (Planung gemeinsamer Traineetage, Entwicklung eigener Projektideen), um das kritische Denken der Trainees weiter zu fördern.

Ein weiterer zu beachtender Faktor ist, dass die Trainees abhängig von ihrem aktuellen Aufgabengebiet unterschiedliches Vorwissen sowie je nach Interessensgebiet gegebenenfalls auch schwankende Lernmotivation haben. Dementsprechend muss der Lernprozess während des gesamten Traineeprogramms, besonders beim Wechseln der Expertisebereiche, fortlaufend evaluiert und angepasst werden.

**Lernziele des Traineeprogramms**
Grundsätzlich arbeiten alle Führungspersonen gemeinsam mit dem gesamten Team an einer bestmöglichen und personzentrierten Patient*innenversorgung. So können alle Teammitglieder Selbstwirksamkeit erfahren. Im Rahmen einer Kultur der offenen Kommunikation und Förderung der Autonomie von Fachexpert*innen

kann jede*r Pflegende Ideen, Wissen und Erfahrungen einbringen und aktiv Verantwortung übernehmen.

Die Führungspersonen der Shared Governance benötigen entsprechend stark ausgeprägte Leadershipkompetenzen. Die konkrete Umsetzung eines transformationalen Führungsstils (s. Abschn. 2.1) beinhaltet, inspirierend, empowernd sowie Vorbild zu sein. Eine enge und häufige Kommunikation ermöglicht zeitnahes und flexibles Reagieren auf die jeweiligen Erfordernisse. Im interprofessionellen Versorgungsteam ist diese agile Denk- und Arbeitsweise geprägt von transparenter Kommunikation, Verantwortungsübernahme über die Hierarchien hinweg bei gleichzeitigem gegenseitigem Vertrauen und gemeinsamer Entscheidungsfindung. Durch verlässliche Kommunikation und eine entsprechende Feedbackkultur wird Ausprobieren, Anpassen, Korrigieren und stetige Entwicklung ermöglicht. Die interprofessionell gemeinsame Zielsetzung einer bestmöglichen Patient*innenversorgung erfordert von allen Personen eine entsprechende Haltung, Verlässlichkeit und Respekt gegenüber den unterschiedlichen Sichtweisen und Prioritäten.

Den Trainees wird so Berufsstolz vorgelebt und Exzellenz in jedem Expertisebereich vermittelt, wodurch eine auf potenzielle neue Kolleg*innen „anziehende" Wirkung erzielt werden kann, die in der Literatur als Magnet®-Wirkung bezeichnet wird. Voraussetzung für diese in allen Shared-Governance-Traineebereichen analogen Anforderungen ist eine gemeinsame Vision – in Einklang mit den Unternehmenszielen. Dazu bedarf es in jeder Rolle spezifischer Ziele, die für alle transparent, konkret und erreichbar sind und die der gemeinsamen Vorstellung folgen. Die Trainees erhalten demgemäß im Rahmen des Programms in jedem Expertisebereich ein „role-specific" Training on the Job, also die Möglichkeit, die jeweilige Rolle einzuüben. Gleichzeitig lernen die Trainees, dass viele Aufgaben und Verantwortlichkeiten nicht einer einzelnen Zuständigkeit zuzuordnen sind, sondern dass es gemeinsame Entscheidungen braucht, die getragen sind von der Zusammenschau der unterschiedlichen Perspektiven. Dementsprechend sind ausgeprägte kommunikative Fähigkeiten und gegenseitiges Verständnis für die anderen Wissensbereiche Voraussetzung für eine erfolgreiche gemeinsame Führungsarbeit.

**(I) Pflegemanagement**

Wie in anderen Berufen ist das Management auch in der Pflege für die Organisation im Zuständigkeitsbereich verantwortlich. Daraus folgt, dass viele Themen, deren Expertiseschwerpunkt im Qualitäts-, Risiko- und Chancenmanagement, der Pflegepädagogik oder der Pflegefachlichkeit liegt, ebenso der Managementperspektive bedürfen. Dazu sind ausgeprägte Fähigkeiten zur Zusammenarbeit, aber auch strategisches und analytisches Denken und flexibles Handeln erforderlich, um gemeinsam eine effektive und kooperative Arbeitsumgebung zu gestalten. Die Trainees haben die Gelegenheit, diese Prinzipien am Modell der Trainer*innen zu lernen. Im Bereich Personalmanagement eignen sich die Trainees die wesentlichen Elemente folgender Themenbereiche an:

- Einhaltung gesetzlicher Vorgaben
- Personalbemessung

## 7 Das Shared Governance – Traineeprogramm

- Stellenplan (inkl. dem passenden Skill-Grade-Mix, der in Zusammenarbeit mit den anderen Führungskolleg*innen festzulegen ist)
- Personaleinsatzplanung (Dienst- und Urlaubsplan inklusive Ausfallmanagement)
- Einhaltung aktueller Vorschriften (z. B. Personaluntergrenzen-Verordnung)
- Personalkennzahlen und Pflegecontrolling
- Personalverwaltungsaufgaben im Zuständigkeitsbereich (z. B. bei Stellenantritt neuer Mitarbeitender)
- Personalauswahl – in Zusammenarbeit mit den anderen Führungskolleg*innen

Weitere Personalaufgaben wie Mitarbeitendengespräche, Leistungsbeurteilungen und die Erstellung von Arbeitszeugnissen sind gemeinsame Aufgaben von Pflegemanagement und betroffenem Expertisebereich. Dies gilt auch für Aufgaben des Talentmanagements, der Laufbahnplanung und der Personalentwicklung. Die konkreten Planungsaufgaben individueller Fort- und Weiterbildung obliegen ebenso wie die der fachlichen Teamentwicklung – in Zusammenarbeit mit den anderen Führungskolleg*innen – dem*der Pflegemanager*in. Dies beinhaltet auch die Organisations- und Planungsaufgaben in Zusammenhang mit einem individuellen Integrations- und Anerkennungsmanagement.

Weitere Aufgaben im Pflegemanagement sind die Planung und Organisation von Strukturen, z. B. von Besprechungsformaten. Dazu gehören Beratungen, Arbeitsgruppen (Councils), Teambesprechungen (Huddles, Same Day Council), Jour fixes (Weeklies) des pflegerischen Führungsteams sowie weitere interprofessionelle, stationsübergreifende oder auch themenbezogene Jour fixes (Weeklies). Ferner gehören logistische Führungsaufgaben, Materialmanagement, Budgetmanagement, Projektmanagementaufgaben, Gesundheitsmanagement und die Arbeitsplatzgestaltung zum Portfolio des Pflegemanagements.

Im Rahmen der Budgetsteuerung tragen die Pflegemanager*innen sowohl (Mit-)Verantwortung für die Erlöse als auch für eine Vielzahl an Ausgaben, die nachvollziehbar und begründet sein müssen. Das Budgetmanagement umfasst die Steuerung und (Mit-)Verantwortung für die relevanten Kennzahlen wie Bettenauslastung, Verweildauer, Erlöse im DRG-System (DRG: Diagnosis Related Group) sowie (zukünftig) auch differenziert erhobene Pflegeerlöse, die derzeit pauschal im Pflegebudget vergütet werden. Auch die Umsetzung der Vorschriften der Pflegepersonalregelung PPR 2.0 den dokumentierten Pflegeleistungen entsprechend und mit den daraus resultierenden Personaleinsatzvorgaben, der Einsatz von Pflegenden als Arbeitnehmerüberlassungskräfte, die Steuerung des Budgets im Rahmen der Auslandsakquise, die Zuständigkeit für eine angemessene Eingruppierung bei den Gehältern und Zulagen des Stammpersonals sind Aufgaben der Pflegemanager*innen im Rahmen der Budgetverantwortung.

**(II) Qualitäts-, Risiko- und Chancenmanagement**
Zu den spezifischen Zielen der Führungsperson im Qualitäts-, Risiko- und Chancenmanagement (QRCM) gehört zunächst die Darstellung und Verbesserung der

(pflegerischen) Versorgungsqualität. Shared Governance erfordert dabei eine enge Abstimmung mit der pflegefachlichen Führungsperson.

Im Rahmen des Traineeprogramms lernen die Trainees, pflegesensitive Outcomeparameter systematisch zu erheben (s. Kap. 4) und z. B. in die Erhebungsmatrix der Benchmarkinitiative Pflege des Instituts für Qualität und Patientensicherheit GmbH (BQS) für einen deutschlandweiten Vergleich einzugeben und die Eingaben sowie Benchmarkergebnisse für den eigenen Zuständigkeitsbereich kritisch einzuordnen. Die Evaluation des Umsetzungsgrades der am Haus implementierten Expertenstandards mittels vom DNQP (Deutsches Netzwerk für Qualitätsentwicklung in der Pflege) entwickelter Audits gehört ebenso zu den Lernfeldern wie die Audits nach DIN EN ISO 9001 im Rahmen der Zertifizierung des Krankenhauses. Für Einblicke in dieses umfassende Qualitätsmanagementsystem bearbeiten die Trainees einzelne Themen, die bestenfalls mit den Aufgaben aus den anderen Expertisebereichen zusammenpassen. Konkret lernen die Trainees Vorbereitung, Durchführung und Begleitung der jeweiligen Audits. Die Sensibilisierung dafür und die Auseinandersetzung mit Qualitätsindikatoren und anderen Evaluationsmaßnahmen sowie deren Ergebnissen bilden die Grundlage für die Ableitung passender Maßnahmen zur Verbesserung der Versorgungsqualität und ihrer Darstellung.

Im Rahmen eines modernen Qualitätsmanagements ist die proaktive Verbesserung der Patient*innensicherheit von großer Bedeutung. Der Room of Horrors stellt beispielsweise eine innovative Methode dar, um das Bewusstsein für Patient*innensicherheit und Risikoeinschätzung zu stärken (s. Abschn. 4.6).

Weiterer Kernbereich des Qualitäts-, Risiko- und Chancenmanagements ist die Umsetzung eines Critical Incident Reporting Systems (CIRS). Die Trainees lernen dabei, ebenso wie im Rahmen von Morbiditäts- und Mortalitätskonferenzen (M&M-Konferenz), Fallbesprechungen und ethischen Reflexionen, den Lessons-learned-Ansatz konstruktiv zu nutzen. Auch Arbeitssicherheit ist ein QRCM-Lernthema. Vorbereitung und Durchführung diesbezüglicher Begehungen erfolgen anhand einer systematischen Gefährdungsbeurteilung und erfordern eventuelle Anpassungen inhaltlicher, prozessualer und/oder räumlicher Art – in Zusammenarbeit mit den Kolleg*innen der anderen drei Expertisebereiche. Die interprofessionelle Umsetzung von Leitlinien, Standard Operating Procedures (SOP), Hygienestandards (sowohl institutionsbezogen als auch gemäß den nationalen Richtlinien) sowie des Medizinproduktegesetzes (MPG) und eine diesbezügliche kritische Reflexion der Praxis sind weitere Themenfelder des QRCM.

Auch der Umgang mit Patient*innenrückmeldungen gehört in diesen Aufgabenbereich. Konkret geht es um die Beurteilung der Rückmeldungen zur pflegerischen Versorgung und um die sich daraus ergebenden Maßnahmen – auch im interprofessionellen Dialog. Schriftliche Stellungnahmen zu pflegerelevanten Patient*innenfeedbacks können, unter Supervision der QRCM-Führungsperson, Traineeaufgaben und Ausgangspunkt für diesbezügliche Verbesserungsmaßnahmen sein. Andere Patient*innenrückmeldungen werden gegebenenfalls an die betroffenen Bereiche und Berufsgruppen weitergeleitet.

Die Kenntnis formaler Anforderungen an Dokumente im Intranet oder auf anderen Plattformen ist ebenso Teil der Lernziele und kann umgesetzt werden, um beispielsweise die aus den Benchmark- und Evaluationsergebnissen gewonnenen Maßnahmen nachvollziehbar darzustellen. Dazu kann die Stationsanalyse (s. Anhang Stationsanalyse ) zu Hilfe genommen werden.

Im System Krankenhaus hat das Qualitäts-, Risiko- und Chancenmanagement vielfältige, meist interprofessionelle Anknüpfungspunkte und Aufträge. Eine wohlwollend-kritische Reflexion als Feedbackmethode und unterstützende Begleitung ermöglicht Trainees das Erlernen und die Erfahrung, Prozesse interprofessionell neu zu denken und aufzusetzen, um so die Qualität der Patient*innenversorgung zu verbessern, Risiken zu erkennen und zu reduzieren.

**(III) Pflegepädagogik**
Eine bestmögliche klinische Ausbildung der Pflegeauszubildenden und Pflegestudierenden ist einerseits die Grundlage für gut ausgebildete zukünftige Kolleg*innen und andererseits eine inhärente Akquisemöglichkeit für den ausbildenden Bereich bzw. das Krankenhaus. Für die Trainees der Pflegepädagogik geht es um ein grundsätzliches Verständnis und die Erfahrung, wie die neue generalistische Pflegeausbildung im klinischen Setting evidencebasiert umgesetzt wird, indem sie in die didaktisch-methodische Planung und strukturierte Durchführung der Praxisanleitung eingeführt wird. Innovative Lehr- und Lernmethoden – inklusive Peer-to-Peer-Teaching (Lernende leiten Lernende an) –, die Nutzung eines räumlich nahe gelegenen Skills Lab sowie neuer Technologien wie Virtual-Reality-Brillen lässt dabei auch die Trainees Lehren und Lernen in geschützter Umgebung erleben. Die Teilnahme an Erst-, Zwischen- und Abschlussgesprächen sowie an Reflexionsgesprächen während des klinischen Einsatzes der Auszubildenden bzw. Studierenden ermöglicht den Trainees sowohl die kriteriengeleitete Beurteilung individueller Lernprozesse und Ausbildungsfortschritte als auch den Transfer auf die eigene pflegerische Tätigkeit.

Im Rahmen der Shared Governance ist eine enge inhaltliche Zusammenarbeit mit der fachlich-pflegewissenschaftlichen Führungsperson erforderlich, was für Trainees und Auszubildende wie Studierende eine wichtige Lernerfahrung darstellt. Umgekehrt ist die Zusammenarbeit der pädagogischen und der pflegewissenschaftlichen Führungspersonen bzgl. der pädagogisch-didaktischen Aufbereitung von fachlichen Lehr- und Lerninhalten außerhalb von Ausbildung und Studium wichtig. Mit den Führungspersonen des Managements und des Qualitäts-, Risiko- und Chancenmanagements ist die Kommunikation und Abstimmung ebenso notwendig. Inhaltlich sollen im Rahmen der klinischen Ausbildung auch die QRCM-Ziele passend zum Ausbildungsstand vermittelt werden. Die Managementführungsperson hat – wie bereits beschrieben – organisatorische Aufgaben zu leisten, indem die Auszubildenden und Studierenden sowie ihre Mentor*innen und Praxisanleitenden so eingeplant werden, dass diese Ziele erreicht werden können.

Darüber hinaus werden den Trainees Einblicke in die Aufgaben und Verantwortungsbereiche der zentralen Praxisanleitenden (ZPA) ermöglicht. Sie sollen so ein Verständnis für die grundsätzliche Ausbildungsstrategie des Krankenhauses und für die Umsetzung der gesetzlichen Vorgaben über den betrieblichen Ausbildungsplan und Anleitungsskizzen erhalten. Weitere Erfahrungen können die Trainees durch Teilnahme an diesbezüglichen Workshops der ZPA, an monatlichen ZPA-Besprechungen und Gruppenanleitungen sammeln.

**(IV) Pflegefachlichkeit**
Trainees der klinischen Pflegewissenschaft sollen ein Verständnis für die Evidencebasierung der pflegerischen bzw. interprofessionellen Versorgung erhalten und erlernen. Ein weiteres Ziel ist es, die Patient*innenversorgung sowohl bzgl. des pflegerischen als auch des interprofessionellen Handelns kritisch zu hinterfragen. Zudem übernehmen und/oder begleiten sie die gezielte Verantwortungsübernahme für besonders komplexe Fälle und die damit zusammenhängenden Versorgungsaufgaben. Die pflegefachliche Führungsperson führt die Trainees außerdem in die pflegefachliche Kompetenzentwicklung des Pflegeteams, in die Themenwahl, die sich aus Fragestellungen der Praxis ergibt, und in deren Priorisierung ein.

Im Rahmen der Patient*innenversorgung steht die pflegefachliche Führung im interprofessionellen Dialog, um die Versorgungsprozesse evidencebasiert und verbindlich für die beteiligten Berufsgruppen personzentriert abzustimmen sowie gegebenenfalls neu aufzusetzen. Dabei können mit den Trainees Versorgungsstandards evidencebasiert, interprofessionell und interdisziplinär neu erarbeitet oder überarbeitet werden. Trainees erleben auch die Zusammenarbeit mit dem Team der Pflegewissenschaft und können im Rahmen einer Hospitation Einblicke in deren Arbeitsfeld erhalten.

(Berufs-)Lebenslanges Lernen als Voraussetzung für exzellente Patient*innenversorgung erfordert eine entwicklungsbereite Arbeits- und Teamkultur, die auf einem gemeinsamen Verständnis von Fach- und Weiterentwicklung beruht. Die Umsetzung von selbstverständlicher, verlässlicher und regelmäßiger Teamfortbildung ermöglicht die Kompetenzentwicklung des gesamten Pflegeteams. Eine spezielle Form der Kompetenzentwicklung der Teammitglieder besteht in der Einarbeitung neuer Kolleg*innen sowie der Vorbereitung für die Berufsanerkennung, was für die Fachkompetenz des Teams von besonderer Bedeutung ist. Die systematische und gleichzeitig individuelle fachgebietsspezifische Kompetenz- und Erfahrungsentwicklung neuer Teammitglieder wird durch die fachliche Führungsperson gelenkt und geleitet. Für die didaktisch-pädagogische Aufbereitung der Inhalte ist die Zusammenarbeit mit der pädagogischen Führungsperson sowohl individuell als auch teambezogen essenziell, während weitere Inhalte und Themen auch aus dem Verantwortungsbereich der QRCM-Führungsperson beigetragen werden. Organisatorisch, sowohl für die konkrete Planung der Einarbeitung und Fortbildungseinheiten als auch hinsichtlich sich daraus ergebender Prozessveränderungen und der Stationsorganisation, nimmt die Führungsperson Management im Rahmen der Shared Governance ihre Verantwortung wahr.

Die Bedeutung pflegefachlicher Kompetenz für die ökonomischen und Managementaufgaben der akutstationären Versorgung erfahren die Trainees bei folgenden Themen: Aktuelles Fachwissen kann eine bessere Bettenauslastung ermöglichen, z. B. wenn die Hygienevorschriften bei Infektionskrankheiten eine

Kohortenzusammenlegung erlauben. Auch im Rahmen der Erlössicherung und des Nachweises angemessener pflegerischer Versorgung ist eine entsprechende fachliche Kompetenz erforderlich. Die im Rahmen des Pflegeprozesses begründet geplanten, notwendigen und erbrachten Pflegeleistungen müssen vollständig dokumentiert sein, was auch im Zusammenhang mit der Pflegepersonalregelung PPR 2.0 von hoher Bedeutung ist. So kann gemeinsam mit dem Management der Personalbedarf ermittelt, argumentiert und festgelegt werden.

Nachfolgend ein Beispiel aus der Praxis, welches die Wirkung des Traineeprogramms veranschaulichenden soll. Es zeigt, dass nicht die ausgeübte Funktion, sondern die Auseinandersetzung mit den verschiedenen Rollen und Perspektiven des Shared-Governance-Teams für die Beurteilung eines Versorgungsproblems entscheidend ist.

### Praxisbeispiel

**Problem:** Eine Pflegefachperson, die das Traineeprogramm bereits absolviert hat, erkennt bei ihrer abendlichen Patient*innenversorgung einen neu aufgetretenen Dekubitus bei einem Patienten. Aufgrund der durchlaufenen Kompetenzbereiche ist sie in der Lage, das Pflegeproblem aus verschiedenen Perspektiven zu analysieren und Maßnahmen einzuleiten, um zu einer evidencebasierten und umfassenden Problemlösung zu gelangen.

**Schritt 1 Pflegefachliche Perspektive:** Aus pflegefachlicher Sicht informiert sich die Pflegefachperson über das aktuelle evidencebasierte Wissen, evaluiert die bisherigen Pflegeziele und -maßnahmen und wendet ggf. ein geeignetes Assessment zur Einschätzung des Schweregrades des Dekubitus an. Sie gibt ihr Ergebnis zeitnah an die Fachführung der Station weiter. Die Fachführung der Station bespricht das Ergebnis mit den Mitverantwortlichen im Shared-Governance-Team. Im Führungsteam wird entschieden, ob gegebenenfalls eine Nachschulung zum Thema „Erhaltung und Förderung der Hautintegrität" oder andere Maßnahmen notwendig sind.

**Schritt 2 Perspektive Qualitäts-, Risiko- und Chancenmanagement:** Das Qualitäts-, Risiko- und Chancenmanagement prüft die Pflegedokumentation des Patienten und sichtet und prüft die Auswertung des Qualitätsindikators Dekubitus.

**Schritt 3 Perspektive Pflegemanagement:** In der Pflegemanagementrolle wird die Schichtbesetzung anhand der Auswertung der PPR 2.0 sowie des Skill-Grade-Mix überprüft. Zusätzlich werden die Qualifikationen und Erfahrungen der Pflegenden in den einzelnen Schichten sowie die Bettenbelegung überprüft. Notwendige Schulungen zur Hautintegrität und zur Dekubitusprophylaxe werden bei der nächsten Dienstplangestaltung berücksichtigt.

**Schritt 4 Pflegepädagogische Perspektive:** Aus pflegepädagogischer Sicht bereitet die Pflegefachperson in Zusammenarbeit mit der Pflegeexpertin für Wundmanagement die Schulungen für das Team vor, wobei der Schwerpunkt auf der Erarbeitung der Methodik der Schulung liegt. In Absprache mit der Pflegepädagogin plant die Pflegefachperson eine spezielle Praxisanleitung für Auszubildende und Studierende zum Thema Dekubitus. ◄

**Struktur und Organisation des Traineeprogramms**

Das Traineeprogramm ist über einen Zeitraum von zwei Jahren angelegt. In Einzelfällen kann das Programm auf ein Jahr verkürzt werden (besondere Eignung, akademischer Abschluss und Leadershiperfahrung). Der Einstieg in das Traineeprogramm kann auf unterschiedliche Weise erfolgen. Neben der Möglichkeit, sich eigenständig für das Programm zu bewerben, besteht auch die Option, dass Mitarbeiter*innen aufgrund ihrer Fähigkeiten und ihres Potenzials vorgeschlagen werden. Auch Pflegende, die eine (Führungs-)Position annehmen möchten, sind für das Programm geeignet. Sie können so gezielt für die zukünftigen Aufgaben eingearbeitet werden und gleichzeitig die Perspektiven der anderen Expertisebereiche kennenlernen. Auf diese Weise kann das Programm vielfältig genutzt werden, um in verschiedenen Kontexten vorhandene Fähigkeiten zu festigen und Stärken auszubauen.

Der Umfang und die Gestaltung des Traineeprogramms wird individuell anhand von Kriterien wie theoretische und praktische Vorkenntnisse, Führungserfahrung sowie gewünschter Beschäftigungsumfang (Vollzeit oder Teilzeit) festgelegt (s. Tab. 7.1 und Abschn. 3.3). Nach einer individuellen Einarbeitung in den medizinischen und pflegerischen Fachbereich – wie hier die Klinik für Neurochirurgie – beginnen die Teilnehmenden das Traineeprogramm.

Für jeden Shared-Governance-Bereich gibt es feste Ansprechpartner*innen. Die Trainees durchlaufen die vier Shared-Governance-Bereiche entweder für jeweils sechs Monate oder in einem verkürzten Programm für jeweils drei Monate. Nachdem der Umfang des Traineeprogramms festgelegt wurde, werden die Inhalte, die Theorietiefe und die Lernfelder dem vorhandenen Wissen entsprechend angepasst. Besonders wichtig ist die sukzessive Übernahme einer Vorbildfunktion durch die Trainees. Indem die Trainees selbst lernen vorbildlich zu handeln, fungieren sie als Inspiration für ihre Kolleg*innen. So wird die im Team möglicherweise als „Sonderrolle" wahrgenommene Traineeposition als positiver Einfluss auf die Teamkultur mit gegenseitigem Respekt, Empathie und Wertschätzung wahrgenommen. Dies legt den Grundstein für die Schaffung eines unterstützenden Arbeitsumfeldes, welches wiederum die Mitarbeitendenzufriedenheit und -bindung verbessert.

Für die 24 bzw. zwölf Monate Laufzeit werden für jeden Monat feste Traineetage mit den Trainer*innen geplant, an denen die Trainees nicht in die direkte Patient*innenversorgung involviert sind. An diesen Tagen werden die Trainees stattdessen in die allgemeinen und bereichsspezifischen Themen eingeführt. Zu diesen Trainer*innentagen wird monatlich noch ein zusätzlicher Tag geplant, an dem eigenständig die im Erstgespräch festgelegte Einsatzaufgabe bearbeitet

**Tab. 7.1** Einsatzplanung der Trainees für das Traineeprogramm in Abhängigkeit von der jeweiligen Arbeitszeit (s. Abschn. 3.3)

| Arbeitszeit | 0 ≤ 60 % | 60 ≤ 80 % | 80–100 % |
|---|---|---|---|
| Tage mit den Trainer*innen/Monat | 2–3 | 3–4 | 4–5 |
| Eigenständige Tage/Monat | 1 | 1 | 1 |
| Hospitationstage/Expertisebereich | 3 | 3 | 3 |

werden kann. In Tab. 7.1 findet sich ein Umsetzungsbeispiel für die Aufteilung der Traineetage pro Monat für das 24-Monats-Programm. Zusätzlich ist in Abschn. 3.4 exemplarisch ein Dienstplan für dieses Traineeprogramm dargestellt.

Während des Traineeprogramms wird den Trainees die Möglichkeit gegeben, in den jeweiligen Shared-Governance-Bereichen oder an ausgewählten Einsatzorten einer anderen Hierarchieebene zu hospitieren. Hierbei sollen die Trainees nicht nur eine passive, beobachtende Rolle einnehmen, sondern idealerweise in die Aufgabenbereiche involviert werden und Teilaufgaben übernehmen. Das Ziel der Hospitation ist es, durch die Betrachtung aus einem anderen Blickwinkel umfassendere und vielseitigere Situationseinschätzungen zu ermöglichen. Hospitationen können beispielsweise in den folgenden Bereichen durchgeführt werden:

**Pflegemanagement** Pflegebereichsleitung, Pflegedienstleitung, kaufmännische Leitung, Personalleitung usw.

**Qualitäts-, Risiko- und Chancenmanagement** Zentrales Qualitäts- und Risikomanagement, Beschwerdemanagement, interne Revision, Stabsstelle zentrales Qualitäts- und Risikomanagement Pflege usw.

**Pflegepädagogik** Lehrpersonen der Pflegeschule, Lehrpersonen an Universitäten, Praxiskoordinator*innen, Praxisanleiter*innen usw.

**Pflegefachlichkeit** Pflegewissenschaft, Pflegeentwicklung, Wissenschaftsinstitute.

Für die Etablierung eines Traineeprogramms für den Funktionsbereich OP und Anästhesie können die Inhalte angepasst werden und z. B. eine Hospitation beim OP-Management oder in der Berufsfachschule für operationstechnische und anästhesietechnische Assistent*innen vereinbart werden.

Im Anschluss an die Hospitation wird zusammen mit dem*der Trainee reflektiert, welche Beobachtungen diese*r gemacht hat. Sollte während des Einsatzes in den Bereichen ein passender Kongress stattfinden, wird auch dieser als Hospitationstag bzw. Traineetag bewertet.

Zusätzlich zur individuellen Betreuung in den einzelnen Bereichen nehmen alle Trainees an Gruppenworkshops und Councils (s. Abschn. 2.2) teil. In Workshops soll neben der Erarbeitung allgemeiner, übergreifender Themen zu Shared Governance auch Raum für Austausch und Reflexion geschaffen werden. Die Trainees können unter Moderation die eigene Situation besprechen und im Alltag aufkommende Probleme gemeinsam bearbeiten. Nachfolgend werden einige mögliche Ansätze zur Umsetzung der Workshops dargestellt:

**Diskussionsrunden** Moderierte Diskussionsrunden, in denen die Teilnehmenden ihre Gedanken, Erfahrungen und Ideen zu verschiedenen Aspekten der Shared Governance austauschen können. Dies kann dazu beitragen, unterschiedliche Perspektiven zu beleuchten und ein tieferes Verständnis für die Bedeutung und Umsetzung von Shared Governance zu entwickeln.

**Fallstudienanalyse** Die Teilnehmenden präsentieren reale oder fiktive Fallstudien, die Situationen aus der Praxis darstellen, in denen Shared Governance erfolgreich, herausfordernd oder auch unzureichend umgesetzt wurde. Die Teilnehmenden analysieren die Fallstudien, entwickeln Lösungsansätze und diskutieren, wie die Prinzipien der Shared Governance angewendet werden können, um die Situation zu verbessern.

**Rollenspiele** Rollenspiele können eingesetzt werden, um den Teilnehmenden die Möglichkeit zu geben, verschiedene Szenarien der Zusammenarbeit und Entscheidungsfindung in einem Shared-Governance-Modell zu erleben. Durch das praktische Durchspielen von Situationen können die Teilnehmer*innen ihre Kommunikations- und Problemlösungsfähigkeiten stärken und ein besseres Verständnis dafür entwickeln, wie Shared Governance in der Praxis funktioniert.

**Workshops zu spezifischen Themen** In den themenspezifischen Workshops können zunächst die Grundlagen der Shared Governance erarbeitet werden. Hierbei sollten Prinzipien wie demokratische und konsensuale Entscheidungsprozesse, empowernde Führung und die Bedeutung von Vertrauen und Respekt im Vordergrund stehen. Es ist hilfreich, konkrete Beispiele aus der Praxis zu präsentieren, um den Teilnehmenden ein besseres Verständnis der Konzepte zu vermitteln. Aufbauend auf den Grundlagen können dann spezifische Themen behandelt werden, die für die Teilnehmenden des Traineeprogramms besonders relevant sind. Dazu gehören Themen wie die Implementierung von Shared Governance in verschiedene Organisationsstrukturen, die Rolle von Kommunikation und Feedbackprozessen im Shared-Governance-Team sowie die Herausforderungen und Vorteile dieses Modells. Die Aufarbeitung der spezifischen Themen kann in Form von kurzen Vorträgen oder Präsentationen zu jedem Thema erfolgen.

Durch die Kombination der verschiedenen Methoden können Gruppenworkshops zum Thema Shared Governance dynamisch und effektiv gestaltet werden, um die Teilnehmenden zu engagieren und ihr Verständnis und ihre Fähigkeiten in Bezug auf das Konzept zu vertiefen.

## 7.2 Beginn des eigentlichen Traineeprogramms und der Umgang mit Instrumenten

Die Abläufe im Traineeprogramm erfolgen in jeder Expertisesparte auf dieselbe Weise. Zu Beginn des Traineeprogramms und mit jedem Wechsel in einen neuen Shared-Governance-Bereich erfolgt zwischen den Trainer*innen und den Trainees ein Erstgespräch. Dabei kommen verschiedene Instrumente zum Einsatz, die Struktur und Orientierung im Verlauf geben sollen und gleichzeitig auch die Möglichkeit bieten, das Traineeprogramm zu evaluieren.

> **Überblick über die Instrumente**
> 1. Übergreifende Checkliste, die für alle Bereiche gilt und nur einmal abgehakt werden muss (aber in jedem Bereich angewandt wird, um bereichsübergreifende Lernfortschritte evaluieren zu können)
> 2. Expertisebereichsspezifische Checklisten, in denen die Einsatzaufgaben dokumentiert werden und bereichsspezifische Lernfortschritte festgehalten werden können
> 3. SWOT-Analyse für den jeweiligen Expertisebereich
> 4. Formulierung des Einsatzziels nach den SMART-Prinzipien
> 5. Strukturierung der Einsatzaufgabe anhand des PDCA-Zyklus

In allen Checklisten sind zunächst übergreifende Aufgabenfelder aufgeführt, die in jedem Shared-Governance-Bereich zum Einsatz kommen und sich daher wiederholen: z. B. die SWOT-Analyse (s. unten), die Stationsanalyse, die Dokumentationsanalyse, gelenkte Dokumente, Fallbesprechung, Pflegevisiten, Besprechungen, Schichtleitung, Bewerbermanagement, Onboarding, die Fort- und Weiterbildung und Mitarbeiter*innengespräche. Diese Aufgabenbereiche werden zwar je nach Expertisebereich mit höherer oder geringerer Intensität und Priorität durchgeführt, finden sich aber in allen Expertisebereichen wieder. Hinzu kommen spezifische Aufgaben, die dem einzelnen Shared-Governance-Bereich zugeordnet sind.

Vor dem Erstgespräch im Traineeprogramm wurde im Shared-Governance-Team bereits besprochen, ob der*die Trainee drei (verkürzt) oder sechs (Standard) Monate im Expertisebereich verbleibt. In jedem Shared-Governance-Bereich ist dann eine Hospitation vorgesehen, die anhand der Interessen der*des Trainee*s vereinbart und geplant wird. Zu Beginn des Erstgesprächs im Programm bzw. im neuen Expertisebereich werden Vorstellungen und Erwartungen von beiden Seiten geklärt und individuelle Bedürfnisse mitgeteilt.

**Empfehlung** Beim ersten Gespräch kann eine Selbsteinschätzung anhand eines Fragebogens dabei helfen, die Ausgangsposition zu definieren und zu einem späteren Zeitpunkt die Verlaufsentwicklung einzuschätzen. Im Anschluss werden die Trainees zum Einstieg in das Programm aufgefordert, eine SWOT-Analyse der Station in Bezug auf ein Thema oder Problem der jeweiligen Expertisesparte durchzuführen. Die SWOT-Analyse wird als Instrument des strategischen Managements genutzt und dient dazu, die Stärken und Schwächen einer Organisationseinheit im Zusammenhang mit ihrem Umfeld zu analysieren und zu bewerten (Künzli, 2012). Hierbei werden die Stärken (engl.: „strengths"), Schwächen (engl.: „weaknesses") sowie Chancen (engl.: „opportunities") und Risiken (engl.: „threats") in einer Matrix einander gegenübergestellt (Gleißner & Klein, 2017). Die Ergebnisse der externen Unternehmensumfeldanalyse mit ihren Chancen und Risiken werden dem Stärken-Schwächen-Profil der internen Unternehmensanalyse gegenübergestellt (Künzli, 2012).

Die Trainees haben je nach Wissensstand vorab Gelegenheit, sich einen theoretischen Überblick über die SWOT-Aspekte zu verschaffen. Die Erstellung einer SWOT-Analyse ist eine wertvolle Methode zur Analyse und strategischen Planung in jedem Shared-Governance-Bereich. Trainer*innen spielen hierbei eine entscheidende Rolle, indem sie ihre Expertise und Erfahrung einbringen, um den Prozess zu unterstützen und zu leiten. Durch ihre Anleitung können sie den Fokus auf wesentliche Aspekte lenken und sicherstellen, dass keine wichtigen Punkte übersehen werden. Darüber hinaus können sie durch gezielte Impulse und Rückmeldungen dazu beitragen, dass die Analyse umfassender und präziser wird. Ein weiterer Vorteil für die Trainer*innen besteht darin, dass sie durch die Zusammenarbeit mit den Trainees neue Einblicke in ihren eigenen Expertisebereich gewinnen können. Trainees bringen oft frische Perspektiven und unterschiedliche Erfahrungen mit, die dazu führen können, dass Trainer*innen Stärken oder Schwächen identifizieren, die ihnen zuvor nicht bewusst waren. Diese unterschiedlichen Wahrnehmungen können einen wertvollen Beitrag zur Selbstreflexion und Weiterentwicklung der Trainer*innen leisten.

Alles in allem fördert die Zusammenarbeit bei der SWOT-Analyse nicht nur den Lernprozess der Trainees, sondern auch die kontinuierliche Weiterentwicklung der Trainer*innen. Durch den Austausch von Wissen und Perspektiven entsteht eine dynamische Lernumgebung, die sowohl die individuellen als auch die kollektiven Fähigkeiten und Kompetenzen stärkt. So wird die SWOT-Analyse zu einem für beide Seiten gewinnbringenden Instrument der Strategieentwicklung.

Standortbestimmungsgespräche erfolgen regelmäßig jeden Monat. Ziel ist es, die Entwicklung der Trainees zu besprechen und umgekehrt Rückmeldungen zu erhalten, ob das Programm den eigenen Vorstellungen entspricht und/oder man gemeinsam eine andere Vorgehensweise erarbeiten sollte. Der Bearbeitungsstand der Checkliste, die Einsatzaufgabe sowie weitere Planungen des Verlaufs und der Hospitationstage sind ebenfalls Inhalte dieser Zwischengespräche. Notwendig ist zudem ein Reflexionsgespräch nach Umsetzung der Einsatzaufgabe, um gegenseitig Rückmeldung zu geben und die Bemühungen anzuerkennen. Weiterer Inhalt der monatlichen Zwischengespräche ist die Klärung der Frage, ob die Trainees sich ihrer Rolle im jeweiligen Expertisebereich bewusst sind und sie die damit verbundenen Aufgaben kennen. Im Abschlussgespräch des Expertisebereichs werden die letzten sechs oder drei Monate besprochen und Interessensbereiche identifiziert. Sollte eine Weiterentwicklung im betreffenden Expertisebereich angestrebt werden, wird die*der Trainee diesbezüglich beraten. Jeder Expertisebereich wird zum Abschluss durch einen Reflexionsbogen der*des Trainees schriftlich bewertet (s. Anhang Feedbackbogen Trainee).

**Beispiel einer SWOT-Analyse im Expertisebereich der Pflegefachlichkeit**
Im Folgenden wird beispielhaft eine SWOT-Analyse im Bereich der pflegerischen Fachkompetenz vorgestellt. Dabei unterstützt der*die fachliche Trainer*in den*die Trainee dabei, sich auf einen bestimmten Bereich zu konzentrieren. Ziel bei diesem Beispiel ist es, die Versorgungsqualität für die neurochirurgischen Patient*innen des Universitätsklinikums zu verbessern. Das Thema, d. h. das Problem, das

bei der SWOT-Analyse bearbeitet wurde, hatte der*die Trainee durch seine*ihre Teilnahme an den Same Day Councils erkannt: Aufgrund der hohen Bettenauslastung kommt es in der Neurochirurgie des Klinikums häufig zu sog. Außenliegern. Diese Patient*innen werden nach Operationen oder einer Notfallaufnahme vorübergehend auf andere Stationen verlegt und kehren anschließend auf eine primär neurochirurgische Station zurück, sobald dort Betten frei sind. Beim Same Day Council klagten Pflegende der Neurochirurgie über fehlende Fachexpertise auf den Außenliegerstationen bei der Versorgung neurochirurgischer Patient*innen, während sich gleichzeitig die Pflegenden der Außenliegerstationen als überlastet empfanden. Unabhängig davon besteht aufgrund des Versorgungsauftrags der Klinik die pflegerische Verantwortung für die Versorgung aller aufgenommenen Patient*innen.

**Stärken**
- Das Problem der Stationen mit neurochirurgischen Außenliegern wird erkannt: Die Kolleg*innen sollen bei einer fachgerechten Versorgung unterstützt werden: Idee eines proaktiven, ständig abrufbaren telefonischen Unterstützungsangebots.
- Im Same Day Council (s. Abschn. 3.5) tauschen sich die Stationen des Pflegebereichs täglich aus; so können fachliche Fragen über Außenlieger beantwortet werden, wenn die betroffene Fachdisziplin in diesem Gesprächsformat dabei ist.
- Entscheidungen der Station werden pflegerisch im Rahmen der Shared Governance sowie durch das interprofessionelle Team getroffen, was sich positiv auf die Qualität der Patient*innenversorgung auswirkt.
- Universitäre Maximalversorgung: Hohe medizinische und pflegerische Fachkompetenz und spezialisiertes Wissen ermöglichen die Versorgung von Hochrisikopatient*innen sowie besonders komplexer pflegerischer Bedarfe. Das bedeutet einen attraktiven Arbeitsplatz für vielseitig interessierte und kompetente Pflegende sowie eine „gute Adresse" insbesondere für multimorbide Patient*innen wegen des breiten Angebots an Fachdisziplinen.

**Schwächen**
- Psychosoziale Belastung für Patient*innen: Die Verlegung auf eine „fachfremde" Station kann bei Patient*innen sowie bei deren An- und Zugehörigen Stress und Verunsicherung auslösen, was sich negativ auf den Heilungsprozess auswirken kann.
- Fragen zur fachgerechten Versorgung der Außenlieger im Same Day Council können nur gestellt werden, wenn die betroffene Station vertreten ist.
- Lücken in der Dokumentation – gerade in der Anamnese, im Aufnahme-Assessment und bzgl. Entlassmanagement.
- Neurochirurgische Patient*innen, die als sog. Außenlieger in einer anderen Fachdisziplin aufgenommen und erst später auf die neurochirurgische Station kommen, haben ggf. pflegerische Defizite wegen Wissensdefiziten auf der nicht neurochirurgischen Station.

- Höherer Koordinationsaufwand: Die Pflege und Versorgung von Außenliegern erfordert zusätzlichen Abstimmungs- und Koordinationsaufwand zwischen den beteiligten Stationen, was zu ineffizienten und ggf. redundanten Abläufen führen kann.
- Die Anpassung der bestehenden Arbeitsabläufe kann/wird herausfordernd in der interdisziplinären und interprofessionellen Zusammenarbeit sein.
- Verlängerte Verweildauer: Aufgrund der zusätzlichen organisatorischen Komplexität und potenzieller Komplikationen könnte die Aufenthaltsdauer von Patient*innen unnötig verlängert werden.

**Chancen**
- Außenlieger*innen bieten eine Gelegenheit für spezifische Unterstützung der Pflegenden verschiedener Fachdisziplinen durch innovative Konzepte:
  - Unterstützungskonzept durch neuartiges Kommunikations- und Beratungsformat
  - neue Konzepte für Patient*innen-Pathway und Versorgungsmodelle können getestet und bei Erfolg etabliert werden, um die Versorgungsqualität und Effizienz im Krankenhaus langfristig zu steigern
- Prozesse überdenken: Standardisierte Prozesse für Verlegungen entwickeln durch:
  - Etablierung klarer, einheitlicher und evidencebasierter Verlegungsprotokolle
  - Etablierung verlässlicher Kommunikationsstrukturen, sowohl pflegerisch als insbesondere auch ärztlich, um für Rückfragen zur Verfügung zu stehen und die Versorgung umfassend sicherzustellen
  - Mittels zeitgemäßer Kommunikationsmöglichkeiten (z. B. Messengerdienst NetSfere inkl. Fotos und Videotelefonie) können Informationsverluste minimiert und die Pflegequalität kann auch bei Außenliegern sichergestellt werden
- Optimierung des Ressourcenmanagements: Die interprofessionelle Analyse von Kapazitätsengpässen und Verlegungsanlässen bietet die Möglichkeit, das Bettenmanagement und die Ressourcenzuweisung im Krankenhaus zu optimieren, um solche Engpässe in Zukunft zu minimieren.
- Pflegequalität durch Weiterbildung verbessern und entwickeln: Das Pflegepersonal auf nicht neurochirurgischen allgemeinen Stationen könnte durch gezielte und spezifische Schulungen zu den neurochirurgischen Anforderungen weitergebildet werden, um die Betreuung von Außenliegern auf aktuellem Wissensstand zu gewährleisten.
- Patientenzufriedenheit verbessern: Durch gezielte Maßnahmen wie frühzeitige und verbesserte Aufklärung und Kommunikation während der Verlegung auf die neurochirurgische Station könnte die Zufriedenheit der Patient*innen trotz der Situation als Außenlieger verbessert werden.
- Interdisziplinäre Zusammenarbeit verbessern: Die Situation der Außenlieger kann als Chance genutzt werden, die Zusammenarbeit zwischen verschiedenen Fachabteilungen und Stationen zu fördern, um eine integrierte, umfassende und personzentrierte Patientenversorgung zu gewährleisten.

- Technologische Unterstützung nutzen: Der Einsatz digitaler Tools, wie elektronische Patientenakten oder aktuelle Kommunikationssysteme (z. B. Messengerdienst NetSfere), Virtual-Reality-Brille für die Weiterbildung der Kolleg*innen etc., kann den Informationsaustausch zwischen Stationen und Ansprechpartner*innen erleichtern und Fehler reduzieren.

**Risiken**
- Zu geringe Vernetzung intra- und interprofessionell sowie interdisziplinär.
- Unzufriedene Pflegende:
  - Pflegende aus der anderen Fachdisziplin, die keine Hilfe bekommen
  - Pflegende aus der neurochirurgischen Fachdisziplin, die die Patient*innen im Versorgungsprozess übernehmen und mit der pflegerischen Versorgungsqualität nicht zufrieden sind.
- Das zusätzliche Koordinations- und Arbeitsaufkommen und die Betreuung von Außenliegern auf Stationen, die nicht auf neurochirurgische Patient*innen spezialisiert sind, könnte das Pflegepersonal überfordern, was zu Überlastung und Stress führen könnte.
- Versorgungsqualität kann verbessert werden: Bisher besteht wenig neurochirurgische Fachexpertise der nicht neurochirurgischen Stationen.
- Mangelhaftes Ressourcen- und Belegungsmanagement:
  - Verlegungen, die ausschließlich durch eine außergewöhnlich hohe Auslastung bedingt sind, führen hinsichtlich des zusätzlichen Arbeitsaufkommens in erster Linie zu einer erheblichen Mehrbelastung des Pflegepersonals sowie weiterer Berufsgruppen, wie beispielsweise der Assistenzärzt*innen.
  - Verlegungen ausschließlich zur besseren Auslastung sind gerade in der Neurochirurgie, ggf. auch aus medizinisch-pflegerischen Gründen (z. B. wegen potenzieller Komplikationen wie postoperatives Delir), kontraindiziert: Das hat mehr Leid für Patient*innen, mehr Verlegungsarbeit, mehr Arbeit durch die Komplikation zur Folge.
- Patient*innen und deren Angehörige könnten die Aufnahmen und Verlegungen auf andere Fachdisziplinen als unprofessionell oder unorganisiert wahrnehmen, was das Vertrauen in das Krankenhaus verringert und die Patient*innenzufriedenheit negativ beeinflusst.
- Image- und Reputationsschäden: Wiederholte negative Erfahrungen von Patient*innen als Außenlieger könnten dem Ruf des Krankenhauses schaden und das Vertrauen der Öffentlichkeit in die Qualität der Versorgung beeinträchtigen.
- Kostensteigerungen: Ineffiziente Prozesse bei der Verlegung und Komplikationen (z. B. postoperatives Delir) bei der Versorgung von Außenliegern könnten die Gesamtkosten für das Krankenhaus erhöhen und dadurch die Erlöse mindern, zum Beispiel durch längere Aufenthaltsdauer oder die Notwendigkeit zusätzlicher Ressourcen.
- Rechtliche und Haftungsrisiken: Fehler, die durch mangelnde Kommunikation oder unsachgemäße Pflege entstehen, könnten rechtliche Konsequenzen nach sich ziehen und das Krankenhaus anfälliger für Klagen oder Haftungsfälle machen.

**Beispiel eines SMART-Ziels aus dem Bereich der Pflegefachlichkeit**
Das übergeordnete Ziel einer gründlich durchgeführten SWOT-Analyse besteht darin, ein Entwicklungsziel zu formulieren, das auf den identifizierten internen Stärken und Schwächen sowie den externen Chancen und Risiken basiert. Dieses Ziel sollte spezifisch, messbar, erreichbar, relevant und zeitgebunden (SMART: Specific, Measurable, Achievable, Reasonable, Time-bound) sein, um sicherzustellen, dass es innerhalb des vorgegebenen Zeitrahmens – sechs oder drei Monate – realistisch erreicht werden kann. Der*die Trainee wählt aus den Chancen einen Aspekt für eine realistische Arbeitsaufgabe – die weiteren Aspekte der SWOT-Analyse können einen Themenspeicher für weitere Verbesserungen füllen.

Ziele spielen eine zentrale Rolle bei der Umsetzung und Gestaltung von Aufgabenstellungen. Sie dienen als Grundlage für rationale Entscheidungen, da sie es ermöglichen, Handlungsalternativen systematisch zu bewerten und zielorientiert zu handeln. Durch die Festlegung präziser Ziele können Einzelpersonen und Organisationen ihre Ressourcen effizient nutzen und die Wahrscheinlichkeit erhöhen, die gewünschten Ergebnisse zu erreichen. Ein weiterer wichtiger Aspekt von SMART-Zielen ist ihre Rolle in Kontrollprozessen. An einem klar definierten Ziel können Fortschritt und Erfolg eines Projekts oder einer Aufgabe gemessen werden. Dies erleichtert die Identifikation von Abweichungen und ermöglicht rechtzeitige Korrekturmaßnahmen. Ohne klare Ziele ist es schwierig, einen Erfolg zu bewerten und Verbesserungsmöglichkeiten zu identifizieren.

Die Zielformulierung der*des Trainees erfolgt in Absprache und nach Reflexion mit dem*der Trainer*in hinsichtlich der Realisierbarkeit und Angemessenheit für den Programmzeitraum. Ein gut formuliertes Ziel aus dem Bereich Pflegefachlichkeit könnte beispielsweise lauten:

> Bis zum (Datum Ende des Pflegefachlichkeitseinsatzes der*der Trainee) soll – als erster Schritt – eine selbstverständliche Akzeptanz eines telefonischen neurochirurgischen Beratungsangebots durch Pflegende für Pflegende erreicht werden, um – nachfolgend – die Zufriedenheit der Pflegenden auf den betroffenen Stationen in der Neurochirurgie und den anderen Fachgebieten zu verbessern.

Die weiteren, aus der SWOT-Analyse ablesbaren beabsichtigten Effekte, wie die Verbesserung der Versorgungsqualität neurochirurgischer Patient*innen, die während ihres Aufenthalts auf einer anderen Station untergebracht werden, sind weitere Ziele des Projekts, jedoch nicht Bestandteil dieser Trainee-Einsatzaufgabe.

**Ziel, nach SMART-Kriterien aufgeschlüsselt**
**Spezifisch:** Erstes Ziel – und Inhalt der Einsatzaufgabe: Annahme (Akzeptanz) des Angebots einer telefonisch immer erreichbaren pflegerischen Expertise der Neurochirurgie durch die Pflegenden der Außenliegerstationen; weitere Ziele sind dann die Zufriedenheit der Pflegenden etc. ebenso wie die Verbesserung der Versorgungsqualität neurochirurgischer Patient*innen, die zeitweise auf anderen Stationen versorgt werden, gemäß SWOT-Analyse.
**Messbar:** Messung der Akzeptanz des Angebots: Quotient aus Patient*innenanzahl aus der Neurochirurgie und der Anzahl an Telefonaten, Kontaktaufnahmen;

weitere, im Verlauf messbare Aspekte: Zufriedenheit der Pflegenden, Behandlungsfehler und Verweildauer etc.

**Attraktiv:** Pflegende übernehmen die Verantwortung für die fachliche Unterstützung der Kolleginnen von Außenliegerstationen und die Versorgungsqualität, die Verbesserung der Patient*innenerfahrung.

**Realistisch:** Nutzung bestehender Strukturen bei der Etablierung eines pflegefachlichen Unterstützungsdienstes durch die Praxisentwicklungsstation (Fachdisziplin Neurochirurgie) mithilfe eines Telefons (Erreichbarkeit 24 h/7 Tage).

**Terminiert:** Zielerreichung bis Ende des Traineeeinsatzes im Expertisebereich Pflegefachlichkeit.

Vor der Rotation in den nächsten Expertisebereich ist es essenziell, dass die Trainees den Fortschritt evaluieren und sicherstellen, dass das gesetzte Ziel erreicht wurde. Ein abschließendes Feedbackgespräch mit den Trainer*innen kann dabei helfen, den Erfolg zu bestätigen und weitere Entwicklungsfelder zu identifizieren. Durch diese strukturierte und zielgerichtete Herangehensweise wird nicht nur die persönliche und berufliche Entwicklung der Trainees gefördert, sondern auch die Effektivität und Qualität des gesamten Traineeprogramms gesteigert.

**Beispiel: PDCA-Zyklus im Bereich der Pflegefachlichkeit**
In jedem Expertisebereich sollen Trainees in Zusammenarbeit mit ihren Trainer*innen eine Einsatzaufgabe definieren und formulieren. Die Formulierung der einzelnen Schritte erfolgt im Rahmen des Traineeprogramms mithilfe des PDCA-Zyklus (engl.: Plan, Do, Check, Act). Dieser ist ein gängiges Werkzeug im Qualitätsmanagement und dient der kontinuierlichen Verbesserung der Leistungsfähigkeit von Prozessen (Vahs, 2009). Im Kern besteht der PDCA-Zyklus aus einer methodischen Anleitung, um Verbesserungen systematisch zu planen, durchzuführen, in ihrer Wirkung zu überprüfen und so lange zu optimieren, bis die Verbesserungspotenziale tatsächlich erreicht sind. Der PDCA-Zyklus ist somit nie abgeschlossen, sondern bildet die Grundlage für weitere bzw. kontinuierliche Verbesserungen im Sinne eines kontinuierlichen Verbesserungsprozesses (Wiemschulte, 2024). Aus dem oben stehenden Ziel werden folgende Schritte des PDCA-Zyklus abgeleitet (Burghofer & Lackner, 2009):

**Plan (Planen)**
Folgende To-dos müssen geplant werden:

- Das Telefon muss immer besetzt sein durch die Pflegenden der Neurochirurgie (gesonderte Telefonnummer).
- Die Adressat*innen für das Angebot müssen vom Angebot wissen:
  – Flyer für die Stationen
  – Information aller Führungspersonen über die Hierarchieebenen hinweg
  – Intranet etc. nutzen
- Gleichzeitig müssen die Pflegenden der Neurochirurgie die Bereitschaft und die Kompetenz für das Angebot haben.

- Denkbar wäre noch die Entwicklung eines Schulungsprogramms, mit dem Beratungsinhalte durch eine Weitergabe der Informationen mittels SBAR-Schema (Situation, Background, Assessment, Recommendation; s. Abschn. 1.1) am Telefon strukturiert erfolgen kann.

Das Ziel ist durch die SMART-Methode klar definiert und es wird ein detaillierter Plan entwickelt. Zunächst werden relevante Daten bzw. Aspekte, passend zum Ziel, gesammelt und analysiert, was als Grundlage für die konkret zu planenden Maßnahmen dient.

**Do (Umsetzen):** Die Schritte zur Umsetzung beinhalten die strukturierte Implementierung des neuen Angebots/Unterstützungstelefons durch die Praxisentwicklungsstation auf Grundlage der Planung.

**Check (Überprüfen):** In diesem Schritt werden die Daten aus der Pilotphase, in diesem Fall der Einsatzzeit der*des Trainees im Einsatzbereich Pflegefachlichkeit, ausgewertet und es wird darüber hinaus Feedback von verschiedenen Stakeholdern wie Patient*innen, Pflegepersonal, ärztlichem Personal, therapeutischem Personal, Sozialdienst, Casemanagement und – sofern vorhanden – Patient*innenmanagement eingeholt. Hier sind insbesondere Erfahrungen zur Praxistauglichkeit und Vorschläge zu Verbesserungen von Interesse. Schließlich muss in diesem Schritt auch der Zielerreichungsgrad überprüft werden: Konnte eine Akzeptanz des Angebots durch die nicht neurochirurgischen Stationen erreicht werden? Dies kann aufgrund der Messbarkeit (SMART) im Rahmen der Einsatzaufgabe nachvollzogen werden. Als weitere Checks stellen sich die Fragen, ob die Zufriedenheit der beteiligten Pflegenden und die Versorgungsqualität verbessert werden konnten.

**Act (Handeln):** Im letzten Schritt des PDCA-Zyklus werden, basierend auf der Analyse des in Anspruch genommenen Unterstützungsangebots und auf dem Feedback aus dem vorhergehenden Schritt, notwendige Anpassungen vorgenommen. Der optimierte Prozess des Unterstützungsangebots wird in die Routine integriert, regelmäßig überprüft und angepasst, um auf veränderte Bedarfe und neue Erkenntnisse agil reagieren zu können.

Um den PDCA-Zyklus als Einsatzaufgabe strukturiert zu bearbeiten und das beschriebene Ziel zu erreichen, wird den Trainees ein Bürotag pro Monat als Arbeitszeit zur Verfügung gestellt. Die Einsatzaufgabe ist ein wichtiger Bestandteil des Traineeprogramms, da die Trainees handlungsorientiert und selbstständig eine Aufgabe in jedem Expertisebereich der Shared Governance bearbeiten. So kann erreicht werden, dass die Trainees eine möglichst genaue Vorstellung vom jeweiligen Aufgabenfeld erhalten. Die Einsatzaufgabe soll ein*e Trainee möglichst selbstorganisiert planen und durchführen, wobei die Trainer*innen bei Unklarheiten oder Anregungen beraten und unterstützen können. Die Einsatzaufgaben und Ergebnisse sollen nach Abschluss durch den*die Trainee in Stationsbesprechungen, aber auch in Leitungsbesprechungen vorgestellt werden. Im Idealfall können die gewonnen Erkenntnisse auch als Vorbereitung für die Entwicklung klinikübergreifender Instrumente genutzt werden.

Begleitend zum Traineeeinsatz erhalten die Trainees für jeden Expertisebereich eine individuelle Checkliste, in der die relevanten Aufgaben- und Tätigkeitsbereiche aufgeführt sind. Im Verlauf des Traineeprogramms können die Inhalte anhand der Kategorien Theorie, Gezeigt, Geübt und Erreicht mit Datum abgezeichnet werden. Die Checklisten dienen dazu, die relevanten Aufgaben des jeweiligen Expertisebereichs mit einem Blick erkennen zu können und den Verlauf des Traineeabschnitts besser planen und abbilden zu können.

## 7.3 Ergebnisse nach drei Jahren Praxisentwicklungsstation am TUM Klinikum Rechts der Isar

Die praktische Umsetzung dieses Traineeprogramms bietet messbare Vorteile für die Mitarbeitergewinnung und Talentgewinnung. Im Folgenden werden exemplarisch die quantitativen, aufgrund der erhobenen Daten darstellbaren Vorteile am realen Beispiel, der Praxisentwicklungsstation des TUM Klinikum Rechts der Isar, aufgezeigt. Die neurochirurgische Allgemeinpflegestation verfügt über 22 Betten sowie seit Januar 2023 zusätzlich über vier Betten mit Monitorüberwachung.

Das Traineeprogramm als Bestandteil der Praxisentwicklungsstation dient der Personalentwicklung am Klinikum, wobei die Trainees die vier Bereiche der Shared Governance – Pflegemanagement, Qualitäts-, Risiko- und Chancenmanagement, Pflegepädagogik und Pflegefachlichkeit – für jeweils drei oder sechs Monate durchlaufen. Der tatsächliche Zeitraum wird individuell mit jeder*jedem Trainee abgestimmt.

Der initiale Konzeptentwurf einer neuen Personalentwicklungsstrategie, der als Shared-Governance-Traineeprogramm aufgesetzt war, wurde innerhalb von zehn Monaten in die Praxis umgesetzt und dann kontinuierlich begleitet, evaluiert und verbessert. Das Konzept dazu wurde ab Juni 2020 entwickelt, das Traineeprogramm konnte mit dem Start der*des ersten Trainee*s im April 2021 begonnen werden – bei vollständig besetztem Shared-Governance-Führungsteam.

Die folgenden Daten wurden über den Zeitraum von 2018 bis einschließlich 2023 erhoben. Der Zeitraum von 2018 bis einschließlich Juni 2020 (zehn Quartale) dient als Kontrollspanne, da die Konzepterstellung zur Praxisentwicklungsstation im Juni 2020 begann und erste Umsetzungsmaßnahmen erst nach diesem Zeitpunkt starteten. Die zehn Quartale ab bzw. nach der erfolgreichen ersten Umsetzung des Traineeprogramms, ab dem 3. Quartal 2021, dienen als Indikator für die Wirksamkeit des Wandels.

Die durchschnittliche Anzahl der festangestellten Pflegenden (FA) stieg in den zehn Quartalen seit der ersten Umsetzung des Traineeprogramms im Vergleich zu den zehn Quartalen vor der Konzeptionierung des Programms um 40 % an: von durchschnittlich 13,2 VK FA pro Monat in den zehn Quartalen 2018 bis einschließlich Juni 2020, auf durchschnittlich 18,6 VK FA pro Monat in den folgenden zehn Quartalen (s. Abb. 7.1). Dabei führte die stark gestiegene Anzahl der

Pflegenden seit der Umsetzung dazu, dass die Anzahl in Q4-2023 um mehr als 90 % über dem Durchschnitt vor der Konzeptionierung liegt. Zusätzlich konnte die Anzahl der Arbeitnehmerüberlassungskräfte (ANÜ) innerhalb eines Zeitraums von ungefähr einem Jahr um 100 % auf 0 reduziert werden (s. Abb. 7.1).

Ein positiver Nebeneffekt der Aktivitäten und Veränderungen auf der Praxisentwicklungsstation zeigt sich in der Krankheitsstatistik, gemessen in Arbeitstagen (AT). Die Krankheitstage wurden seit Umsetzung des Traineeprogramms um 40 % reduziert. Die durchschnittliche Krankheitsquote liegt von Q1-2018 bis Q2-2020 bei 2,2 Krankheitstagen pro Monat und Vollzeitkraft. Die Krankheitsarbeitstage sinken seit Umsetzung des Traineeprogramms auf durchschnittlich 1,3 Krankheitstage pro Monat und Vollzeitkraft (von Q3-2021 bis Q4-2023). Auch die Gesamtkrankheitsstatistik in Kalendertagen verringert sich deutlich (s. Abb. 7.2).

Die Attraktivität der Station mit ihrem Shared-Governance-Traineeprogramm zeigt sich im Zulauf an weitergebildeten und akademisierten Pflegenden bzw. an der Entwicklung, sich als Mitglied des Pflegeteams weiterzubilden bzw. zu studieren. Der Anstieg beträgt 920 % von 1,2 weitergebildeten oder akademisierten Pflegenden (Q1-2018 bis Q2-2020) auf 10,8 weitergebildete oder akademisierte Pflegende (von Q3-2021 bis Q4-2024) (s. Abb. 7.3).

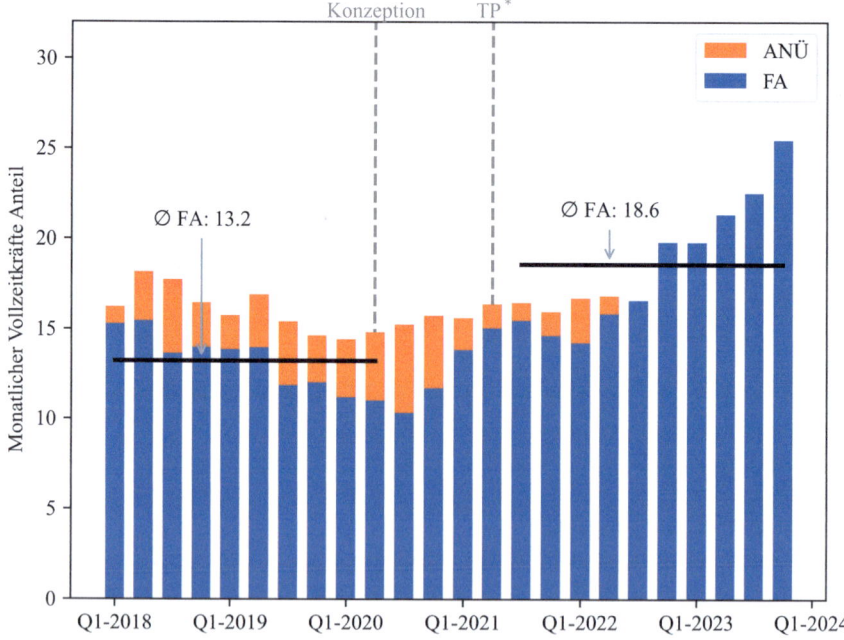

**Abb. 7.1** Entwicklung festangestellte Pflegende (FA) und Arbeitnehmerüberlassungspersonen (ANÜ).

# 7 Das Shared Governance – Traineeprogramm

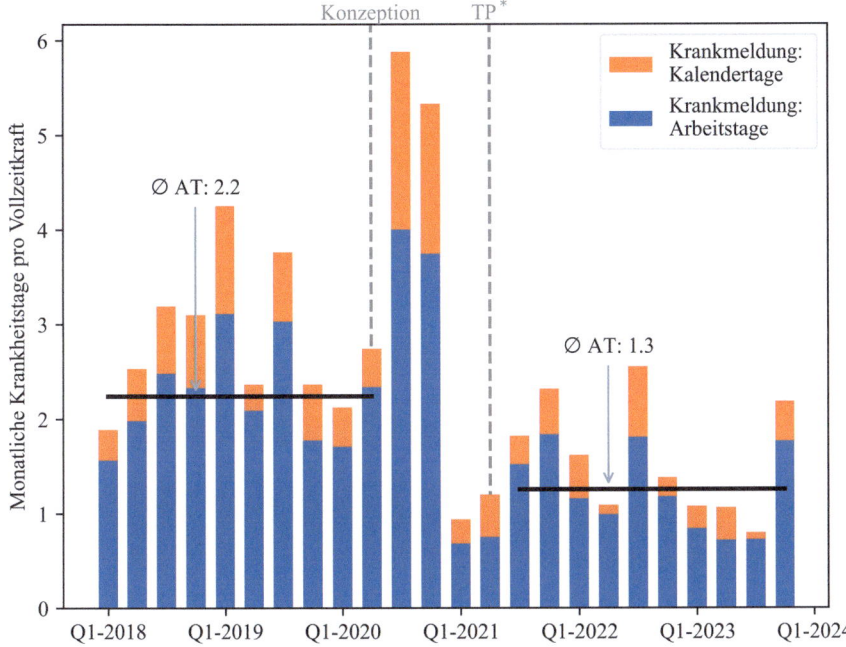

**Abb. 7.2** Entwicklung der Krankheitstage in Arbeitstagen (AT) und Kalendertagen (die orange eingezeichneten Tage sind zusätzliche Tage, z. B. wenn die Krankmeldung Wochenenden ohne Arbeitstage umfasst)

Die Umsetzung der Shared Governance und die Teilnahme am Traineeprogramm zeigt die Vielfalt an Karriere- und Entwicklungsmöglichkeiten: z. B. in der Pflegepädagogik die Weiterbildung zur Praxisanleitung und in der Pflegefachlichkeit die Weiterbildung für Wundmanagement oder zum*zur Schmerzexperten*in. Während 2019 zeitweise keine weitergebildete Pflegefachperson gezählt wurde, waren im 4. Quartal 2023 mehr als zehn Pflegefachpersonen weitergebildet oder in Weiterbildung (s. Abb. 7.4).

Die Einführung des Traineeprogramms zog besonders akademisierte Pflegende für die Praxisentwicklungsstation an und motivierte mehrere Pflegende der Station, ein Studium (sowohl als Bachelor- als auch als Masterstudium) zu beginnen. (Abb. 7.5 und 7.6).

Die Aufbereitung und Darstellung der erhobenen Daten zeigt, dass die Einführung der Shared Governance und die Etablierung eines Shared-Governance-Traineeprogramms auf einer neurochirurgischen Normalstation am TUM Klinikum Rechts der Isar jeweils positive Entwicklungen bei der Stellenbesetzung, bei der Reduktion von Arbeitnehmerüberlassungskräften (bis auf null), bei der Entwicklung der Krankheitstage und insgesamt auf die Qualifikation des Pflegeteams hat. Die Veränderung der Personalsituation ist so positiv, dass von einer nachhaltigen Mitarbeiter*innenbindung und einer wirksamen Recruitingstrategie zu sprechen ist, was sich

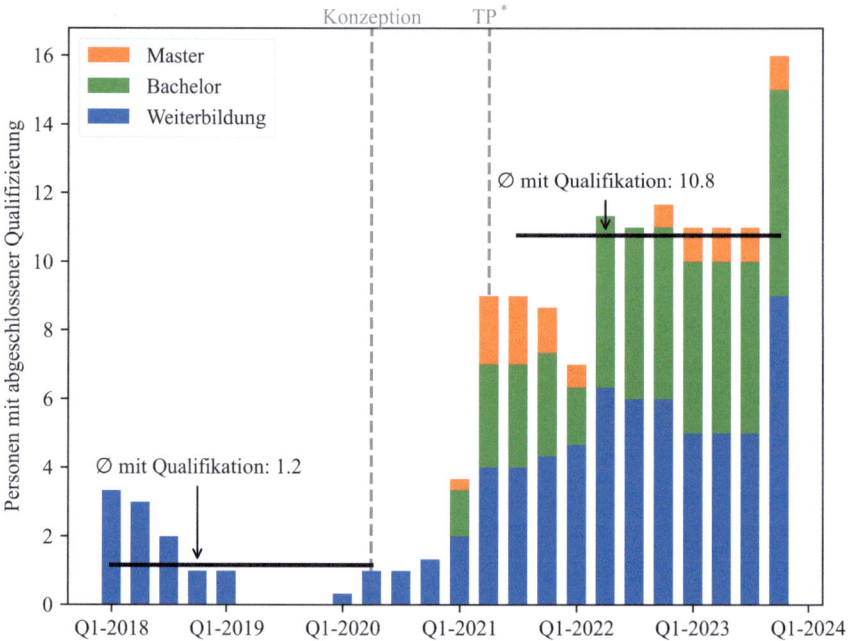

**Abb. 7.3** Entwicklung der Qualifikationen: Master, Bachelor und Weiterbildung

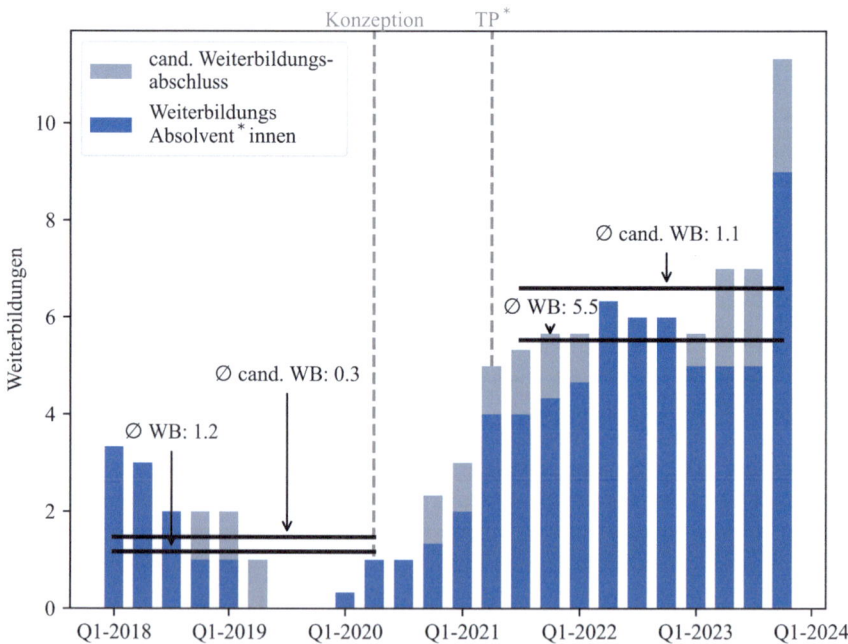

**Abb. 7.4** Entwicklung der Pflegenden mit Weiterbildungen in cand. und Absolvent*innen

7 Das Shared Governance – Traineeprogramm

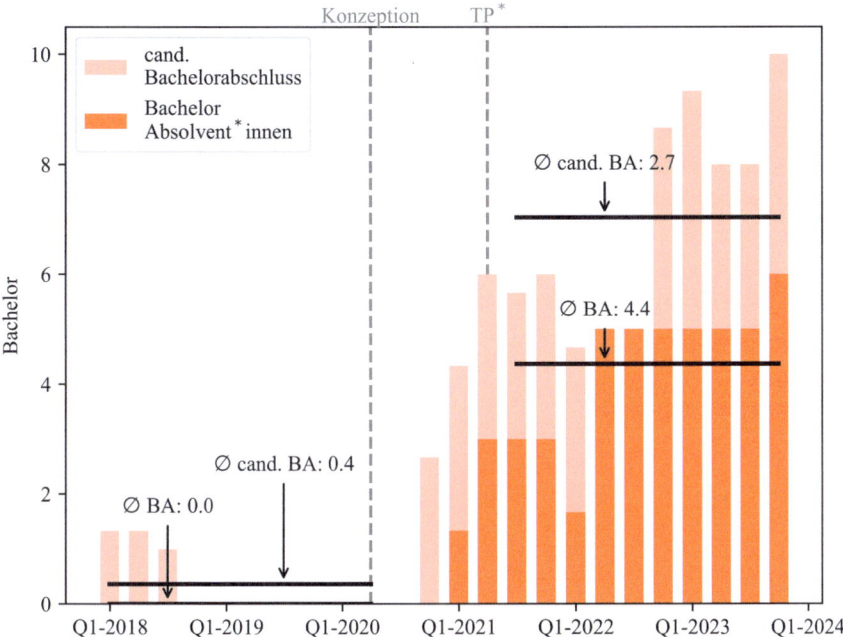

**Abb. 7.5** Entwicklung der Pflegenden cand. Bachelor und Bachelorabsolvent*innen

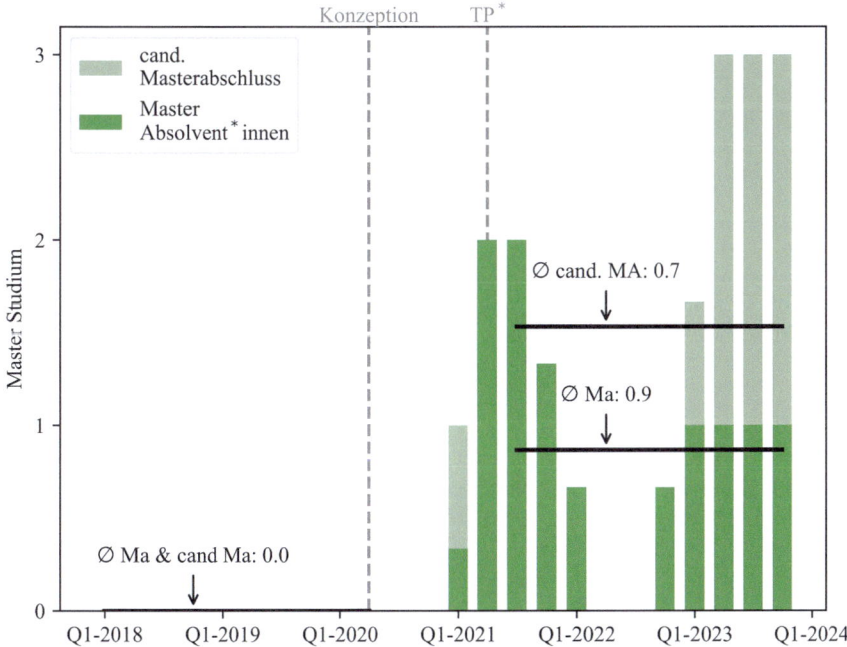

**Abb. 7.6** Entwicklung der Pflegenden cand. Master und Masterabsolvent*innen

explizit an der Qualifikationsentwicklung des Pflegeteams zeigt. Kompetenz- und Qualifikationsentwicklung, insbesondere ein höherer Anteil akademisierter Pflegefachpersonen, tragen zur Verbesserung der Pflegequalität bei und senken die Mortalität im Krankenhaus (Aiken et al., 2017).

Der Blick auf vielfältige Entwicklungs- und Karrieremöglichkeiten, die auf solch einer Station erlebt werden, und die Erfahrung einer von Vertrauen, Empowerment, Gleichwertigkeit, Partnerschaft und Verantwortlichkeit getragenen Arbeits- und Teamkultur ist für interessierte und engagierte Pflegefachpersonen attraktiv und wirkt deshalb anziehend. Das hier vorgestellte Shared-Governance-Traineeprogramm ermöglicht eine individuelle Identifikation von Interessen und Fähigkeiten, was Pflegende berufliche Optionen entdecken lässt. Darüber hinaus entsteht durch das vertiefte Kennenlernen der vier Expertisebereiche Pflegemanagement, Qualitäts-, Risiko- und Chancenmanagement, Pflegepädagogik und Pflegefachlichkeit ein grundlegendes Verständnis für die jeweiligen Themen und Aufgaben, was sowohl in der weiteren beruflichen Entwicklung als auch im aktuellen beruflichen Alltag hilfreich ist.

## Literatur

Aiken, L. H., Sloane, D., Griffiths, P., Rafferty, A. M., Bruyneel, L., McHugh, M., Maier, C. B., Moreno-Casbas, T., Ball, J. E., Ausserhofer, D., Sermeus, W., For the RN4CAST Consortium (2017). Nursing skill mix in European hospitals: Cross-sectional study of the association with mortality, patient ratings, and quality of care. *BMJ Quality and Safety, 26*(7), 559–568. https://doi.org/10.1136/bmjqs-2016-005567.

Burghofer, K., & Lackner, C. K. (2009). Risiko- und Fehlermanagement. In C. J. Wirth, W. Mutschler, H.-P. Bischoff, H. Püschmann, & J. Neu (Hrsg.), *Komplikationen in Orthopädie und Unfallchirurgie: Vermeiden – erkennen – behandeln.* Thieme.

Collins, A., Jr., Brown, J. S., & Holum, A. (1991). Cognitive apprenticeship: Making thinking visible. In American Federation of Teachers, *American Educator*.https://www.psy.lmu.de/is-ls-naples/intro/all-webinars/collins/cognitive-apprenticeship.pdf. Zugegriffen: 15. Aug. 2024.

Frei, I. A., Massarotto, P., Helberg, D., & Schäfer – Barandun, U. (2012). Praxisentwicklung im Trend der Zeit – Pflegeexpertinnen als Praxisentwicklerinnen: Ein Beispiel aus dem Universitätsspital Basel. *PADUA, 7*(3), 110–115. https://doi.org/10.1024/1861-6186/a000056

Gleißner, W., & Klein, A. (Hrsg.). (2017). *Risikomanagement und Controlling: Chancen und Risiken erfassen, bewerten und in die Entscheidungsfindung integrieren* (2. Aufl.). Haufe.

Guanci, G., & Medeiros, M. (2018). *Shared governance that works.* Creative Health Care Management.

Kauffeld, S. (2019). *Arbeits-, Organisations- und Personalpsychologie für Bachelor.* Springer. https://doi.org/10.1007/978-3-662-56013-6.

Kischporski, M. (2015). Umsetzungs- und Problemlösungszyklus: PDCA-Zyklus. In *Elektronischer Rechnungsdatenaustausch mit E-Invoicing* (S.55–60). Springer. https://doi.org/10.1007/978-3-658-23110-1_8.

Küng, R., Staudacher, D., & Panfil, E. (2018). Ein zentrales pädagogisches Modell für die Praxisausbildung: „Cognitive Apprenticeship". *PADUA, 13*(2), 115–123. https://doi.org/10.1024/1861-6186/a000424

Künzli, B. (2012). SWOT-Analyse. Ein klassisches Instrument der Strategieentwicklung mit viel ungenutztem Potenzial. *Zeitschrift Führung + Organisation, ZfO,* 81(02), 126–129.

Kutney-Lee, A., Germack, H., Hatfield, L., Kelly, S., Maguire, P., Dierkes, A., ... & Aiken, L. H. (2016). Nurse engagement in shared governance and patient and nurse outcomes. *Journal of Nursing Administration,* 46(11), 605-612.

Mayer, J. (2022). Personal innovativ entwickeln. *Pflegezeitschrift,* 75(7), 20–22. https://doi.org/10.1007/s41906-022-1265-1.

McCormack, B., Manley, K., & Garbett, R. (2009). *Praxisentwicklung in der Pflege,* (Frei, A. I. & Spirig, R., Hrsg.). Huber.

Porter-O'Grady, T. (2003). Researching shared governance – A futility of focus. *Journal of Nursing Administration,* 33(4), 251–252.

Speroni, K., Wisner, M., Stafford, A., Haines, F., Al-Ruzzieh, M., Walters, C., Budhathoki, C. (2021) Effect of Shared Governance on Nurse-Sensitive Indicator and Satisfaction Outcomes by Magnet® Recognition Status *Journal of Nursing Administration* 51(7/8). https://doi.org/10.1097/NNA.0000000000001033

Vahs, D. (2009). *Organisation: Ein Lehr- und Managementbuch* (7. Aufl.). Schäffer-Poeschel.

Wiemschulte, J. (2024). *Qualitätsmanagement.* In Gesundheitsökonomie, Gesundheitssystem, Gesundheitswesen: Springer. https://doi.org/10.1007/978-3-662-68457-3_4

If you have any concerns about our products,
you can contact us on
**ProductSafety@springernature.com**

In case Publisher is established outside the EU,
the EU authorized representative is:
**Springer Nature Customer Service Center GmbH
Europaplatz 3, 69115 Heidelberg, Germany**

Printed by Libri Plureos GmbH
in Hamburg, Germany